配最新版全国

高中语文
文言诗文

全解·详译·精练

施开诚 编

必修下册

南京师范大学出版社

图书在版编目（CIP）数据

文言诗文全解·详译·精练：必修. 下册 / 施开诚编. -- 南京：南京师范大学出版社，2020.4
ISBN 978-7-5651-4593-3

Ⅰ. ①文… Ⅱ. ①施… Ⅲ. ①文言文—高中—教学参考资料 Ⅳ. ①G634.303

中国版本图书馆CIP数据核字（2020）第060604号

书　　名	文言诗文全解·详译·精练（必修下册）
编　　者	施开诚
责任编辑	张岳全
出版发行	南京师范大学出版社
地　　址	江苏省南京市玄武区后宰门西村9号（邮编：210016）
电　　话	（025）83598919（总编办）　83598412（营销部）　83598009（邮购部）
网　　址	http://press.njnu.edu.cn
电子信箱	nspzbb@njnu.edu.cn
照　　排	南京凯建文化发展有限公司
印　　刷	兴化印刷有限责任公司
开　　本	787毫米×1092毫米　1/16
印　　张	17.25
字　　数	319千
版　　次	2020年4月第1版　2020年4月第1次印刷
书　　号	ISBN 978-7-5651-4593-3
定　　价	48.00元
出 版 人	张志刚

南京师大版图书若有印装问题请与销售商调换
版权所有　侵犯必究

编写说明

本书按 2020 年全国统编本高中语文最新教材编写，与市场上流行的课本配套练习相比，有以下几个特色。

1. **知识性**。在"精译详注"中，对课文逐句翻译，力求达到信、达、雅的标准。在课本注释之外增加大量补充注释，并对句中词法（活用、通假、古今异义、虚词用法等）、句法（各类特殊句式）知识做了精细的分析讲解，让学生能更准确地掌握课文中必须了解的语言知识。

2. **资料性**。在"知人论世"中，对本课的作家作品及创作背景做简明扼要的介绍。为学生提供有益的资料，让他们了解作者其人及其所处的社会环境，以便更深入地理解作品，并增加一些文化积淀。

3. **赏析性**。在"赏析导读"中，对课文的思想内容及艺术形式做全面分析，并以问答的方式、鉴赏的笔墨做精要的赏析。可引导学生深入阅读、品味作品，加深对课文的理解，提高整体阅读能力和鉴赏评价能力。引导学生进入文学殿堂，提升他们的文学素养。

4. **研究性**。在"技法探求"中，针对课文设计两三道能启迪学生思维的思考题，对文章技法做些研究探讨。可以引导学生深入理解课文，感悟要旨，引发思考。

5. **积累性**。在"知识积累"中，整理集录了与课文相关的文体知识、文学文化常识、语言知识（词法、句法、成语、修辞）等，让学生渐进式积累，逐步加强语言文学基础。

6. **应考性**。在"一课一练"中，根据课内知识精心设计知识训练题，其中有古代文化文学常识，文言词法、句法知识及难句的翻译、课文理解等，旨在提高学生对文言知识的运用能力，丰富文化知识的积淀。训练题多以高考新题形式编写，例如，凡是要求背默的课文，都设计了情境式名句填空题。

7. **能力性**。在"能力拓展"中，由课内知识积累拓展到课外阅读，选择与课文相关的或是有可比性的文段，以高考题型设计训练题，旨在训练学生应考实战能力，培养阅读浅易文言诗文的能力。

值得一提的是，书末所附的"参考答案"，针对"一课一练"和"能力拓展"中每道题目，都有极为详明的解析，并指明解题的思路与技巧；课外文言文都附有参考译文。这给学生使用本书带来极大的便捷。

最后要申明的是，本书编写时间仓促，虽经再三精心校阅，其中可能还存在疏漏，恭请方家不吝赐教。

施开诚

目录

- 001 子路、曾皙、冉有、公西华侍坐
- 014 *齐桓晋文之事
- 038 庖丁解牛
- 051 烛之武退秦师
- 066 *鸿门宴
- 095 窦娥冤
- 105 谏逐客书
- 121 *与妻书
- 139 林教头风雪山神庙
- 150 促织
- 176 谏太宗十思疏
- 192 *答司马谏议书
- 206 阿房宫赋
- 224 *六国论

古诗词诵读

- 239 登岳阳楼
- 241 桂枝香·金陵怀古
- 243 念奴娇·过洞庭
- 245 游园（【皂罗袍】）

- 248 参考答案

注：篇名前标有*的为自读课文

子路、曾皙、冉有、公西华侍坐

学习目标

1. 掌握课文运用对话、动作、神情的描写刻画人物性格的艺术手法。
2. 了解孔子循循善诱的教育方法。
3. 领会孔子以礼治国的政治理想。

知人论世

一、作家作品

孔子（前551—前479），名丘，字仲尼，春秋时鲁国陬邑（今山东曲阜东南）人，春秋末期伟大的思想家、教育家、政治家，儒家学派的创始人。孔子先世为宋国贵族，后迁居鲁国。幼年丧父，家境贫寒，做过很多卑贱的工作。后发奋求学，三十岁时学有所成。五十岁左右曾担任司空、大司寇等要职，后因与鲁君政见不合，愤然辞去，率领一批弟子周游列国，宣传自己的政治主张，但其政治主张并未得到各国诸侯的赞同。年近七十，返回鲁国，专心从事教育工作，几年后去世。孔子一生对教育贡献很大，主张"有教无类"，把教育对象扩大到平民百姓，相传有弟子三千，有成就者（贤人）就有72人。孔子的思想核心是"仁"，认为"仁"是人与人之间最高的道德规范；"己所不欲，勿施于人"，指出实行"仁"的方法；"克己复礼为仁"，指出"礼"是"仁"外在的标准。

《论语》是孔子弟子及再传弟子编著的一部语录体散文集，它记录了孔子及其弟子们的言行，全面反映了孔子的哲学、政治、文化和教育思想，是儒家思想的经典著作。现存20篇，后人一般用每篇第一句中的两个字作为篇名。

《论语》以记言为主，语言精练含蓄，富于概括性，幽默诙谐，口语化，其中有很多总结社会生活经验、教育思想的言论，逐步发展为格言和成语。如"学而不厌，诲人不倦""学而不思则罔，思而不学则殆""三军可夺帅也，匹夫不可夺志""岁寒，然后知松柏之后凋也"等。南宋朱熹把《论语》与《大学》《中庸》《孟子》合为《四书》，成为官定的必修读本。

二、创作背景

课文以第一句"子路、曾皙、冉有、公西华侍坐"为篇名。据史料推断：当时子路五十一岁，比孔子小九岁，曾皙三十九岁，冉有三十一岁，公西华约十八岁。四人名次按儒家"长幼有序"的原则排列。"侍坐"就是陪孔子坐的意思，"侍"表明了孔子和四人之间的师生关系。

精译详注

子路、曾皙、冉有、公西华侍坐。 子路、曾皙、冉有、公西华陪侍孔子闲坐着。[子路：姓仲名由，字子路。曾皙：名点，字子皙，曾参的父亲。冉有：名求，字子有。公西华：姓公西，名赤，字子华。这四个人都是孔子的弟子。侍坐：陪侍长者闲坐。]

子曰："以①吾一日长乎尔，毋吾以②也。 孔子说："因为我比你们年纪大一点，（你们）不要因此（而拘束）不敢说话。[以①：因为。一日：虚数，意思是时间不长。长乎尔：介宾短语后置句，比你们年长。毋吾以也：不要因我而停止说话。以②，通"已"，止。毋，不要。] **居则曰：'不吾知也！'** 你们平时在家时（经常）说：'人家不了解我啊！'[居：平日，平常。指平时在家的时候。则：就。不吾知也：即不知吾，不了解我。否定句代词宾语前置句。知，了解。] **如或知尔，则何以哉？"** 如果有人了解你们，那么（你们）打算怎么做呢？"[如：假如，如果。或：有人。则：那么。何以："以何"的倒装，做什么，怎么做。]

（第一部分：夫子问志。）

子路率尔而对曰："千乘之国，摄乎大国之间，加之以师旅，因之以饥馑； 子路轻率而急促地回答道："一个拥有一千辆兵车的诸侯国，夹在大国之间，受到外国军队的侵略，接着又遭到饥荒；[率尔：轻率，不加考虑的样子。千乘（shèng）之国：有一千辆兵车的诸侯国。在春秋后期，是中等国家。乘，兵车，古时四匹马拉的一辆战车为一乘。摄：夹处。乎：于，在。加之以师旅：有（别国）军队来侵略它。即"以师旅加之",介宾短语后置句。加,加上。以,介词,用。师旅,指军队。因:接着。饥:五谷不熟。馑:蔬菜不熟。"饥馑"泛指荒年。]**由也为之,比及三年,可使有勇,且知方也。"**我来治理它,等到三年,可以使百姓勇敢善战,而且懂得做人的道理。"[为:治理。之:代指这个国家。比及:等到。比、及,同义复词,在这里都是到的意思。有勇:(人人)都有勇气,意思是把军队整顿好,可以抵御侵略。知方:知道为人的道理。方,合乎礼仪的行事准则。]

夫子哂之。孔子(听后)微微一笑。[哂(shěn):微笑。]

"求!尔何如?"(孔子接着问)"冉求!你的志向怎么样?"[尔:你。何如:如何,怎么样。]

对曰:"方六七十,如五六十,求也为之,比及三年,可使足民。冉有答道:"一个方圆六七十里,或者五六十里的小国,如果让我来治理它,等到三年,可以使百姓衣食富足。[方:方圆,计量土地面积用语,表示纵横若干长度。如:或者。足:使……富足。比:等到。]**如其礼乐,以俟君子。"**至于那些制礼作乐等教化人民的事情,要等待道德修养更高的君子来推行了。"[如:至于。其:那些。礼乐:制礼作乐,教化人民。俟(sì):等待。这是冉有谦虚的说法,意思是自己只能满足百姓的衣食财用。]

"赤!尔何如?"(孔子又问)"公西赤!你的志向怎样?"

对曰:"非曰能之,愿学焉。公西华答道:"不敢说我能够做到什么,只是希望学习做些事。[非曰:不敢说。能之:能为之,省略动词"为"。愿:愿意。焉:代前"为之",代词。]**宗庙之事,如会同,端章甫,愿为小相焉。"**在国君祭祀宗庙或者诸侯朝见天子的时候,我愿意穿着礼服,戴着礼帽,做一个主持赞礼的司仪官。"[宗庙之事:诸侯祭祀祖先的事。宗庙,天子、诸侯供奉祖宗牌位的处所。如:或者。会同:古代诸侯朝见天子的通称。这些都是当时比较重要的大事。端章甫:穿上礼服,戴上礼帽。端,古代用整幅布做的礼服,名词用作动词。章甫,古代礼帽,用布制,名词用作动词。小相:诸侯祭祀或会盟、朝见天子时,替国君主持赞礼的司仪官。相分卿、大夫、士三个等级,小相指士,也就是最低的一级。这是公西华谦虚的说法。]

"点!尔何如?"(孔子又问)"点,你怎么样?"

鼓瑟希,铿尔,舍瑟而作,对曰:"异乎三子者之撰。"曾皙(正在弹瑟,听到孔子问他)弹瑟的声音舒缓下来,铿的一声(停止了弹奏),放下瑟站了起来,对答道:"我的想法与他们三位所讲的有些不同。"[鼓:演奏,弹奏,名词用作动词。瑟:古代的一种乐器,有25根弦。希:同"稀",稀疏。此处指琴曲舒缓下来。铿（kēng）尔：铿的一声。象声词，指弹奏结束时最后的声音。舍：放下。作：起来。异乎三子者之撰：介宾短语后置句，和他们三个所讲的不一样。乎，于，同。撰，述。]

子曰："何伤乎？亦各言其志也。"孔子说："那有什么关系呢？也不过是各人说说自己的志向罢了。"[何伤乎：宾语前置句，妨害什么呢？伤，妨害。亦……也：也不过……罢了。]

曰："莫春者，春服既成，冠者五六人，童子六七人，浴乎沂，风乎舞雩，咏而归。"曾皙道："暮春三月，已经穿上了春装，与五六个青年、六七个少年，在沂水河里洗澡，在舞雩坛上吹风乘凉，然后一路唱着歌回去。"[莫春：即暮春，为农历三月。莫，同"暮"。春服既成：已经穿上了春天的衣服。冠（guàn）者：行过冠礼的人。古代男子二十岁行冠礼，行过冠礼就是成年人了。童子：少年，未成年的男子。五六，六七：都是虚数。浴乎沂：介宾短语后置句，在沂水中洗澡。浴，洗身子。古代"沐"指洗头，"沬"指洗脸，"澡"指洗手，"洗"指洗脚。沂，水名，在今山东省曲阜市南。风乎舞雩（yú）：在高台上吹吹风。风，吹风。名词用作动词。舞雩，鲁国求雨用的祭坛，在今山东省曲阜市南。雩，求雨的祭祀仪式，伴以乐舞，故称"舞雩"。咏：唱歌。归：回家]

夫子喟然叹曰："吾与点也！"孔子慨然叹道："我赞成点的想法！"[喟（kuì）然：叹息的样子。与：赞成，动词。]

（第二部分：诸生述志。）

三子者出，曾皙后。子路、冉有、公西华出去了，曾皙走在后面。[三子：指子路、冉有、公西华三人。后：走在后面。]曾皙曰："夫三子者之言何如？"曾皙说："他们三位说得怎样？"[夫：发语词，不译。何如：如何。宾语前置句。]

子曰："亦各言其志也已矣。"孔子说："也不过是各人说自己的志向罢了。"[亦……也已矣：也不过……罢了。也已矣，三个虚词连用，重点在最后一个虚词上。]

曰："夫子何哂由也？"曾皙又说："老师为什么要笑仲由呢？"[何：为什么。]

曰："为国以礼，其言不让，是故哂之。"孔子说："要用礼仪来治理国家，可他说话却不知谦让，所以笑他。"[为国以礼：介宾短语后置句，要用礼来治理国家。让：谦让。是故：所以。]

"唯求则非邦也与？""难道冉求所讲的就不是治国的大事吗？"[反问句，意思是冉有讲的同样是国家大事，但却知道谦虚。唯：语气词，无实义。邦：国家。

与：同"欤"。非……也与：表反问语气。]

　　"**安见方六七十如五六十而非邦也者？**""怎么见得方圆六七十里或者五六十里的小国就不算是国家呢？"[反问句，意思是说冉求讲的方圆六七十或者五六十的小国也同样是国家。安：哪里，怎么。]

　　"**唯赤则非邦也与？**""难道公西赤所讲的不是治国的大事吗？"[反问句，意思是公西华说的同样也是国家大事。]

　　"**宗庙会同，非诸侯而何？**宗庙祭祀、朝见天子，这些不是诸侯国的大事又是什么呢？[反问句，意思是这些同样也是国家大事，只不过公西华说得谦虚罢了。]**赤也为之小，孰能为之大？**"公西华说他只能当个小傧相，谁又能做大相呢？"[反问句，意思是公西华说他只能做小相完全是谦虚。为：做。之：指代诸侯。大：指治国为政的大事。]

　　（第三部分：夫子评志。）

赏析导读

　　1. 本文是《论语》中最富文学色彩的篇章之一，文章可分几个部分？各谈了哪些内容？

　　本文可分三个部分。第一部分（开头到"则何以哉"）是问志。在亲切融洽的气氛中，孔子开始询问学生们的志向。第二部分（"子路率尔而对"到"吾与点也"）是述志。四个学生先后发言，各述其志。第三部分（"三子者出"到结尾）是评志。孔子赞赏了曾晳的志向，肯定了冉有、公西华的谦虚态度，批评了子路的不谦让，具体解释了"哂"的原因。问志、述志、评志三部分环环相扣，线索清晰，结构严谨。

　　2. 本文擅长以语言、神情和动作刻画人物性格，子路、曾晳、冉有、公西华四人所述之志各有什么不同？表现了各人什么性格特点？孔子现场的表情态度有什么差异？

　　四个学生先后发言，各述其志。孔子问话毕，"子路率尔而对"，"率尔"二字表现了子路为人直率、豪爽，不大注意小节的性格。他所谈的志向充满了豪壮之气：要治理一个受到大国侵略而又发生了饥荒的"千乘之国"，而且保证在三年之内使这个国家的人民勇于作战，懂得正义和道理。他的这番话和"率尔而对"的态度一样，说明了他坦率、豪爽，毫不谦让的性格，因此引起了孔子善意而又略带不满的微微一"哂"。

冉有和公西华讲话的语气就显得很谦虚了，冉有只想治理一个六七十里见方或五六十里见方的小国，给自己提出的目标是三年之内使那个国家的人民富足。至于用礼乐教化百姓，他认为自己还办不到。公西华就更加恭谨，他只希望将来能够在诸侯举行祭祀或会盟时担任主持人。并且还特意先声明了一句："非曰能之，愿学焉。"

　　曾晳之志以及他述志的语气、神态则又与以上三人都不一样。当孔子询问时，正在鼓瑟的他"铿"的一声把瑟放下，站了起来，用抒情诗一般的语言道出自己的志向：在暮春三月，与一帮志趣相投的人在沂水中洗浴，在舞雩台上吹风，一路唱着歌回家去。动作神态的洒脱，语言的优雅，恰与其志向的高远相协调。

　　以上记叙可见四子述志情态各不相同，孔子现场的表情态度也各有差异。子路是不待孔子问他就"率尔而对"，而在他发言以后则遭到了孔子的一"哂"。冉求、公西华是孔子问而后对，在他们发言以后孔子未置一词。曾点则是问而不答，孔子再问以后才说出自己的志向，并得到孔子的赞叹。

　　3. 孔子是怎样评述子路、冉有、公西华三位学生志向的？

　　曾点询问："夫三子者之言何如？"这就十分自然地引出了孔子对子路等三人所述之志的评论。孔子并没有正面回答曾点的问题，只是淡淡地说："只不过各人说说自己的志向罢了。"曾点再追问一句："您为什么要笑仲由呢？"这时，孔子严肃地回答："治理国家要用礼，可是他说话一点也不谦让，所以我笑他。"为了防止曾点误解他这句话的意思是笑子路想当官治国，他又接着解释说："难道冉求所讲的不是治理国家（的事）吗？怎见得六七十里见方或者五六十里见方的土地不是一个国家呢？难道公西赤所讲的不是治理国家（的事）吗？有宗庙、会盟，不是国家是什么？如果公西赤只做一个'小相'，那么谁来做大相呢？"在结尾的这段话里，孔子明确提出了自己以礼治国的主张。对学生不合"礼"的言行提出了批评，表现了他作为思想家和老师严肃的一面，同时也说明了他对学生的深刻了解。

技法探求

　　1. 孔子为什么赞成曾点之志，历来有多种说法，查阅相关资料，谈谈你的看法，并分析其中表现的孔子的思想境界。

　　四人述志已毕，孔子喟然长叹一声："我赞成曾点的志向啊！"孔子赞成曾点之志的原因，前人有不少解释。朱熹认为这是因为曾点之志体现了一种"尧舜气象"（《四书集注》），近人杨树达认为这是因为曾点所言"为太平社会之缩影"（《论语疏证》)。今人或认为是消极遁世，或认为是"以乐教人"。

比较流行的看法是，曾晳所描绘的一幅其乐融融的景象就是社会安定、国家自主、经济稳定、天下太平，每个人都享受了真、善、美的人生的那种大同和谐社会。这是儒家的理想社会，符合孔子追求的思想境界，所以孔子赞成曾点的志向。

我们认为：孔子是鼓吹仁政、提倡德治的，可是他的这种理想在"礼崩乐坏"的春秋后期根本不可能实现。曾点之志与子路等三人想从政的愿望不同，他不愿意做官，而想过一种比较清闲高雅、逍遥自在的生活。他的这一志向恰与孔子到处碰壁、不得行其志的失望心境相合，因而引起了孔子的共鸣而喟然叹息，表示赞同。

其他说法，只要言之成理即可。

2. 文中对孔子着墨不多，但似乎孔子就在眼前，音容笑貌栩栩如生，试做分析。

文章开头，孔子为了解除学生的顾虑，使谈话气氛更加轻松，使学生们都能畅所欲言，就首先打了一个招呼："请你们不要因为我的年纪比你们大一点，就（受拘束）不肯说了。"然后才提出问题："如果有人了解你们，你们准备怎样做呢？"这就把孔子循循善诱、谦和安详的语气和神态都写出来了。

孔子虽对子路的"不让"有所不满，但听了子路述志后只是"哂之"，没有加以评论，仅是善意而又含蓄地表达了稍有不满的情绪。四人述志完毕，孔子喟然长叹："吾与点也！"既向往礼乐之治的太平盛世，又表达理想难以实现的感叹。孔子音容笑貌如在目前。

文章最后一部分，孔子不厌其烦地给曾晳答问析疑，一位可敬可亲、神情和蔼、诲人不倦的长者形象已站立在我们面前。

知识积累

一、文体知识

语录体　中国古代散文的一种体式。常用于门人弟子记录导师的言行，有时也用于佛门的传教记录。因其偏重于只言片语的记录，短小简约，不重文采，不讲求篇章结构，也不讲求段落、内容间的联系，还没有构成单篇的、形式完整的篇章，故称之为语录体。

先秦记载孔子及弟子言行的《论语》、记载老子言行的《老子》以及宋代记载程颢、程颐言行的《二程遗书》等，均为语录体散文的典范。其中《论语》简明深刻、语约义丰，往往在一两句话里包含丰富的人生哲理和人生经验，流传后世，成为人们常用的成语、警句和格言，如"吾日三省吾身，为人谋而不忠乎？与朋友交而不信乎？传不习乎？"谈话有一问一答式、一问多答式、抑或是多人谈论式；语气有同辈之间平等的对话、有师生或上下级询问。

二、语言知识

（一）通假字

1. 鼓瑟希，铿尔（希，同"稀"，稀疏）
2. 莫春者，春服既成（莫，同"暮"，傍晚）
3. 唯求则非邦也与（与，同"欤"，语气助词）

（二）古今异义

1. 加之以师旅（古：泛指军队。今：军队编制单位）
2. 且知方也（古：道理，是非准则。今：方向、对方、方法等）
3. 因之以饥馑（动词，接着，动词。今：因为，连词）
4. 如五六十（古：或者。今：如果，像）

（三）一词多义

1. 以

① 以吾一日长乎尔（因为，表原因，介词）

② 毋吾以也（通"已"，停止，动词）

③ 加之以师旅（用，表动作方式，介词）

④ 以俟君子（而，表顺承，连词）

2. 尔

① 以吾一日长乎尔（你、你们，代词）

② 子路率尔而对曰（……的样子，形容词词尾）

3. 如

① 如或知尔，则何以哉（如果，连词）

② 方六七十，如五六十（或者，连词）

4. 方

① 可使有勇，且知方也（道理，名词）

② 方六七十，如五六十（方圆，名词）

5. 言

① 亦各言其志也（说、谈，动词）

② 夫三子者之言何如（话，名词）

6. 乎

① 以吾一日长乎尔（同"于"，比，介词）

② 异乎三子者之撰（同"于"，同，介词）

③ 何伤乎（呢，语气助词）

④ 浴乎沂，风乎舞雩（同"于"，在，介词）

（四）词类活用

1. 可使足民（足，动词的使动用法，使……富足）

2. 端章甫（端，名词活用作动词，穿礼服。章甫，名词活用作动词，戴礼帽）

3. 鼓瑟希（鼓，名词活用作动词，击鼓）

4. 风乎舞雩（风，名词活用作动词，吹风）

5. 曾皙后（后，方位名词作动词，落在后面）

6. 赤也为之小，孰能为之大（小、大，形容词做名词，小相，大相）

（五）文言句式

1. 不吾知也（不知吾，宾语前置）

2. 则何以哉（以何，宾语前置）

3. 尔何如（如何，宾语前置）

4. 何伤乎（伤何，宾语前置）

5. 夫三子者之言何如（如何，宾语前置）

6. 加之以师旅，因之以饥馑（以师旅加之，以饥馑因之，介宾短语后置）

7. 为国以礼（以礼为国，介宾短语后置）

8. 异乎三子者之撰［乎（同）三子者之撰异，介宾短语后置］

9. 以吾一日长乎尔［乎（比）尔长，介宾短语后置］

10. 浴乎沂，风乎舞雩［乎（在）沂浴，乎（在）舞雩风，介宾短语后置］

一课一练

1.《论语》是＿＿＿＿＿＿＿＿＿＿＿＿＿＿记述＿＿＿＿＿＿＿＿＿＿＿＿的一部＿＿＿＿＿体散文集。本文选自《＿＿＿＿＿》，是最富＿＿＿＿色彩的篇章之一。

2. 理解性默写。

① 课文中孔子为启发学生说出各自志向，不以年长自居，先说"＿＿＿＿＿＿＿＿＿，＿＿＿＿＿＿＿＿＿"打消弟子们的顾虑；然后进一步启发诱导："＿＿＿＿＿

_____：'_____！'_____，_____？"

② 子路说，假如要他治理"千乘之国"，虽然经历很多困难，但有信心达到的目标是："_____，_____，_____。"冉有则比较谦虚，同样是通过三年治理，达到的目标是："_____，_____，_____。"公西华认为自己能力不足，仍需要学习，对于宗庙祭祀之事，他说："_____，_____。"

③ 孔子认为"礼"在国家治理中有重要地位。他笑子路是因为子路"_____，_____"。他用反问的语气肯定公西华："_____，_____？"

④ 曾晳描绘了一幅在大自然里沐浴临风，一路酣歌的美丽动人的景象："_____，_____，_____。"孔子脱口赞道："_____！"

⑤ 从言谈、动作、神态可以看出四个学生不同的性格特点。子路的性格直率，从"_____"可以看出；"_____，_____"可见冉有比较谦虚；公西华则更谦虚，一开始就说："_____，_____。"

3. 下列加点字的注音和书写全部正确的一项是（　　）

A. 曾晳（xī）　　侍（shì）坐　　师旅（lǚ）　　夫子哂（shě）之
B. 浴乎沂（yí）　千乘（shèng）　比（bǐ）及　　摄（shè）乎大国
C. 小相（xiàng）　率（shuài）尔　莫（mò）春　　饥馑（jǐn）
D. 舞雩（yú）　　铿（kēng）尔　喟（kuì）然　　鼓瑟（sè）稀

4. 解释下列句中加点的词语。

① 子路、曾晳、冉有、公西华侍坐　　（　　　　　）
② 子路率尔而对曰　　　　　　　　　（　　　　　）
③ 摄乎大国之间　　　　　　　　　　（　　　　　）
④ 夫子哂之　　　　　　　　　　　　（　　　　　）
⑤ 如其礼乐，以俟君子　　　　　　　（　　　　　）
⑥ 为国以礼，其言不让　　　　　　　（　　　　　）
⑦ 异乎三子者之撰　　　　　　　　　（　　　　　）

5. 指出下列句中活用或通假的字，并加以解释。

① 端章甫，愿为小相焉　　　　　　　（　　　　　）
② 鼓瑟希，铿尔　　　　　　　　　　（　　　　　）
③ 冠者五六人　　　　　　　　　　　（　　　　　）

④ 莫春者，春服既成　　　　　（　　　　　）

⑤ 风乎舞雩，咏而归　　　　　（　　　　　）

⑥ 唯赤则非邦也与　　　　　　（　　　　　）

6. 辨析下列句中加点字的意义和用法。

A. ① 可使有勇，且知方也　　　（　　　　　）

　　② 方六七十，如五六十　　　（　　　　　）

B. ① 如或知尔，则何以哉　　　（　　　　　）

　　② 方六七十，如五六十　　　（　　　　　）

C. ① 何伤乎　　　　　　　　　（　　　　　）

　　② 童子六七人，浴乎沂　　　（　　　　　）

D. ① 吾与点也　　　　　　　　（　　　　　）

　　② 唯求则非邦也与　　　　　（　　　　　）

E. ① 为国以礼，其言不让　　　（　　　　　）

　　② 赤也为之小　　　　　　　（　　　　　）

F. ① 子路率尔而对曰　　　　　（　　　　　）

　　② 赤，尔何如　　　　　　　（　　　　　）

7. 翻译下列句子，并指出相关句式。

① 以吾一日长乎尔，毋吾以也。

_____

② 居则曰："不吾知也。"

_____

③ 如或知尔，则何以哉？

_____

④ 千乘之国，摄乎大国之间，加之以师旅，因之以饥馑。

_____

⑤ 鼓瑟希，铿尔，舍瑟而作，对曰："异乎三子者之撰。"

_____

⑥ 莫春者，春服既成，冠者五六人，童子六七人，浴乎沂，风乎舞雩，咏而归。

_____

⑦ 为国以礼，其言不让，是故哂之。

_____

8. 下列对原文的概括和分析，不符合文意的一项是（　　　）

A. 从"率尔而对曰：'千乘之国，摄乎大国之间，加之以师旅，因之以饥馑；由也为之，比及三年，可使有勇，且知方也'"的神态、语言描写中，可以看出子路是一个有抱负、坦诚，但性格比较鲁莽、轻率、自负的人。

B. 从"方六七十，如五六十，求也为之，比及三年，可使足民。如其礼乐，以俟君子"的语言描写中，可以看出冉有是一个谦虚谨慎，说话很有分寸的人。

C. 从"非曰能之，愿学焉。宗庙之事，如会同，端章甫，愿为小相焉"的语言描写中，可以看出公西华是一个谦恭有礼、娴于辞令的人。

D. 从"莫春者，春服既成，冠者五六人，童子六七人，浴乎沂，风乎舞雩，咏而归"的语言描写中，可以看出曾皙是一个风流洒脱、怡情山水，追求个人生活享受的人。

能力拓展

阅读《论语·微子》中的一段文字，完成文后问题。

长沮、桀溺耦①而耕，孔子过之，使子路问津焉。长沮曰："夫执舆者为谁？"子路曰："为孔丘。"曰："是鲁孔丘与？"曰："是也。"曰："是知津矣。"问于桀溺，桀溺曰："子为谁？"曰："为仲由。"曰："是鲁孔丘之徒与？"对曰："然。"曰："滔滔者天下皆是也，而谁以易之？且而与其从辟人之士也，岂若从辟世之士哉②？"耰③而不辍。子路行以告。夫子怃然曰："鸟兽不可与同群，吾非斯人之徒与而谁与？天下有道，丘不与易也。"

【注释】

① 耦，音 ǒu，古代二人一组的耕作方法。

② 并且你与其跟着孔丘那种躲避坏人的人，哪如跟从我们这些躲避整个社会（隐居）的人呢？

③ 耰，音 yōu，一种用来击碎土块、平整田地的农具。

1. 解释句中加点的词语。

① 使子路问津焉　　　　　　　　（　　　　　　　）

② 而谁以易之　　　　　　　（　　　　　　　）

③ 且而与其从辟人之士也　　（　　　　　　　）

④ 耰而不辍　　　　　　　　（　　　　　　　）

2. 找出文中的两个通假字，写出本字，并加以解释。

① _____　② _____

3. 选出句式不同的一项（　　　）

A. 夫执舆者为谁

B. 是知津矣

C. 吾非斯人之徒与而谁与

D. 子为谁

4. 翻译下列句子。

① 滔滔者天下皆是也，而谁以易之？
_____

② 鸟兽不可与同群，吾非斯人之徒与而谁与？
_____

5. 长沮、桀溺是什么样的人？孔子是什么样的形象，请加以分析。
_____
_____
_____
_____

齐桓晋文之事

学习目标

1. 了解孟子"保民而王"仁政思想的积极意义。
2. 掌握作者抓住对方心理,因势利导,引人入彀的说话艺术。
3. 学习本文运用的举例、比喻、对比、引用等多种论证方法。

知人论世

一、作家作品

孟子（约前372—前289），名轲,字子舆,战国时邹（今山东邹城东南）人。著名的思想家、政治家、教育家。据《史记·孟子荀卿列传》记载,他是孔子的孙子子思的再传弟子,曾游说齐、宋、滕、魏等国。当时天下诸侯混战,孟子像孔子一样,带领学生周游列国诸侯,并去游说齐宣王、梁惠王等,都没有成功。晚年回家和他的弟子万章等著《孟子》七篇。

孟子是继孔子之后最大的儒学大师,后世尊称他为"亚圣",与孔子并称为"孔孟"。他提出了施"仁政",行"王道","民为贵,社稷次之,君为轻"等政治主张。曾拒杨墨,反纵横,维护和发展了儒家学说,对当时和后世思想界影响很大。

《孟子》是记录孟轲的思想和政治言论的著作,共7篇,在写作上很有特色。首先是长于雄辩,气势充沛、感情强烈、笔墨酣畅;其次,善用比喻和寓言陈述事理,辩论是非;再次,采用多种方式进行辩论,逻辑谨严。其中最多的是各种发问的方式,时而提问,时而设问,时而反问,运用自如,灵活多变。

二、创作背景

这篇文章所记的事情发生于齐宣王时代，当此之时，战国并立，七雄争霸。秦用商鞅，富国强兵；楚魏用吴起，战胜弱敌；齐威王、齐宣王用孙子（孙膑）、田忌之徒，逼得诸侯都向东朝拜齐国，一时之间，齐国俨然是当时的首领。霸道大行于天下，而孟子却要在齐宣王面前讲他的"王道"，可想而知，这是一件很困难的事。

齐宣王向孟子请教称霸天下的方法，孟子因势利导，游说齐宣王弃霸道而行王道，但是齐宣王没有听从，反而军纪败坏，掠夺民财，导致燕人叛乱，不久齐军就在赵、魏、韩、楚、秦等国的压力下被迫撤军，而燕人则共立公子职，是为燕昭王，齐宣王感叹："吾甚惭于孟子。"

本文孟子通过游说齐宣王提出放弃霸道，施行王道的经过，比较系统地阐发了仁政主张。

精译详注

齐宣王问曰："齐桓、晋文之事可得闻乎？" 齐宣王问（孟子）说："齐桓公、晋文公（称霸）的事，可以讲给我听听吗？"[齐宣王：田氏，名辟疆，齐国国君，前319年至前301年在位。齐桓、晋文：指齐桓公小白和晋文公重耳，春秋时先后称霸，为当时诸侯盟主。宣王有志效法齐桓、晋文，称霸于诸侯，故以此问孟子。可得：同义复词，可以，能够。闻：使动用法，其后省略"之"，让……听。]

孟子对曰："仲尼之徒无道桓文之事者，是以后世无传焉，臣未之闻也。无以，则王乎？" 孟子回答说："孔子这些人中没有讲述齐桓公、晋文公事情的，因此后世没有流传，我没有听说过这事。（如果）一定要说一说，那么还是说说行王道的事吧！"[仲尼：孔子的字。徒：这类人。道：述说，谈论。是以：宾语前置，因此。未之闻：否定句宾语前置，未闻之。儒家学派称道尧舜禹汤文武等"先王之道"，不主张"霸道"，所以孟子这样说。无以：不得已。以，同"已"，作止讲。王（wàng）：用作动词，指王天下，即用王道（仁政）统一天下。]

（第一层，提出讨论的话题，从问"霸道"开始，转入说"王道"。）

曰："德何如则可以王矣？"（齐宣王）说："要有什么样的德行，才可以称王于天下呢？"[何如：宾语前置，如何，怎么样。]

曰："保民而王，莫之能御也。"（孟子）说："使人民安定才能称王，没有人可以抵御他。"[保：安抚，安定。莫之能御：否定句宾语前置，没有人能抵御他。御：抵御，阻挡。]

曰："若寡人者，可以保民乎哉？"（齐宣王）说："像我这样的人，能够安抚百姓吗？"[寡人：寡德之人，古代君王自己的谦称。乎哉：几个语气助词连用，重点在最后一个。]

曰："可。"（孟子）说："可以。"

曰："何由知吾可也？"（齐宣王）说："从哪知道我可以呢？"[何由：宾语前置，由何。]

曰："臣闻之胡龁曰：王坐于堂上，有牵牛而过堂下者，王见之，曰：'牛何之？'（孟子）说："我听胡龁说（我从胡龁那儿听说）：您坐在大殿上，有个人牵牛从殿下走过。您看见这个人，问道：'牛（牵）到哪里去？'[胡龁（hé）：齐王的近臣。何之：宾语前置，之何。之：往，到……去。]对曰：'将以衅钟。'（那人）回答说：'准备用它（的血）来涂在钟上行祭。'[衅（xìn）钟：古代新钟铸成，用牲畜的血涂在钟的缝隙中祭神求福。衅，血祭。]王曰：'舍之！吾不忍其觳觫，若无罪而就死地。'您说：'放了它！我不忍看到它那恐惧战栗的样子，这样没有罪过却走向死地。'[觳（hú）觫（sù）：恐惧颤抖的样子。若：如此。就：接近，走向。]对曰：'然则废衅钟与？'（那人问）道：'既然这样，那么废弃祭钟的仪式吗？'[然则：既然如此，那么。废：废弃。]曰：'何可废也，以羊易之。'不识有诸？"您说：'怎么可以废除呢？用羊来换它吧。'不知道有没有这件事？"[以羊易之：用羊来替换它（指牛）。古人以牛为牲之最大者，羊的地位低于牛。易：交换。识：知道。诸："之乎"的合音。]

曰："有之。"（齐宣王）说："有这事。"

曰："是心足以王矣。百姓皆以王为爱也，臣固知王之不忍也。"（孟子）说："这样的心就足以称王于天下了。百姓都认为大王是吝惜（一头牛）。我诚然知道您是于心不忍啊。"[是：代词，这种。足以王（wàng）：足够用来称王天下。以……为：认为……是……。爱：吝惜，舍不得。固：本来，此处有"诚然"的语气。王之不忍："之"取消句子独立性。]

王曰："然，诚有百姓者。齐国虽褊小，吾何爱一牛？（齐宣王）说："是的。的确有这样（对我误解）的百姓。齐国虽然土地狭小，我怎么至于吝惜一头牛？[诚：的确，确实。褊（biǎn）小：土地狭小。何：怎么。]即不忍其觳觫，若无罪而就死地，故以羊易之也。"就是因为不忍看它那恐惧战栗的样子，就这样没有罪过却要走向死亡的地方，因此用羊去换它。"[即：就是。]

曰:"王无异于百姓之以王为爱也。(孟子)说:"您不要对百姓认为您吝惜而感到奇怪。[异:对……感到奇怪。于:对。]以小易大,彼恶知之?以小(的动物)换下大(的动物),他们怎么知道您的想法呢?[彼恶知之:他们怎么知道呢?恶(wū):怎么,哪里,如何。]王若隐其无罪而就死地,则牛羊何择焉?"您如果痛惜它没有罪过却要走向死亡的地方,那么牛和羊又有什么区别呢?"[隐:痛惜,哀怜。何择:有什么分别。择:区别,分别。]

王笑曰:"是诚何心哉?我非爱其财而易之以羊也,宜乎百姓之谓我爱也。"齐宣王笑着说:"这究竟是一种什么想法呢?我(的确)不是(因为)吝惜那钱财才以羊换掉牛的,(这么看来)老百姓说我吝啬是理所应当的了。"[宜:应当。乎:在这里表示感叹。此句是主谓倒装句,"百姓之谓我爱也"是"宜乎"的主语。之:助词,用在主谓之间,取消句子的独立性。]

曰:"无伤也,是乃仁术也,见牛未见羊也。(孟子)说:"没有关系,这是体现了施行仁爱的方式,(原因在于您)看到了牛而没看到羊。[无伤:没有什么妨碍,此处译为没有什么关系。仁术:指仁爱之道,实施仁政的方式(途径)。]君子之于禽兽也,见其生,不忍见其死;闻其声,不忍食其肉。是以君子远庖厨也。"有道德的人对于飞禽走兽,看见它活着,便不忍心看它死;听到它(哀鸣)的声音,便不忍心吃它的肉。因此君子把厨房设在远离自己的地方。"[远:使动用法。使……远离。庖厨:厨房。]

(第二层,提出"保民而王"的中心论点,肯定齐宣王能够保民而王。)

王说,曰:"《诗》云:'他人有心,予忖度之。'夫子之谓也。齐宣王高兴了,说:"《诗经》说:'别人有什么心思,我能揣测到。'说的就是先生您这样的人啊。[说:同"悦",高兴。他人有心,予忖度之:见于《诗经·小雅·巧言》,意思是他人有心思,我能揣测到它。忖(cǔn)度(duó):揣测。夫子之谓也:(这话)说的就是你这样的人。夫子:古代对男子的尊称,这里指孟子。……之谓也:固定句式,……说的就是……]夫我乃行之,反而求之,不得吾心。夫子言之,于我心有戚戚焉。我这样做了,回头再去想它,却不知道自己是出于什么想法。先生您说的这些,对于我的心真是有所触动啊![戚戚:心动的样子,指有同感。]此心之所以合于王者,何也?"这种心符合王道的原因,是什么呢?"[所以:……的原因。]

曰:"有复于王者曰:'吾力足以举百钧,而不足以举一羽;(孟子)说:"(假如)有人报告大王说:'我的力气足以举起三千斤,却不能够举起一根羽毛;[复:

回复，报告。钧：古代以三十斤为一钧。]明足以察秋毫之末，而不见舆薪。'则王许之乎？"（我的）眼力足以看清鸟兽秋天新生细毛的末梢，却看不到整车的柴草。'那么，大王您认可这种说法吗？"[明：眼力。秋毫之末：鸟兽秋天生出的绒毛的尖端，喻极细小的东西。舆薪：一车薪柴。许：认可，相信，赞同。之：指上述说法。]

　　曰："否。"（齐宣王）说："不认可。"

　　"今恩足以及禽兽，而功不至于百姓者，独何与？（孟子说）"如今您的恩德足以推及禽兽，而老百姓却得不到您的功德，却是为什么呢？["今恩"句及以下是孟子的话，省去"曰"字，表示语气急促。独何与：却是为什么呢？独，相当于"却"，副词。与，同"欤"，语气助词，呢。]然则一羽之不举，为不用力焉；舆薪之不见，为不用明焉；百姓之不见保，为不用恩焉。这样看来，举不起一根羽毛，是不用力气的缘故；看不见整车的柴草，是不用目力的缘故；老百姓没有受到爱护，是不肯布施恩德的缘故。["一羽之不举""舆薪之不见"："之"标志宾语前置，不举一羽，不见舆薪。见保：被动句，受到保护或安抚。见：被。]故王之不王，不为也，非不能也。"所以，大王您不能以王道统一天下，是不肯干，而不是不能干。"[王之不王：大王不能以王道统一天下。第二个王是动词。]

　　曰："不为者与不能者之形何以异？"（齐宣王）说："不肯干与不能干在表现上怎样区别？"[形：具体的外在区别和表现。异：区别。]

　　曰："挟太山以超北海，语人曰：'我不能。'是诚不能也。（孟子）说："（用胳膊）挟着泰山去跃过渤海，告诉别人说：'我做不到。'这确实是做不到。[挟（xié）：夹在腋下。太山：泰山。超：跃过。北海：渤海。语（yù）：告诉，用作动词。]为长者折枝，语人曰：'我不能。'是不为也，非不能也。为年长者按摩肢体，告诉别人说：'我做不到。'这是不肯做，而不是不能做。[枝：枝同"肢"。这句意谓，为年长者按摩肢体。一说指向老者折腰行鞠躬礼，一说替长者攀摘树枝。皆指轻而易举之事。]故王之不王，非挟太山以超北海之类也；王之不王，是折枝之类也。所以大王不能以王道统一天下，不属于（用胳膊）挟泰山去跳过渤海这一类的事；大王不能以王道统一天下，属于为年长者按摩肢体一类的事。老吾老，以及人之老；幼吾幼，以及人之幼：天下可运于掌。敬爱自己的老人，进而推广到敬爱别人家的老人；爱护自己的孩子，进而推广到爱护别人家的孩子：（照此理去做）要统一天下如同在手掌上转动东西（那么容易）。[老吾老：第一个"老"字形容词作动词用，可译为敬爱；第二个和第三个"老"是形容词作名词用，是老人的意思。其下句"幼吾幼"中"幼"字用法相同。运于掌：运转在手掌上，比喻天下很容易治理。]《诗》云：'刑于寡妻，至于兄弟，以御于家邦。'《诗经》上说：'（做国君的）给自己的妻子和子女做好榜样，推广到兄弟，进而治理好一家一国。'[刑于寡妻，至于兄弟，以御于家邦：见于《诗经·大雅·思齐》，意思是给妻子做好榜样，推及兄弟，以此德行来治理国家。刑，同"型"，这里作动词用，指以身作则，为他人示范。寡妻，国君的正妻，一说为贤妻。御，治理。家邦，国家。]言举斯心加诸彼而已。说的就是把这样的心推广到他人身上罢了。[孟子总结这三句诗的意思，就是说把你爱自家人的心，推广到爱他人罢了。]故推恩足以保四海，不推恩无以保妻子。所以，推广恩德足以安抚四海百姓，不推广恩德就没有什么办法安抚妻子儿女。[推恩：推广恩德。无以：没有什么办法。]古之人所以大过人者，无他焉，善推其所为而已矣。古代圣人大大超过别人的原因，没别的，善于推广他们的好行为罢了。[大过：大大超过。]今恩足以及禽兽，而功不至于百姓者，独何与？如今（您的）恩德足以推广到禽兽身上，老百姓却得不到您的好处，又是什么原因呢？权，然后知轻重；度，然后知长短。物皆然，心为甚。用秤称，才能知道轻重；用尺量，才能知道长短。任何事物都是如此，人心更是这样。[权：秤锤，这里作动词用，指用秤称重。度（duó）：用尺量。]王请度之！大王，您请思量一下（推恩与不推恩的）利弊吧！[度（duó）：思量，揣度。]

（第三层，剖析齐宣王的仁心未及于民，未成王道，不是"不能"，而是"不为"。）

（第一部分，主要说齐宣王未实行王道，不是不能，而是不为。这部分又可分为以上三层。）

"抑王兴甲兵，危士臣，构怨于诸侯，然后快于心与？""还是说您发动战争，使大臣们陷于危险，与各诸侯国结成怨仇，这样心里才痛快么？"[抑：表示反问，相当于"难道"。甲兵：借代战争。危：使……受到危害。构怨：结仇。快于心：心里痛快。]

王曰："否，吾何快于是？将以求吾所大欲也。"齐宣王说："不是的，我怎么会这样做才痛快呢？我是打算用这办法求得我最想要的东西罢了。"[是：指代"王兴甲兵，危士臣，构怨于诸侯"。大欲：最想要的东西。]

曰："王之所大欲，可得闻与？"（孟子）说："您最想要的东西是什么，（我）可以听听吗？"

王笑而不言。齐宣王只是笑却不说话。

曰："为肥甘不足于口与？轻暖不足于体与？（孟子）说："是因为肥美甘甜的食物不能满足于口腹呢？又轻又暖的衣服不能满足身体的舒服呢？[肥甘：肥美香甜的食物。轻暖：轻柔暖和的衣裳。]抑为采色不足视于目与？声音不足听于耳与？便嬖不足使令于前与？还是因为绚丽的服饰、玩好不能满足于眼睛看呢？美妙的音乐不能满足于耳朵听呢？左右受宠爱的大臣不足以在身边使唤呢？[抑：还是，连词，表选择。采色：绚丽的服饰、玩好等。采，同"彩"。便嬖（pián bì）：国王宠爱的近侍。]王之诸臣皆足以供之，而王岂为是哉？"（这些）您的大臣们都能充分地提供给大王，难道大王真是为了这些吗？"

曰："否，吾不为是也。"（齐宣王）说："不是，我不是为了这些。"

曰："然则王之所大欲可知已：欲辟土地，朝秦楚，莅中国而抚四夷也。（孟子）说："既然这样，那么，大王所最想得到的东西便可知道了：是想开拓疆土，使秦国、楚国来朝见，统治整个中原地区，安抚四方的少数民族。[辟：开辟，扩大。朝：使……称臣（或朝见）。莅（lì）：居高临下，引申为统治。中国：指中原地带。而：表并列。抚：安抚，使……归顺。四夷：四方的少数民族。]以若所为，求若所欲，犹缘木而求鱼也。"（但是）以这样的做法，去谋求这样的理想，就像要爬到树上去抓鱼一样。"[以：凭借。若：如此。缘木而求鱼：爬到树上去捉鱼，比喻不可能达到目的。]

王曰："若是其甚与？"齐宣王说："真的像（你说的）这么严重吗？"[若是：如此。甚：厉害。]

曰："殆有甚焉。（孟子）说："恐怕比这还严重。[殆：不定副词，恐怕，大概。有：同"又"。]缘木求鱼，虽不得鱼，无后灾；以若所为，求若所欲，尽心力而为之，后必有灾。"爬到树上去抓鱼，虽然抓不到鱼，却没有什么后祸；假使用这样的做法，去谋求这样的理想，又尽心尽力地去干，结果必然有灾祸。"

曰："可得闻与？"（齐宣王）说："（这里的道理）可以让我听听吗？"

曰："邹人与楚人战，则王以为孰胜？"（孟子）说："（如果）邹国和楚国打仗，那您认为谁胜呢？"[邹：与鲁相邻的小国，在今山东邹城、滕州一带。楚：南方的大国。以为：认为。]

曰："楚人胜。"（齐宣王）说："楚国会胜。"

曰："然则小固不可以敌大，寡固不可以敌众，弱固不可以敌强。（孟子）说："那么，小国本来不可以与大国为敌，人少的国家本来不可以与人多的国家为敌，弱国本来不可以与强国为敌。[小：小国，形容词用作名词。"大""寡""弱"与其用法相同。]**海内之地，方千里者九，齐集有其一。**天下的土地，方圆纵横各一千多里的国家有九个，齐国的土地总算起来也只有其中的一份。[方：方圆，纵横。集：凑集。《礼记·王制》："凡四海之内九州，州方千里。"这句说，齐国土地合起来约有方圆一千里。]**以一服八，何以异于邹敌楚哉？盖亦反其本矣？**凭着一份土地的实力要去降服拥有八份土地的国家，这与邹国和楚国打仗有什么不同呢？何不回到（王道仁政的）根本上来呢？[盖：同"盍"，兼词，"何不"的合音。反其本：回到根本上来，指回到王道仁政上来。反同"返"。]**今王发政施仁，使天下仕者皆欲立于王之朝，耕者皆欲耕于王之野，商贾皆欲藏于王之市，**（如果）您现在发布政令施行仁政，使得天下当官的都想到您的朝廷来做官，种田的都想到您的田野来耕作，做生意的都想要（把货物）储存在大王的集市上，[发政施仁：发布政令，推行仁政。野：田野。商贾：做生意的人。藏：储存。市：集市。]**行旅皆欲出于王之涂，天下之欲疾其君者皆欲赴诉于王。其若是，孰能御之？"**旅行的人都想在大王的道路上出入，各国那些憎恨他们君主的人都想跑来向您申诉。如果像这样，谁还能抵挡您呢？"[涂：同"途"。疾：憎恨。赴诉：奔走求告。御：抵御，抵挡。]

（第二部分，从反面论述"霸道"的危害，敦促齐宣王彻底改弦易辙，放弃霸道，施行王道。）

王曰："**吾惛，不能进于是矣。愿夫子辅吾志，明以教我。我虽不敏，请尝试之。"**齐宣王说："我糊涂，不能做到这种地步。希望先生您帮助（实现）我的愿望，明白地（把王政之道）指导我。我虽然不聪慧，请（让我）试一试。"[惛（hūn）：同"昏"，思想昏乱不清。进于是：达到这一步。敏：聪慧。请：表敬副词，请让我。尝试：试行。尝，试。]

曰："**无恒产而有恒心者，惟士为能。**（孟子）说："没有长久可以维持生活的固定产业却有长久不变的善心，只有有志之士才能做到。[恒产：用以维持生活的固定的产业。恒心：安居守分之心。]**若民，则无恒产，因无恒心。**至于老百姓，没有固定的产业，因而就没有长久不变的善心。[民：指一般人。]**苟无恒心，放辟邪侈，无不为已。**如果没有长久不变的善心，就会不守社会秩序，就没有不敢做的了。[放辟邪侈：放，放纵；侈，过度；"辟"和"邪"同义，都是行为不轨的意思。已：通"矣"，表示确定的语气。]**及陷于罪，然后从而刑之，是罔民也。**等到（他们）犯了罪，随后用刑罚去处罚他们，这样做就像是设置罗网陷害人民。

[刑：名词用作动词，用刑罚处罚。罔民：张开罗网陷害百姓。罔，同"网"，名词用作动词。]**焉有仁人在位，罔民而可为也？**哪有仁爱的君主在位掌权，陷害百姓的事却可以做呢？[焉：疑问代词，哪里。]**是故明君制民之产，必使仰足以事父母，俯足以畜妻子，乐岁终身饱，凶年免于死亡；**所以英明的君主规定老百姓的产业，一定使他们上能赡养父母，下能养活妻子儿女；遇到丰收的年头，就一年到头都可以吃饱，年成不好的年头也不至于饿死；[是故：因此，所以。制：规定。事：名词用作动词，侍奉。畜：同"蓄"，养活，抚育。妻子：妻子儿女。乐岁：丰收的年头。终：一年到头。凶年：饥荒的年头。]**然后驱而之①善，故民之②从之③也轻。**这样之后督促他们做好事，所以老百姓就容易跟随国君走了。[驱：督促，驱使。之①：动词，往，到。善：做好事。之②：助词，取消句子独立性。之③：代词，代"驱而之善"。轻：容易。]**今也制民之产，仰不足以事父母，俯不足以畜妻子，乐岁终身苦，凶年不免于死亡。**如今，规定百姓的产业，上不能赡养父母，下不能养活妻子儿女，好年成也总是生活在困苦之中，坏年成免不了要饿死。**此惟救死而恐不赡，奚暇治礼义哉？**这样，只把自己从死亡中救出来，恐怕还来不及，哪里还有时间顾得上讲求礼义呢？[赡（shàn）：足，及。奚：何，哪里。暇：空闲时间。治：讲求。]**王欲行之，则盍反其本矣：**大王真想施行仁政，为什么不回到仁政的根本上来呢？[之：代"仁政"。盍：兼词，何不。]**五亩之宅，树之以桑，五十者可以衣帛矣；**五亩的住宅地，种上桑树，（那么）五十岁的人就可以穿上丝织的衣服了；[五亩之宅：五亩大的住宅。传说古代一个男丁可以分到五亩土地建筑住宅。古时五亩合现在一亩二分多。树之以桑：以桑树之，介宾短语后置；树，种，名词用作动词。衣：穿，名词用作动词。帛：丝织品。]**鸡、豚、狗、彘之畜，无失其时，七十者可以食肉矣；**鸡、小猪、狗、大猪这些家畜，不要失去（喂养繁殖的）时节，七十岁的人就可以有肉吃了；[豚（tún）：小猪。彘（zhì）：大猪。]**百亩之田，勿夺其时，八口之家可以无饥矣；**一百亩的田地，不要（因劳役）耽误了农时，八口人的家庭就可以不挨饿了；[百亩之田：传说周代实行井田制，一家可以分到土地一百亩。]**谨庠序之教，申之以孝悌之义，颁白者不负戴于道路矣。**重视学校的教育，用孝顺父母、尊重兄长的道理反复教导他们，头发斑白的老人便不会再在路上背着、顶着东西走了。[谨：重视，谨慎地对待。庠（xiáng）序：古代学校的名称。周代叫庠，殷代叫序。申之以孝悌之义：以孝悌之义申之，介宾短语后置。申，告诫，反复教导。孝悌（tì），善事父母为"孝"，敬爱兄长为"悌"。颁白者：头发半白半黑的老人。颁，同"斑"。]**老者衣帛食肉，黎民不饥不寒，然而不王者，未之有也。"**老年人穿丝

绸衣服吃上肉，老百姓不挨饿受冻，如果这样还不能统一天下，那是没有的（事情）。"［黎民：黑头发的民众。这里指少壮者，与上文老者对举。未之有：宾语前置，未有之。］

（第三部分，阐述施行王道的具体措施。）

赏析导读

　　本文通过孟子游说齐宣王提出放弃"霸道"，施行王道的经过，比较系统地阐发了孟子的仁政主张。
　　1. 本文是一篇谈话记录，不容易看出层次。根据"精译详注"中划分的层次结构，阐述第一部分对话的内容，并谈谈它在全文论述中的作用。
　　课文第一部分（开头至"王请度之"），说齐宣王未实行王道，不是不能，而是不为。这部分又可分为三层。
　　第一层（从开头到"则王乎"），提出讨论的话题，从问"霸道"开始，转入说"王道"。齐宣王一见孟子，就迫不及待地问齐桓晋文称霸的事，正说明他有称霸的企图。齐桓公九合诸侯，一匡天下；晋文公平乱扶周，破楚救宋，都是当时的霸主。因为他们的行事不是靠仁政，而是凭武力，因此被儒家称为"霸道"，与"王道"相对立。所以齐宣王问齐桓、晋文之事，等于问"霸道"之事，崇尚王道的孟子未作正面回答，而是以"臣未之闻也"一句，轻轻把话题岔开，转而谈论王道。
　　第二层（从"曰：'德何如则可以王矣'"到"是以君子远庖厨也"），提出"保民而王"的中心论点，肯定齐宣王能够保民而王。在孟子看来，王天下的关键在于行仁政，所以孟子首先提出"保民而王"的政治主张。然后再紧紧抓住齐宣王的"不忍"大做文章。
　　此处孟子不是空泛地论述王道，而是抓住了齐宣王"以羊易牛"的事例加以形象地阐发。老百姓看到"以羊易牛"，以小易大，认为王是爱财；孟子则不同，他肯定宣王有"不忍之心"，只是没有把为仁之事继续扩展下去。这说明齐宣王已经有了"保民"的基本条件，具备施行王道的基础。同时也为下文论说宣王没有实行"王道"，"是不为"而"非不能"埋下了伏笔。
　　第三层（从"王说"到"王请度之"），剖析齐宣王的仁心未及于民，未成王道，不是"不能"，而是"不为"。首先，孟子以一组巧妙的比喻，正面引出"王之不王，不为也，非不能也"的结论。其次以"挟太山以超北海"和"为长者折枝"这组对照性比喻，进一步阐明"不为"和"不能"的区别。最后顺其理势，引经据典，加以正面论述。说明王道并不难，最基本的就是"推恩"，"推恩足以保四海"，为齐宣王指明了努力的方向。

第一部分用引人入彀的方法，迂回曲折，层层深入，正面论述王道不难实行，打消了齐宣王的顾虑，与下面反面论证形成鲜明的对比。

2. 第二部分（"抑王兴甲兵，危士臣"至"孰能御之"），从反面论述"霸道"的危害，议论中有何特点？

（1）对症下药。齐宣王不能施行王道，不是方法问题，而是因为一心要施行"霸道"。孟子抓住要害，对症下药，先以"兴甲兵"几句，不直说霸道，却列举了霸道的种种害处，使齐宣王不得不说出"吾何快于是"，从而引导他说出"大欲"。"笑而不言"四字，写出宣王欲霸天下而又躲躲闪闪，不那么理直气壮的神态，极尽传神之妙。

（2）引人入彀。孟子明知齐宣王的"大欲"仍是霸业，却故意以口腹声色之娱，连用6个问句来引人入彀，形成文章的顿挫，然后道破其"大欲"乃是以武力争霸天下，再以"缘木求鱼"的比喻，彻底击碎了他的幻想，使文势有千钧之力。

（3）正反论证。宣王不禁惊言："若是其甚与？"有这么严重吗？孟子再步步进逼，以邹与楚战为类比，说明齐若与天下对抗，强弱不均之势显而易见，从而导出小不敌大、寡不敌众、弱不敌强的结论，以使齐宣王彻底放弃"霸道"。霸道的危害既已讲清，孟子再正面铺写行仁政王道的威力，就不能不令齐宣王怦然心动了。孟子巧用正反论证敦促齐宣王彻底改弦易辙，放弃"霸道"，实行王道。

3. 第一部分正面论证王道之可行，第二部分反面论证霸道之危害，第三部分论述了什么问题？请按议论文"是什么——为什么——怎么办"的论证结构解答。

第三部分（"王曰：'吾惛，吾不能进于是矣'"到篇末），阐述施行王道的具体措施。在前两部分论述的基础上，回答了"怎么办"的问题。

经过上文对王霸利弊的说明，齐宣王表示愿意就教，孟子这才水到渠成地拿出了他的仁政主张："制民之产"和"谨庠序之教"。使百姓有恒产，足以饱身养家，然后再对他们施以礼义道德的教育。这一王道仁政模式，以排比句对称说出，极言王道制度之利。只要做到这一点，老百姓归附，犹如万条江河归大海，形成"孰能御之"之势。全篇最后以一幅王道乐土的美好画卷作结。

本文中孟子游说宣王施行仁政，说明人皆有不忍之心，为国君者，只要能发扬心中这种善端，推己及人，恩及百姓，就不难保民而王。文章通过孟子与齐宣王的对话，表现了孟子"保民而王"的王道思想和富民、教民的政治主张，也表现了孟子的善辩和高超的论辩技巧。

技法探求

1. 本文是对话体议论文，在写作上曲折委婉，跌宕起伏，欲擒故纵，引人入彀；而且说理既逻辑严密，又注意形象生动。试分析这一艺术特色。

孟子要在与齐宣王的对话中，使他接受自己的政治主张，他就必须揣摩对方的心理，诱使对方顺着自己的思路来谈话。因此行文迂回曲折，层层深入。

本文意在宣扬王道，却不直言王道，而是从反面入手，以齐宣王问"齐桓晋文之事"的"霸道"发端。这个开头避免了平铺直叙，使文章产生了波澜，引出孟子的一段立场鲜明的谈话。孟子的答语既表明了对"霸道"的态度，又机智委婉地把谈话引向王道。

但下文又不正面谈王道。① 先以"以羊易牛"的事例肯定齐宣王有不忍之心，具备行王道的基本条件，借此打开话题，引发齐宣王行王道、施仁政的信心和兴趣。② 接着又宕开一笔，先言"百姓皆以王为爱"，再为齐宣王辩解，使谈话的气氛趋向缓和，进入谈话情境。③ 然后"牛羊何择焉"，辞锋一转，为百姓辩解。齐宣王只好无可奈何地自我解嘲。④ 最后孟子好言安慰，以免使齐宣王失去对王道的兴趣。于是齐宣王赞叹孟子善察人心，悉心向孟子请教。

这一段又打又拉，忽起忽落，百姓的揣度、宣王的辩解、孟子的分说，交错间杂，曲折委婉，跌宕起伏，颇有意趣，最终把齐王对齐桓晋文之事——"霸道"的注意引到王道的注意上。孟子仍不直说自己的仁政学说，而是以一系列比喻，说明齐宣王不行仁政"非不能"而"是不为也"，鼓舞起宣王施行王道的信心。

再看第二部分，孟子明知齐宣王的大欲是什么，却故意不直说，欲擒故纵。先说五种"不足"，引人入彀，引出齐宣王的大欲。然后以缘木求鱼和邹与楚战，说明齐王之大欲的行不通和危害。至此，水到渠成，气势充沛地引出了自己的正面观点。行文真是千回百转，摇曳生姿，逻辑严密，形象生动。

2. 孟子散文具有感情激越、气势磅礴的特色。以本文为例试做分析。

孟子云，"吾善养吾浩然之气"，其散文的气势源于他坚毅的人格、坚定不移的信念和广博的学问。本文铺张扬厉，纵横恣肆，气势浩然，逻辑严谨。

本文因为是对话的形式，表面上散漫无绪，实则始终围绕"保民而王"这一中心论点，步步深入，各段之间又联系紧密，一气呵成。先由齐宣王的不忍之心推出他有行王道的基础，进而论述其不行王道是不为，而非不能。不为王道是因其心存霸欲，所以又力论"霸道"的不可行及其危害。至此，孟子才展开仁政蓝图，令齐王心动目眩，迫切希望施行王道，于是孟子又向齐宣王说出了施行王道的具体措施。全文如滔滔江河，水到渠成，顺理成章。

　　孟子散文长于取譬设喻，以加强文章气势。本篇也是如此。如以"以羊易牛"这种齐宣王亲身经历的事情说服齐宣王，不仅有故事性，使文章更生动形象，而且也更有说服力，更易被齐宣王所接受。再如，"力足以举百钧，而不足以举一羽""明足以察秋毫之末，而不见舆薪""挟太山以超北海""为长者折枝""缘木求鱼""邹人与楚人战"等等，非常生动而又言简意赅地说明了道理。

　　再如文中句式不断变化，大量运用排比、对偶句式，排比如"一羽之不举，为不用力焉；舆薪之不见，为不用明焉；百姓之不见保，为不用恩焉"等，对偶如"见其生，不忍见其死；闻其声，不忍食其肉"等。而且单句和排比句交错使用，既有引经据典之句，更多明白浅显之语，使全文笔势灵活，文辞富赡，感情激越，气势磅礴。

　　3. 本文虽是散漫的对话，却是一篇逻辑严密的议论文。文中主要运用了哪些论证方法？

　　（1）举例论证。如"以羊易牛"的例证，说明齐宣王具备仁心，他看到牛恐惧发抖，无辜被宰，兴起不忍之心。以"邹人与楚人战"的例证，说明齐若与天下对抗，强弱不均之势显而易见，从而导出小不敌大、寡不敌众、弱不敌强的结论。

　　（2）引用论证。如"他人有心，予忖度之"，齐宣王引用《诗经》中句子称赞孟子知道自己心意，并令他有所感悟。再如"刑于寡妻，至于兄弟，以御于家邦"，孟子引用《诗经》中句子，说明以身作则，可以推展到治理国家。

　　（3）比喻论证。如"吾力足以举百钧，而不足以举一羽；明足以察秋毫之末，而不见舆薪"，说明齐宣王虽有仁心却说不能行仁政，不是做不来，只是不肯做。"恩足以及禽兽，而功不至于百姓"，说明齐宣王"功不至于百姓"非"不能"，而是"不为"。以"见舆薪""举一羽"比喻保民是轻而易举，力所能及的事。以"挟太山以超北海"比喻"不可能"的事，"为长者折枝"比喻轻易可行的事，在文中用以比喻行仁政是容易做到的。再如，以"缘木求鱼"来比喻"王之所大欲"不可能实现。

　　（4）正反对比论证。如，以对比手法指出推恩与不推恩的结果："推恩足以保四海，不推恩无以保妻子。"以"恩足以及禽兽"和"功不至于百姓"作对比，以表现齐宣王不行仁政的不合理。以"挟太山"与"折枝"作对比，说明"不能"与"不为"的分别，从而指出宣王不行仁政，实"不为"而非"不能"。

知识积累

一、文体知识

对话体散文 是先秦诸子散文的一种体式，常以对话为结篇方式，展开论述。它体现了对话者的在场性，容易给读者一种如同置身于当时的语境之中，聆听古代贤者的教诲的感觉，生动而形象。它是语录体散文向专题性论文过渡的一种文学形式。《孟子》是典型的对话体散文集，它通过对话展开辩论说理，从而使文章情节化、故事化。

对话体散文在战国诸子手中有三大进展：一是对话主体由王侯卿士大夫变为战国诸子百家的宗师与弟子时人；二是对话体散文内容由务实变务虚；三是在对话体散文中增添了论辩色彩。战国后期南楚作家宋玉等人，创造性地将此前据实记载的对话体散文改变为虚构的主客问答，由此创造出一种全新的文体——散文赋。

二、文学文化常识

性善论 是孟子提出的，他在《孟子·告子上》中提出："人性之善也，犹水之就下也（像水往低处流一样）。"孟子把道德规范概括为四种，即仁、义、礼、智。同时把人伦关系概括为五种，即父子有亲，君臣有义，夫妇有别，长幼有序，朋友有信。孟子以上理论的出发点就是"向善论"。

孟子以"不忍人之心"论"本心"，确立性善论。他看重心的道德本性"恻隐之心，人皆有之"。再由本心论本性，由不忍人之心得出"四端"说，即"恻隐之心，仁之端也；羞恶之心，义之端也；辞让之心，礼之端也；是非之心，智之端也。人之有是四端也，犹其有四体也"。（《公孙丑上》）所以人才有"仁义礼智"四德。

孟子强调人性向善，将这种"向善"的本性看作生而有之的。《三字经》中说的"人之初，性本善"即是源于孟子之说。

战国末期荀子倡导的"性恶论"观点与其相反，认为人的本性具有恶的道德价值。"性恶论"以人性有恶，强调道德教育的必要性。"性善论"以人性向善，注重道德修养的自觉性，二者既相对立，又相辅相成，对后世人性学说产生了重大影响。

三、语言知识

（一）通假字

1. 无以，则王乎（以，同"已"，停止）
2. 然则废衅钟与（与，同"欤"，语气词，表疑问）

3. 王说（说，同"悦"，高兴）

4. 为长者折枝［枝，同"肢"，肢体（一说，折枝，就是折树枝）］

5. 刑于寡妻（刑，同"型"，作榜样）

6. 然则王之所大欲可知已（已，同"矣"，语气词，相当于"了"）

7. 盖亦反其本矣（盖，同"盍"，何不；反，同"返"，回、归）

8. 行旅皆欲出于王之涂（涂，同"途"，道路）

9. 无不为已（已，同"矣"，语气词，表示感叹）

10. 是罔民也（罔，同"网"，张开罗网捕捉、陷害）

11. 颁白者不负戴于道路矣（颁，同"斑"，头发花白，常比喻老人）

（二）古今异义

1. 吾何爱一牛（古：吝惜。今：爱护、爱惜）

2. 老吾老，以及人之老（古：用来推及到。今：连词，表并列）

3. 至于兄弟（古：推广到。今：连词，表示对事物进行补充说明或处理；表示另提一件事）

4. 不推恩无以保妻子（古：妻子和儿女。今：男人的配偶）

5. 莅中国而抚四夷也（古：指中原一带。今：整个中国）

6. 然后从而刑之（古：接着就。今：连词，表示结果或进一步的行动）

（三）一词多义

1. 道

① 仲尼之徒无道桓文之事者（动词，讲述）

② 师道之不传也久矣（名词，风尚）

③ 道芷阳间行（动词，取道）

④ 彼与彼年相若也，道相似也（名词，道理）

2. 诚

① 诚有百姓者（副词，的确）

② 是诚何心也（副词，真的）

3. 闻

① 齐桓、晋文之事可得闻乎（使动用法，使……听到）

② 闻舟中夜弹琵琶者（动词，听到）

③ 闻道有先后，术业有专攻（动词，听到，懂得）

4. 是

① 是诚何心哉（指示代词，这）

② 是乃仁术也（指示代词，这）
③ 是以后世无传焉（指示代词，这，此。"是以"即"因此"）
④ 是心足以王矣（指示代词，这）
⑤ 是不为也，非不能也（指示代词，这）

5. 之
① 齐桓、晋文之事可得闻乎（结构助词，的）
② 保民而王，莫之能御也（代词，代保民而王的人。否定句中代词宾语前置）
③ 牛何之（动词，往，到）
④ 是以后世无传焉，臣未之闻也（代词，代齐桓、晋文之事。否定句中代词宾语前置）
⑤ 君子之于禽兽也（结构助词，用于主语和介词结构之间，无实义）
⑥ 以小易大，彼恶知之（代词，代做这件事的原因）
⑦ 他人有心，予忖度之（代词，代别人心思）
⑧ 王欲行之，则盍反其本矣（代词，代王道）
⑨ 臣固知王之不忍也（结构助词，取消句子独立性）
⑩ 王无异于百姓之以王为爱也（结构助词，取消句子独立性）
⑪ 宜乎百姓之谓我爱也（结构助词，取消句子独立性）
⑫ 百姓之不见保，为不用恩焉（结构助词，取消句子独立性）
⑬ 故王之不王，不为也，非不能也（结构助词，取消句子独立性）
⑭ 故民之从之也轻（结构助词，取消句子独立性）
⑮ 夫子之谓也（宾语前置的标志，说的就是你呀）
⑯ 然则一羽之不举，为不用力焉（宾语前置的标志，不举一羽）
⑰ 舆薪之不见，为不用明焉（宾语前置的标志，不见舆薪）
⑱ 然后驱而之善（动词，向）

6. 以
① 挟太山以超北海（连词，用法同"而"表示承接关系）
② 老吾老，以及人之老（连词，表示并列或递进关系，从而）
③ 百姓皆以王为爱也（动词，认为，与现代汉语同）
④ 王无异于百姓之以王为爱也（动词，认为）
⑤ 邹人与楚人战，则王以为孰胜（动词，认为，与现代汉语同）
⑥ 愿夫子辅吾志，明以教我［介词，把，"以"后省略了"之"（指王道）］
⑦ 谨庠序之教，申之以孝悌之义（介词，把，用）

⑧ 将以衅钟［介词，用，"以"后省略了之（牛）］

⑨ 不为者与不能者之形何以异［介词，凭。"何以"即以何，凭什么（区别）］

⑩ 否，吾何快于是？将以求吾所大欲也（介词，凭。"以"后省略"兴甲兵……"）

⑪ 是以后世无传焉，臣未之闻也（复音虚词"是以"即以是，因此）

⑫ 是以君子远庖厨也（复音虚词"是以"即以是，因此）

⑬ 无以，则王乎（以，同"已"，止）

7. 于

① 王坐于堂上，有牵牛而过堂下者（引出动作涉及的处所，在）

② 天下可运于掌（引出动作涉及的处所，在……中）

③ 有复于王者曰（引出动作涉及的对象，对）

④ 而功不至于百姓者，独何与（引出动作涉及的对象，到）

⑤ 王无异于百姓之以王为爱也（引出动作涉及的对象，对于）

⑥ 抑王兴甲兵，危士臣，构怨于诸侯（引出动作涉及的对象，跟）

8. 而

① 保民而王，莫之能御也（表示承接关系，不译）

② 犹缘木而求鱼也（表示承接关系，不译，或译为"接着"）

③ 有牵牛而过堂下者（表示修饰关系，不译）

④ 我非爱其财而易之以羊也（表示因果关系，因而）

⑤ 吾力足以举百钧，而不足以举一羽（表示转折关系，但，但是）

⑥ 今恩足以及禽兽，而功不至于百姓者（表示转折关系，但，但是）

⑦ 焉有仁人在位，罔民而可为也（表示转折关系，却）

⑧ 欲辟土地，朝秦楚，莅中国而抚四夷也（表示并列关系，不译）

⑨ 此惟救死而恐不赡，奚暇治礼义哉（表示递进关系，而且）

9. 若

① 若是其甚与（像，像这样严重吗）

② 其若是，孰能御之（像，如果像这样）

③ 若无罪而就死地（指示代词，如此，这样）

④ 以若所为，求若所欲（指示代词，如此，这样）

⑤ 王若隐其无罪而就死地（连词，假如，如果）

⑥ 若民，则无恒产，因无恒心（连词，至于）

（四）词类活用

1. 名词用作动词

① 刑于寡妻（刑，同"型"，作榜样）

② 然后从而刑之（处罚）

③ 是罔民也（罔，同"网"，张开罗网捕捉，引申为陷害）

④ 无以，则王乎（施行王道）

⑤ 故王之不王，不为也，非不能也（成就王业，取得天下）

⑥ 五亩之宅，树之以桑（种）

⑦ 五十者可以衣帛矣（穿）

2. 使动用法

① 齐桓、晋文之事可得闻乎（使……听到）

② 抑王兴甲兵，危士臣，构怨于诸侯（使……受到危害）

③ 故推恩足以保四海（使……安定）

④ 欲辟土地，朝秦楚，莅中国而抚四夷也（使……来朝）

⑤ 以一服八，何以异于邹敌楚哉（使……服从）

3. 形容词用作名词

① 明足以察秋毫之末（视力）

② 为肥甘不足于口与（肥美甘甜的食物）

③ 轻暖不足于体与（轻暖的衣服）

④ 然则小固不可以敌大（小的国家，大的国家）

⑤ 寡固不可以敌众（人口稀少的国家，人口众多的国家）

⑥ 弱固不可以敌强（弱小的国家，强大的国家）

⑦ 老吾老，以及人之老（老人）

⑧ 幼吾幼，以及人之幼（幼儿，孩童）

⑨ 将以求吾所大欲也（想要的东西）

4. 形容词用作动词

① 是以君子远庖厨也（远离）

② 老吾老，以及人之老（敬爱）

③ 幼吾幼，以及人之幼（爱护）

5. 意动用法

王无异于百姓之以王为爱也（对……感到奇怪）

（五）特殊句式

1. 判断句

① 无伤也，是乃仁术也（后一"也"表判断）

② "他人有心，予忖度之。"夫子之谓也（"也"表判断）

③ 是诚不能也（是，这。"也"表判断）

④ 是折枝之类也（是，这。"也"表判断）

2. 被动句

百姓之不见保（见，表示被动）

3. 省略句

① 臣闻之（于）胡龁曰

② 将以（之）衅钟

③ 将以（之）求吾所大欲也

④ 及（其）陷于罪

⑤ 必使（之）仰足以事父母

4. 宾语前置句

① 臣未之闻也（否定句中代词宾语前置，即"臣未闻之也"，之，代词）

② 莫之能御也（否定句中代词宾语前置，即"莫能御之也"，之，代词）

③ 未之有也（否定句中代词宾语前置，即"未有之也"，之，代词）

④ 何由知吾可也（疑问句中代词宾语前置，即"由何知吾可也"）

⑤ 牛何之（疑问句中代词宾语前置，即"牛之何"）

⑥ 何以异（疑问句中代词宾语前置，即"以何异"）

⑦ 夫子之谓也（即"谓夫子也"，之，起提前宾语作用）

⑧ 然则一羽之不举（即"不举一羽"，之，起提前宾语作用）

⑨ 舆薪之不见（即"不见舆薪"，之，起提前宾语作用）

5. 状语后置句

① 王坐于堂上（即"王于堂上坐"）

② 构怨于诸侯（即"于诸侯构怨"）

③ 使天下仕者皆欲立于王之朝（即"皆欲于王之朝立"）

④ 我非爱其财，而易之以羊也（即"而以羊易之"）

⑤ 树之以桑（即"以桑树之"）

6. 主谓倒装句

宜乎百姓之谓我爱也（即"百姓之谓我爱也，宜乎"）

（六）课内成语

1. 秋毫之末：鸟兽在秋天新长的细毛的尖端。比喻极微小的东西或极细微的地方。秋毫，秋天鸟兽新生的绒毛。

2. 明察秋毫：形容眼力可以看清极其细小的事物，也指视力很好。后多形容人能洞察一切，也指有敏锐的洞察能力。

3. 不见舆薪：看不见一车柴禾。比喻不下功夫去做。

4. 缘木求鱼：爬到树上去找鱼。比喻方向或办法不对头，不可能达到目的。缘木，爬树。

5. 发政施仁：发布政令，实施仁政。比喻统治者施行开明政治。

6. 放辟邪侈：指为非作歹，肆意作恶。放、侈，放纵；辟、邪，不正派，不正当。

7. 衣帛食肉：穿着精美的丝绸服装，吃的是肉食。形容生活富裕。

8. 不饥不寒：不挨饿受冻，生活不愁温饱。

一课一练

1. 下列各组词语中加点的字的读音，正确的一组是（　　　）

A. 觳（hú）觫　　　　无以，则王（wàng）乎　　　孝悌（dì）之义

B. 王说（yuè），曰　　褊（biǎn）小　　　　　　　以畜（chù）妻子

C. 君子远庖（páo）厨　便嬖（bì）　　　　　　　鸡豚（tún）狗彘

D. 五十者可以衣（yī）帛矣　放辟（pì）邪侈　　　莅（lì）中国

2. 指出下面句中的通假字，并加以解释。

① 无以，则王乎　　　　　　（　　　　　　　）

② 刑于寡妻　　　　　　　　（　　　　　　　）

③ 盖亦反其本矣　　　　　　（　　　　　　　）

④ 行旅皆欲出于王之涂　　　（　　　　　　　）

⑤ 然后从而刑之，是罔民也　（　　　　　　　）

⑥ 颁白者不负戴于道路矣　　（　　　　　　　）

3. 解释下列句中加点词语的含义。

① 保民而王，莫之能御也　　　　　（　　　　　）（　　　　　）

② 宜乎百姓之谓我爱也　　　　　　（　　　　　）（　　　　　）

③ 以羊易之，不识有诸　　　　　　（　　　　　）（　　　　　）

④ 无伤也，是乃仁术也　　　　　　　（　　）（　　）
⑤ 于我心有戚戚焉　　　　　　　　　（　　）（　　）
⑥ 权，然后知轻重　　　　　　　　　（　　）
⑦ 抑王兴甲兵，危士臣　　　　　　　（　　）（　　）
⑧ 以若所为，求若所欲，犹缘木而求鱼也（　　）（　　）
⑨ 度，然后知长短　　　　　　　　　（　　）
⑩ 俯足以畜妻子　　　　　　　　　　（　　）

4. 下列句子中加点词的用法，相同的一组是（　　）
A. ① 寡固不可以敌众，弱固不可以敌强
　　② 臣固知王之不忍也
B. ① 若无罪而就死地，故以羊易之
　　② 挟太山以超北海
C. ① 王无异于百姓之以王为爱也
　　② 此心之所以合于王者
D. ① 吾力足以举百钧，而不足以举一羽
　　② 莅中国而抚四夷

5. 下列句子中加点的词语的意义和用法，与现代汉语相同的一句是（　　）
A. 仲尼之徒无道桓文之事者
B. 一羽之不举，为不用力焉
C. 无异于百姓之以王为爱也
D. 无伤也，是乃仁术
E. 否，吾何快于是？将以求吾所大欲也
F. 然则一羽之不举，为不用力焉

6. 加点字活用分类正确的一项是（　　）
① 然后从而刑之
② 欲辟土地，朝秦楚，莅中国而抚四夷也
③ 为肥甘不足于口与
④ 弱固不可以敌强
⑤ 是以君子远庖厨也
⑥ 王无异于百姓之以王为爱也
⑦ 故王之不王，不为也，非不能也
⑧ 齐桓、晋文之事可得闻乎
⑨ 明足以察秋毫之末
⑩ 幼吾幼，以及人之幼

A. ①⑦／②⑧／③⑨／⑤④⑩／⑥

B. ①⑦／②⑧／③④⑨／⑤／⑥⑩
C. ①②⑦／⑧／③④⑨／⑤⑩／⑥
D. ①⑦／②⑧／③④⑨／⑤⑩／⑥

7. 句式分类正确的一项是（　　）

① 是以后世无传焉，臣未之闻也

② 我非爱其财，而易之以羊也

③ 王之不王，是折枝之类也

④ 保民而王，莫之能御也

⑤ 百姓之不见保，为不用恩焉

⑥ 然则一羽之不举，为不用力焉

⑦ 臣闻之胡龁曰

⑧ 无伤也，是乃仁术也

⑨ 宜乎百姓之谓我爱也

⑩ 五亩之宅，树之以桑

A. ①④／②⑩／③⑧／⑤⑥／⑦／⑨
B. ①④⑥／⑧⑩／③／⑤／②⑦／⑨
C. ①④⑥／②⑩／③⑧／⑤／⑦／⑨
D. ①⑥／⑤⑧⑩／③／②／⑦／④⑨

8. 翻译下列句子。

① 仲尼之徒无道桓文之事者，是以后世无传焉，臣未之闻也。

② 舍之！吾不忍其觳觫，若无罪而就死地。

③ 是诚何心哉？我非爱其财而易之以羊也，宜乎百姓之谓我爱也。

④ 老吾老，以及人之老；幼吾幼，以及人之幼：天下可运于掌。

⑤ 然则小固不可以敌大，寡固不可以敌众，弱固不可以敌强。

⑥ 舆薪之不见，为不用明焉；百姓之不见保，为不用恩焉。

⑦ 五亩之宅，树之以桑，五十者可以衣帛矣。

⑧ 谨庠序之教，申之以孝悌之义，颁白者不负戴于道路矣。

9. 孟子，名_____字_____，_____时期_____人，是继_____之后_____家学派代表人物。课文选自《_____·_____》。请写出两个文中出现的成语：_____，_____。

10.《子路、曾皙、冉有、公西华侍坐》和《齐桓晋文之事》都展现了儒家心目中的理想社会，两者有何不同？结合文章写作时的社会现实，思考这些理想的意义。

能力拓展

阅读下文，回答文后问题。

孟子谓戴不胜①曰："子欲子之王之善与？我明告子。有楚大夫于此，欲其子之齐语也，则使齐人傅诸？使楚人傅诸？"曰："使齐人傅之。"曰："一齐人傅之，众楚人咻②之，虽日挞而求其齐也，不可得矣。引而置之庄岳之间③数年，虽日挞而求其楚，亦不可得矣。子谓薛居州④善士也，使之居于王所⑤。在于王所者，长幼卑尊皆薛居州也，王谁与为不善？在王所者，长幼卑尊皆非薛居州也，王谁与为善？一薛居州独如宋王何？"

（选自《孟子·滕文公下》）

【注释】

① 戴不胜：宋国的大夫。② 咻：喧闹、骚扰。③ 庄岳之间：齐国人口集中的一个闹市区，那里的人说地道的齐话。④ 薛居州：人名，宋国的善士。⑤ 王所：王室，宋王的身边。

1. 解释下列句中加点的词语。

① 则使齐人傅诸　　　　　（　　　　　　　　）

② 使楚人傅诸　　　　　　（　　　　　　　　）

③ 虽日挞而求其楚　　　　（　　　　　　　　）

④ 引而置之庄岳之间数年　（　　　　　　　　）

2. 选出加点词用法不同的一项（　　　）

A. 虽日挞而求其齐也

B. 一齐人傅之

C. 虽日挞而求其楚

D. 虽日挞而求其楚

3. 翻译下列句子。

① 虽日挞而求其楚，亦不可得矣。
_____

② 长幼卑尊皆薛居州也，王谁与为不善？
_____

③ 一薛居州独如宋王何？
_____

4. 本文说理有什么特色？
_____
_____

5. 本文讲述了什么道理？本文可提炼成一个成语是什么？写出一个与此意思相近的成语。
_____
_____

庖丁解牛

学习目标

1. 领会经过反复实践，掌握事物客观规律的道理。
2. 学习本文通过寓言说理的方法，体会庄子的语言风格。
3. 掌握寓言的基本特点。

知人论世

一、作家作品

庄子（约前369—约前286），名周，战国时宋国蒙（今河南商丘）人，著名的哲学家、思想家、散文家，先秦道家学派的代表人物。祖上系出楚国公族，后因吴起变法，楚国发生内乱，先人避乱迁至宋国蒙地。

庄子生平事迹不详，约与梁惠王、齐宣王同时。家贫，为人旷达。曾做过蒙城漆园吏，因崇尚自由而不应同宗楚威王之聘，不久归隐。他愤世嫉俗，对黑暗现实有深刻揭露。庄子谙熟各家学术，但仅崇奉老子的道家学术，是老子思想的继承和发展者，世称"老庄"。主张"一生死""齐是非"，用消极态度对待现实。

《庄子》想象丰富，极富浪漫色彩，比喻生动，语言辛辣幽默，大量运用寓言阐述其哲学思想，艺术成就很高。《庄子》一书中有庄周自著，也有庄子后学所作，既是研究庄子的重要资料，也是具有极高文学价值的散文名著。

汉代以后，《庄子》被尊之为《南华经》，且封庄子为南华真人。其书与《老子》《周易》合称"三玄"，代表作品有《逍遥游》《齐物论》等。

二、创作背景

庄子生活在战国中期，这是阶级矛盾非常激烈的社会转型时期，社会动乱，民不聊生，身处乱世的人们对人生、对前途充满了迷茫。庄子深感人生不能任其本性无拘无束生活，面临无情摧残难以尽享天年的残酷现实，被迫谨慎藏锋，适时顺应，无求远害，想在复杂的斗争的骨节缝中寻找一个空隙，把它作为保全生命的安乐窝，以便在这乱世中游刃有余地活下去。这篇寓言体现的就是这种心境。

这篇寓言故事选自《庄子·内篇·养生主》。它说明世上事物纷繁复杂，只要反复实践，掌握了它的客观规律，就能得心应手，运用自如，迎刃而解。

精译详注

庖丁为文惠君解牛，庖丁给梁惠王宰牛，[庖（páo）丁：名丁的厨工。庖：厨工。先秦古书往往以职业放在人名前。文惠君：即梁惠王，战国时魏国国君，也称魏惠王。解牛：宰牛，这里指把整个牛体开剥分剖。]**手之所触，肩之所倚，足之所履，膝之所踦，砉然向然，奏刀騞然，莫不中音。**手接触的地方，肩膀倚靠的地方，脚踩的地方，膝盖抵住的地方，砉砉作响，进刀时騞騞地响，没有不合音律的。[踦（yǐ）：抵住。这里指用一条腿的膝盖顶牛。砉（xū）然：皮骨相离的声音。砉，拟声词。向，同"响"。騞（huō）然：拟声词，形容比砉然更大的进刀解牛声。中（zhòng）音：合乎音律。]**合于《桑林》之舞，乃中《经首》之会。**合乎《桑林》舞乐的节拍，又合乎《经首》乐曲的节奏。[《桑林》：传说中商汤时的乐曲名。《经首》：传说中尧乐曲《咸池》中的一章。会：指节奏。以上两句互文，即"乃合于《桑林》《经首》之舞之会"。]

文惠君曰："嘻，善哉！技盖至此乎？"梁惠王说："嘻，好啊！（你解牛的）技术怎么竟会高超到这种程度啊？"[嘻：赞叹声。盖：同"盍（hé）"，何，怎么。]

庖丁释刀对曰："臣之所好者道也，进乎技矣。庖丁放下刀回答说："我喜欢追求的是自然的规律，已经超过一般的技术了。[释：放下。道：天道，可理解为自然的规律。进：超过。]**始臣之解牛之时，所见无非牛者；**起初我宰牛的时候，眼里看到的没有不是一只完整的牛的；[无非：没有不是。此句指当初对于牛体的结构还不了解。]**三年之后，未尝见全牛也。**三年以后，再未见过完整的牛了。[全牛：这是说对牛的全身结构完全摸清了，不再把一头牛看成全牛，见到的是牛的内部肌理筋骨。]**方今之时，臣以神遇而不以目视，官知止而神欲行。**现在，我凭精神和牛接触，而不用眼睛去看，感官停止了而全凭精神在活动。[意思是，解牛时可以不用感觉器官，而只靠精神活动来行事。官知：感官的知觉，这里指视觉。神欲：指精神活动。]**依乎天理，批大郤，导大窾，因其固然**，顺着牛体天然的肌理结构，劈开筋骨间大的空隙，沿着骨节间的空穴使刀，都是依顺着牛体本来的结构，[天理：指牛的生理上的天然结构。批大郤（xì）：击入大的缝隙。批，击。郤，空隙。导大窾（kuǎn）：顺着（骨节间的）空处进刀。因：依。固然：指牛体本来的结构。]**技经肯綮之未尝，而况大軱乎！** 宰牛的刀从来没有碰过经络相连和筋骨相结合的地方，更何况股部的大骨呢？[意思是，用刀的技术高超，从不经过使刀口钝折的地方。技经：犹言经络。技，据清俞樾考证，当是"枝"字之误，指支脉。经，经脉。肯：紧附在骨上的肉。綮（qìng）：筋肉聚结处。技经肯綮之未尝，即"未尝技经肯綮"的宾语前置。軱（gū）：股部的大骨。]**良庖岁更刀，割也；族庖月更刀，折也**。技术高明的厨工每年换一把刀，是因为他们用刀子去割肉。技术一般的厨工每月换一把刀，是因为他们用刀子去砍骨头。[割：这里指生割硬砍。族：众，一般的。折：用刀砍断骨头。]**今臣之刀十九年矣，所解数千牛矣，而刀刃若新发于硎**。现在我这把刀已用了十九年了，宰牛数千头，而刀口却像刚从磨刀石上磨出来的一样。[发：出。硎（xíng）：磨刀石。]**彼节者有间，而刀刃者无厚**；牛身上的骨节是有空隙的，可是刀刃却并不厚；[节：骨节。间：间隙。无：不。]**以无厚入有间，恢恢乎其于游刃必有余地矣！是以十九年而刀刃若新发于硎**。用这样薄的刀刃刺入有空隙的骨节，那么在运转刀刃时一定宽绰而有余地了，因此用了十九年而刀刃仍像刚从磨刀石上磨出来一样。[恢恢乎：宽绰的样子。是以：因此。]**虽然，每至于族，吾见其难为，怵然为戒，视为止，行为迟，动刀甚微**。虽然如此，可是每当碰上筋骨交错的地方，我一见那里难以下刀，就十分警惧而小心翼翼，眼睛因为（筋骨交错聚结的地方）而凝视不动，动作也因此缓慢下来，刀子轻轻地动一下。[族：指筋骨交错聚结处。怵（chù）然：警惧的样子。止：停止，指目光集中一处。]**謋然已解，如土委地**。哗啦一声骨肉就已经分离，像一堆泥土散落在地上了。[謋（huò）：拟声词。骨与肉分开的声音。委地：散落在地上。]**提刀而立，为之四顾，为之踌躇满志，善刀而藏之。"** 我提起刀站着，为这一成功而得意地四下环顾，为此悠然自得，心满意足，然后把刀擦抹干净，收藏起来。"[为之：为此，为这一成功。善：同"缮"，修治。这里是揩拭的意思。]

　　文惠君曰："善哉！吾闻庖丁之言，得养生焉。" 梁惠王说："好啊！我听了庖丁的话，在这里学到了养生之道啊。"[养生：指养生之道。焉：在这里，兼词。]

赏析导读

此文为庄子阐明"养生"道理的一则寓言,排除作者本意,从客观上说,本文通过对庖丁解剖全牛过程的描写,向人们揭示了一个道理——只有经过反复实践,掌握了事物的客观规律,做事才能够得心应手,运用自如,游刃有余。

1. 文章开头两段是怎样描写庖丁解牛过程的?这样描写有何作用?

文章开始以绘声绘色的语言描写庖丁"解牛"的过程。作者先以四个"之所",从视角方面进行动作描写:全身手、肩、足、膝并用,触、倚、踩、抵相互配合,一切都显得那么协调潇洒。接着从听觉方面描写:"砉然向然,奏刀騞然",声形逼真。牛的骨肉分离的声音,砍牛骨的声音,轻重有致,起伏相间,声声入耳。并将宰牛这种充满血腥气和刀光剑影的现场,比喻为优美的《桑林》之舞蹈和《经首》的节奏。以上视听结合,属正面描写,以浓重的笔墨,文采斐然地表现出庖丁解牛时神情之悠闲,动作之和谐。

第二段用文惠君之叹:"善哉!技盖至此乎!"再做侧面描写,进一步点出庖丁解牛之"神"技,这就为下文由叙转入议做好铺垫。

2. 第三段庖丁的一番话,如何揭示了"技"与"道"之间的关系?

"臣之所好者道也,进乎技矣。"庖丁的回答并不囿于"技",而是将"技至此"的原因归之于"道"。并由此讲述了一番求于"道"而精于"技"的道理。文章先后用了两个鲜明的对比,论述"道"如何高于"技":

① 庖丁解牛之初与三年之后的对比。庖丁解牛之初,所看见的是浑然一体的"全牛";三年之后,就未尝见全牛了。这是因为经过三年"技"的探究,已初步掌握了"道",对牛生理上的天然结构、筋骨相连的间隙、骨节之间的窍穴皆了如指掌了。

② 庖丁与一般厨工的对比。普通厨工不了解牛的内在组织,盲目用刀砍骨头;好的厨工虽可避开骨头,却免不了用刀去割筋肉;而庖丁则不然,他不是靠感官去感觉,而是"以神遇而不以目视,官知止而神欲行",凭内在精神去体验牛体,顺应自然,择隙而进,劈开筋肉间隙,导向骨节空处,按照牛的自然结构进刀。可见庖丁已超出一般人的"技",已合乎"道"了。

然后以"良庖岁更刀,割也;族庖月更刀,折也"作结,引起下文"道"高于"技"原因的议论。

为回答"十九年矣,所解数千牛矣,而刀刃若新发于硎"的原因,庄子做了一番精妙的分析:"彼节者有间,而刀刃者无厚;以无厚入有间,恢恢乎其于游刃必有余地矣！""节"固然不可逾越，但毕竟有间隙，这就为人们"游刃"提供了天地，只要善于在这一天地里施展本领，是同样可以自由自在的。"游刃"二字，活现出解牛者合于自然而又超于自然的神化境界。正因为庖丁掌握了解牛之"道"，所以十九年"刀刃若新发于硎"。庖丁与族庖的区别，就在于他们一志于"道"，一求于"技"。

行文至此可说道理讲得很透彻了，但作者以"虽然"再进一层议论如何才能完全掌握"道"。即使庖丁那样技艺高超者，每逢筋骨盘结处，也总是谨慎从事，"怵然为戒，视为止，行为迟，动刀甚微"，才使他"謋然已解，如土委地"，来不得半点麻痹大意，最后才能"踌躇满志"。可见，对于"固然"的认识并非一劳永逸，只有孜孜不倦地努力，毫不懈怠地追求，才能由"技"而掌握"道"，达到炉火纯青、技艺超群的地步。

3. 末段虽仅有一句，却起了画龙点睛的作用，试做分析。

"善哉！吾闻庖丁之言，得养生焉。"文惠君所说由庖丁之言获得养生之道的话，起到统摄全文、揭示主题的作用，真可谓画龙点睛。作者借"庖丁解牛"的故事，将社会的复杂比喻为牛的筋骨盘结，处理世事当"依乎天理""因其固然"，并持"怵然为戒"的审慎、关注的态度，还应该以藏敛（"善刀而藏之"）为自处之道，这样才能做到"游刃有余"，以达到人之养生的目的。

技法探求

1. 有人认为本文与欧阳修《卖油翁》主旨相同，你是否赞同？试查阅相关资料，探究庄子写作此文的本旨。

《卖油翁》只是谈了熟能生巧的道理，本文看起来好像也是谈熟能生巧，但揭示了技和道的辩证关系，揭示了顺应自然的主旨。

本文选自《庄子·内篇·养生主》，最后一句"善哉！吾闻庖丁之言，得养生焉"可见本文谈的是养生的道理，而非"熟能生巧"。

如何养生？本文开头还有一段话，附录如下：

吾生也有涯，而知也无涯。以有涯随无涯，殆已！已而为知者，殆而已矣！为善无近名，为恶无近刑。缘督以为经，可以保身，可以全生，可以养亲，可以尽年。

其大意为：我的生命是有限的，而知识是无限的。以有限的生命去追求无限的知识，真是疲惫不堪啊！如此还要执着地去追求知识，那么除了疲惫就什么都已经没有了。做好事不要求名，做坏事不要受刑罚，以遵循虚无的自然之道为宗旨，便可以保护生命，可以保全天性，可以养护新生之机，可以享尽天年。

由这段话可以看出作者本旨并非是"熟能生巧"，而是要像庖丁解牛一样，躲开社会矛盾，自由自在地生活。

怎样做到"游刃有余"地活下去？那就要顺应自然，做到物我合一，即合乎"道"。庖丁十九年来，解牛数千头，竟未换过一把刀，刀刃还是锋利如初。这就是追求"道"的结果。

2. 翻阅相关资料，分析《庄子》中"技"与"道"的辩证关系。

在"技"与"道"的关系上。庄子学派认为"技"与"道"相通。"道"高于"技"，"技"从属于"道"；只有"技"合乎"道"，技艺才可以精纯。

"技"是技巧，而"道"则是道理和规律，是比技巧要高出一个层面的。由庖丁解牛的具体过程，我们可以看出，无论是刀法还是刀工，表面上体现了技巧，但实际上却是依靠掌握内在规律的"道"来驾驭的。这里面体现了"技"和"道"的辩证关系——"技"乃"道"之根基，"道"乃"技"之升华！"技"和"道"是相辅相成，你中有我，我中有你的。庖丁如果仅仅是能够熟练地解牛，那么只能说明他的技法掌握得很熟练；但他在解牛时能达到"官知止而神欲行"的效果，显然就要依靠"道"的功效了。也正是先掌握技法，再由"技"向"道"转变，这是一个从"量变"到"质变"的过程。

庄子在文中所说的"依乎天理""因其固然"，客观上又揭示了人在实践中如何达于自由的问题。文中所说的"天理""固然"，若引申开来看，亦可理解为人们面临的外界客观事物。它虽然会给企望达于自由的人们带来种种限制或妨碍，但睿智的人们又不是在它面前显得束手无策，只要认识它，顺应它，就能够如庖丁那样自由洒脱。顺应自然亦即顺应"道"。

3. 分析本文严密的论证结构。

全文分三部分。

其一，讲述故事（第一、二段）。就故事说，又分两层，即由写"技"到说"道"。先描述庖丁解牛的高超技艺，再由庖丁阐述他的解牛之道。写庖丁的技，先是正面描写，再通过文惠君的赞叹侧面描写，加以小结。

其二，论述"技"与"道"的辩证关系（第三段）。庖丁答文惠君的第一句话"臣之所好者道也，进乎技矣"，将写"技"与谈"道"两方面自然地联系起来。然后展开"技"与"道"的辩证关系的议论。① 从纵的方面，将庖丁解牛之初与三年之后进行对比，突出掌握道以后的特点。② 从横的方面将庖丁与良庖、族庖进行对比，以论述得道与否的异同。这两个鲜明的对比，论述了"道"高于"技"。③ 论述"道"为什么高于"技"。说明成功地解决了难以处理的"族"的问题。这是从一般写到特殊。这三个方面都紧紧扣住"依乎天理""因其固然"之"道"进行阐述。

其三，文惠君所说由庖丁之言获得养生之道的话，既与第三段庖丁答文惠君的第一句话"臣之所好者道也，进乎技矣"相呼应，又起到统摄全文、揭示主题的作用。全文围绕解牛的事件，阐述一个"道"字，由具体到抽象，条分缕析，环环相扣，将道理说得晓畅透彻。

知识积累

一、文体知识

寓言是用比喻性的故事来寄托意味深长的道理，给人以启示的文学体裁，字数不多，但言简意赅。故事的主人公可以是人，也可以是拟人化的动植物或其他事物。"寓言"一词最早见于《庄子》，在春秋战国时代兴起，后来成为文学作品的一种体裁。

寓言特点：① 篇幅一般比较短小，语言精辟简练，结构简单却极富表现力。② 有鲜明的讽刺性和教育性。多用比喻手法，使富有教育意义的主题或深刻的道理在简单的故事中体现。主题思想大多借此喻彼、借远喻近、借古喻今、借小喻大。③ 故事情节的虚构性，主人公可以是人，也可以是物。④ 常用手法有比喻、夸张、象征、拟人等。⑤ "寓"是"寄托"的意思，即把作者的思想寄寓在一个故事里，让人从中领悟到一定的道理。

在先秦诸子百家的著作中，经常采用寓言阐明道理，保存了许多当时流行的优秀寓言。如《亡铁》《攘鸡》《揠苗助长》《自相矛盾》《郑人买履》《守株待兔》《刻舟求剑》《画蛇添足》等，其中《列子》《庄子》与《韩非子》收录最多。汉魏以后，在一些作家的创作中，也常常运用寓言讽刺现实。如唐代柳宗元《三戒》、明代刘基的《郁离子》等。

二、语言知识

（一）通假字

1. 砉然向然（向，同"响"，响声）
2. 技盖至此乎（盖，同"盍"，何，怎样）
3. 批大郤（郤，同"隙"，空隙）

4. 善刀而藏之（善，同"缮"，修治，这里是擦拭的意思）

5. 技经肯綮之未尝（技，同"枝"，指支脉）

（二）一词多义

1. 善

① 善哉！技盖至此乎（形容词，表示同意或赞赏的应答词，好）

② 善刀而藏之（动词，通"缮"，修治，擦拭）

2. 族

① 族庖月更刀（形容词，众，一般的）

② 每至于族（名词，丛聚，集结之处）

3. 为

① 庖丁为文惠君解牛（介词，替，给）

② 吾见其难为，怵然为戒（都是动词。前一个，解的意思；后一个，作为的意思）

③ 视为止，行为迟（介词，两个"为"同义，因为的意思）

④ 提刀而立，为之四顾，为之踌躇满志（介词，两个"为"同义，因为）

4. 而

① 臣以神遇而不以目视，官知止而神欲行（连词，表转折，但是）

② 而况大軱乎（连词，表递进，何况）

③ 提刀而立（连词，表修饰）

④ 善刀而藏之（连词，表承接）

5. 然

① 奏刀騞然（拟声词词尾）

② 因其固然（副词词尾，表"……的样子"）

③ 虽然，每至于族（代词，这样）

④ 怵然为戒（形容词词尾，表"……的样子"）

6. 乎

① 技盖至此乎（疑问语气词，呢）

② 进乎技矣（相当于"于"，可不译）

③ 依乎天理（相当于"于"，可不译）

④ 而况大軱乎（表疑问语气，呢）

⑤ 恢恢乎其于游刃必有余地矣（形容词词尾，……的样子）

7. 于

① 合于《桑林》之舞（介词，引出对象）

② 而刀刃若新发于硎（介词，从）

③ 恢恢乎其于游刃必有余地矣（介词，对于）

④ 虽然，每至于族（介词，引出对象）

（三）古今异义

1. 依乎天理，批大郤，导大窾（古：生理上的天然结构。今：常指天然的道理）

2. 因其固然（古：本来的样子。今：诚然，虽然，引起下文转折）

3. 虽然，每至于族（古：虽然如此，尽管那样。今：表转折关系的连词）

4. 所见无非牛者（古：没有不是。今：不外乎）

5. 每至于族，吾见其难为（古：动词"至"和介词"于"连用，到达。今：连词，① 达到某种程度；② 另提一事）

（四）词类活用

1. 足之所履（名词用作动词，踩）

2. 良庖岁更刀，割也；族庖月更刀，折也（名词做状语，每岁，每月）

（五）特殊句式

1. 臣之所好者道也（判断句，……者……也）

2. 良庖岁更刀，割也；族庖月更刀，折也（判断句，"也"表判断）

3. 技经肯綮之未尝（"之"字结构形成宾语前置，未尝技经肯綮）

4. 是以十九年而刀刃若新发于硎（① 宾语前置，是以，以是。② 介词结构后置，发于硎，于硎发）

5. 视为（之）止，行为（之）迟（省略句）

（六）成语

1. 游刃有余：比喻技术熟练高超，做事轻而易举。

2. 目无全牛：一般用来指技艺极其纯熟，达到得心应手的境界。

3. 踌躇满志：文中是悠然自得，心满意足的意思。踌躇，一般用于形容犹豫不决的样子。踌躇满志，指对自己取得的成就洋洋得意的样子。

4. 切中肯綮：切中，正好击中。肯綮，是指骨肉相连的地方，比喻最重要的关键。切中肯綮是指解决问题的方法对，方向准，一下子击中了问题的要害，找到了解决问题的好办法。

5. 批郤导窾：批，击；郤，空隙；窾，骨节空处。从骨头接合处劈开，无骨处则就势分解。比喻善于从关键处入手，顺利解决问题。

6. 官止神行：指对某一事物有透彻的了解。

7. 庖丁解牛：厨师解割了全牛。比喻掌握了解事物客观规律，技术纯熟神妙，做事得心应手。

一课一练

1. 庄子，名_____，_____时期_____家学派的代表人物。他继承了_____的思想，后世并称"_____"。《庖丁解牛》节选自《_____·_____》。

2. 给加点的字注音和解释全都正确的一项是（   ）

A. 乃中《经首》之会（zhòng，合乎）
   良庖岁更刀，割也（gèng，更加）

B. 吾见其难为，怵然为戒（chù，紧张、害怕）
   膝之所踦（qǐ，支撑，接触）

C. 新发于硎（xín，刑具）
   技经肯綮之未尝（qìng，筋肉聚结处）

D. 砉（xū）然向（xiǎng）然，奏刀騞（huò）然
   批大郤（xì），导大窾（kuǎn）

3. 解释下列句子中的加点词。

A. 彼节者有间，而刀刃者无厚   （   ）

B. 批大郤，导大窾，因其固然   （   ）

C. 謋然已解，如土委地   （   ）

D. 嘻，善哉！技盖至此乎   （   ）

4. 下列各组句子中，加点的词语的意义和用法相同的一组是（   ）

A. ① 庖丁为文惠君解牛   ② 为之四顾，为之踌躇满志

B. ① 臣以神遇而不以目视   ② 以无厚入有间

C. ① 而刀刃若新发于硎   ② 提刀而立，为之四顾

D. ① 进乎技矣   ② 恢恢乎其于游刃必有余地矣

5. 下列加点词古今义最接近的一项是（   ）

A. 虽然，每至于族，吾见其难为

B. 依乎天理，批大郤，导大窾，因其固然

C. 始臣之解牛之时，所见无非牛者

D. 为之四顾，为之踌躇满志，善刀而藏之

6. 根据原文中的几句话，写出所衍生出来的成语。

A. 三年之后，未尝见全牛也　　　　　　　　（　　　　　　　）

B. 技经肯綮之未尝　　　　　　　　　　　　（　　　　　　　）

C. 方今之时，臣以神遇而不以目视，官知止而神欲行（　　　　　　　）

D. 以无厚入有间，恢恢乎其于游刃必有余地矣　　（　　　　　　　）

7. 翻译下列句子。

① 方今之时，臣以神遇而不以目视，官知止而神欲行。

② 依乎天理，批大郤，导大窾，因其固然，技经肯綮之未尝，而况大軱乎！

③ 以无厚入有间，恢恢乎其于游刃必有余地矣！是以十九年而刀刃若新发于硎。

8. 下列理解和分析，不符合文意的两项是（　　　）

A. 庖丁的解牛刀，"以无厚入有间"，游刃有余，因此刀刃十九年"若新发于硎"。

B. 庖丁解牛能做到"以神遇而不以目视"，主要原因是依乎天理，因其固然。

C. 文章语言精练而富有表现力。"触""倚""履""踦"四个字活灵活现地再现了庖丁解牛的娴熟技术；比拟庖丁进刀"合于《桑林》之舞，乃中《经首》之会"，有形有声有态；解牛结束，"提刀而立，为之四顾，为之踌躇满志"的怡然自得的神态跃然纸上。

D. 文章先后用了三种反差鲜明的对比来进行说理：一为庖丁解牛之初与三年之后的对比，一为庖丁与普通厨工的对比，一为将庖丁解牛与文惠君治国对比。

E. 庖丁技艺高超的原因主要是三个方面：① 强调对技术的追求（"进乎技矣"）。② 在反复实践中积累经验，探求规律，运用规律，尊重规律。③ 谨慎小心，收藏锋芒："怵然为戒，视为止，行为迟，动刀甚微。"

F.《庖丁解牛》阐明了庄子的养生之道。其主观意图是宣传消极处世的人生哲学，在人类社会中，人们只有像庖丁那样避开矛盾，才能保全自己。客观上却

告诉人们，只要反复实践，积累经验，就能像庖丁一样，认识和掌握事物的规律，做到"游刃有余"。

9. 能代表庖丁观点，总领全文的一句话是："＿＿＿＿＿＿＿＿＿＿＿＿＿＿＿＿＿。"庖丁解牛经过的三个阶段是"＿＿＿＿＿＿＿＿＿＿＿＿＿＿＿"，"＿＿＿＿＿＿＿＿＿＿＿＿＿＿＿＿＿＿＿"，"＿＿＿＿＿＿＿＿＿＿＿＿＿＿＿＿"。（请用课文中的原句回答）

10.《庖丁解牛》和《齐桓晋文之事》同样运用了比喻论证，但两篇文章在论证取材、形式、方法及目的上有何不同？

＿＿＿＿＿＿＿＿＿＿＿＿＿＿＿＿＿＿＿＿＿＿＿＿＿＿＿＿＿＿＿＿＿＿＿
＿＿＿＿＿＿＿＿＿＿＿＿＿＿＿＿＿＿＿＿＿＿＿＿＿＿＿＿＿＿＿＿＿＿＿
＿＿＿＿＿＿＿＿＿＿＿＿＿＿＿＿＿＿＿＿＿＿＿＿＿＿＿＿＿＿＿＿＿＿＿
＿＿＿＿＿＿＿＿＿＿＿＿＿＿＿＿＿＿＿＿＿＿＿＿＿＿＿＿＿＿＿＿＿＿＿
＿＿＿＿＿＿＿＿＿＿＿＿＿＿＿＿＿＿＿＿＿＿＿＿＿＿＿＿＿＿＿＿＿＿＿

能力拓展

庄子行于山中，见大木①，枝叶盛茂。伐木者止其旁而不取也。问其故，曰："无所可用。"庄子曰："此木以不材得终其天年。"

夫子出于山，舍于故人之家。故人喜，命竖子杀雁而烹之②。竖子请曰："其一能鸣，其一不能鸣，请奚杀？"主人曰："杀不能鸣者。"

明日，弟子问于庄子曰："昨日山中之木，以不材得终其天年；今主人之雁，以不材死，先生将何处③？"

庄子笑曰："周④将处乎材与不材之间。……悲夫，弟子志之，其唯道德之乡乎！"

节选自《庄子·山木》

【注释】

① 大木：大树。② 竖子：童仆。雁：鹅。鹅由雁驯化成，故亦称鹅为雁。烹：应作亨，同"飨"，招待、款待之意。③ 何处：指在材与不材间选择哪种以立身自处。④ 周：庄周。

1. 解释句中加点的词语，指出活用或通假的现象。

① 伐木者止其旁而不取也　　（　　　　　　　）

② 此木以不材得终其天年　　（　　　　）
③ 夫子出于山，舍于故人之家　（　　　　）
④ 弟子志之，其唯道德之乡乎　（　　　　）

2. 加点词语意义和用法判断正确的一项是（　　）

① 伐木者止其旁而不取也 / 其一能鸣，其一不能鸣

② 周将处乎材与不材之间 / 庄子行于山中

A. ① 相同，② 不同　　　　B. ① 不同，② 相同
C. ① 不同，② 不同　　　　D. ① 相同，② 相同

3. 指出下列句子各属什么文言句式，并做解释。

① 其一能鸣，其一不能鸣，请奚杀？　（　　　　　　）
② 明日，弟子问于庄子曰……　　　　（　　　　　　）
③ 问其故，曰："无所可用。"　　　　（　　　　　　）
④ 其唯道德之乡乎！　　　　　　　　（　　　　　　）

4. 翻译文中画线句。

① 其一能鸣，其一不能鸣，请奚杀？

_____

② 弟子志之，其唯道德之乡乎！

_____

5. 本文与《庖丁解牛》说明的道理有何相同之处？给我们什么启迪？

_____
_____
_____
_____

6. 用比喻性的故事来说明意味深长的道理，名为寓言。以本文或你读过的其他寓言故事为例，谈谈寓言的一般特点。

_____
_____
_____
_____

烛之武退秦师

学习目标

1. 学习本文通过语言刻画人物形象的写作方法。
2. 掌握本文情节安排方面的艺术技巧。
3. 积累文言字词句,重点掌握文中词类活用、古今异义、特殊句式等知识,培养阅读文言文的能力。

知人论世

一、作家作品

《左传》是中国第一部叙事详备的编年体史书,也是一部优秀的历史散文集。司马迁、班固都认为它是鲁国史官左丘明所作。它与《公羊传》《谷梁传》合称为"春秋三传"。

春秋时期是以强凌弱、兼并攻伐极频繁的动乱年代。《左传》依鲁史《春秋》的顺序,记叙范围起自鲁隐公元年(公元前722年),迄于鲁哀公二十七年(前468年)。作品中主要记载了东周前期二百五十四年间各国政治、经济、军事、外交和文化方面的重要事件和重要人物,是研究中国先秦历史很有价值的文献,也是优秀的文学作品。

大多数学者认为《左传》是解释《春秋》经书的著作,以《春秋》记事为纲叙事,其中有说明《春秋》书写方法的,有用实事补充《春秋》经文的,也有订正《春秋》记事错误的。全书二十余万字,虽然以《春秋》为纲,然而其记事范围之广,叙述内容的具体、详赡,则大大超出了《春秋》。

《左传》语言简洁而准确,生动而富于表现力,注意细致描摹,运用比喻,长于描写战争。

二、创作背景

公元前七世纪的上半期,北方的晋和西方的秦都成了强大的诸侯国。当晋文公(公子重耳)流亡在外时,曾经得到秦穆公的帮助,并且娶了穆公之女文嬴为妻,关系比较亲密,即所谓"秦晋之好"。晋文公回国建立政权后,晋逐渐强大。

鲁僖公三十年(公元前630年),晋国和楚国大战于城濮,结果楚国大败,晋国的霸业完成。在城濮之战中,郑国曾协助楚国一起攻打晋国,而且晋文公年轻时流亡到郑国,受到冷遇,所以文公把新仇旧怨加到一起,于两年后联合秦国讨伐郑国。郑伯闻讯后,派烛之武面见秦穆公,劝他退兵。烛之武巧妙地利用秦、晋两国的矛盾,表现出处处为秦国利益着想的样子,分析当时的形势,抓住利害关系,说明保存郑国对秦国有利,灭掉郑国对秦国不利的道理,终于说动秦国退兵。晋军失去盟军支持后,也被迫撤离了郑国。此文即记叙了这一历史事件。

烛之武:本名武,此处指烛地叫武的人。退:使撤退。

精译详注

晋侯、秦伯围郑,以其无礼于晋,且贰于楚也。 晋文公和秦穆公联合围攻郑国,因为郑国曾对晋文公无礼,并且从属于晋的同时又亲附于楚。[晋侯、秦伯:指晋文公和秦穆公。以其无礼于晋:指晋文公即位前流亡国外经过郑国时,没有受到应有的礼遇。介宾短语后置句,于晋无礼。以,因为,连词。其,代词,它,指郑国。于,对于。且贰于楚:且,并且,表递进。贰,从属二主。于,对,介词。]**晋军函陵,秦军氾南。** 晋军驻扎在函陵,秦军驻扎在氾水的南面。[晋军函陵:军,名词用作动词,驻军。函陵,郑国地名,在今河南新郑北。氾(fán)南:氾水的南面,也属郑地。氾,水名。此指东氾水,在今河南中牟南,现已干涸。]

佚之狐言于郑伯曰:"国危矣,若使烛之武见秦君,师必退。"公从之。 佚之狐对郑文公说:"国家危险了,假如派烛之武去见秦穆公,秦国的军队一定会撤退。"郑文公听从了他的意见。[佚(yì)之狐:郑国大夫。郑伯:郑文公。若:假如。使:派。见:拜见,进见。从:听从。]**辞曰:"臣之壮也,犹不如人;今老矣,无能为也已。"** 烛之武推辞说:"我壮年的时候,尚且不如别人;现在老了,也不能有什么作为了。"[辞:推辞。臣之壮也:我壮年的时候。之,取消句子独立性。壮,古时男子三十为"壮",即壮年。犹:尚且。无能为也已:不能干什么了。为，做。已，同"矣"，语气词，了。也已，表肯定语气。］**公曰："吾不能早用子，今急而求子，是寡人之过也。然郑亡，子亦有不利焉。"许之。**郑文公说："我没有及早重用您，现在由于情况危急因而求您，这是我的过错。然而郑国灭亡了，对您也不利啊。"烛之武就答应了这件事。［用：任用。子：古代对男子的尊称。是：这。寡人：诸侯谦称，意思是寡德之人。过：过错。然：然而。许之：答应这件事。许，答应。］

　　夜缒而出，在夜晚派人用绳子将烛之武从城楼上放下去，［缒（zhuì）：用绳子拴着人（或物）从上往下送。］**见秦伯，曰："秦、晋围郑，郑既知亡矣。**见到秦穆公，烛之武说："秦、晋两国围攻郑国，郑国已经知道要灭亡了。［既：已经。］**若亡郑而有益于君，敢以烦执事。**假如灭掉郑国对您有好处，怎敢冒昧地拿这件事情来麻烦您。［亡郑：使郑国灭亡。敢以烦执事：冒昧地拿（亡郑这件事）麻烦您。这是客气的说法。敢，自言冒昧的谦辞。执事，办事的官员，代指对方（秦穆公），表示恭敬。"以"后省略"之"。］**越国以鄙远，君知其难也。焉用亡郑以陪邻?**然而越过晋国把远方的土地（郑国）作为秦国的东部边邑，您知道这是困难的，为什么要用灭掉郑国来给邻国增加土地呢？［越国：越过别国。国，指晋国，地处秦、郑之间。鄙（bǐ）远：鄙，边邑，这里用作动词，把……作为边邑；远，远方的土地，指郑国，形容词用作名词。焉：哪里，为什么。用：介词，用。亡郑：使郑国灭亡。陪：增加。邻：邻国，指晋国。］**邻之厚，君之薄也。**邻国的势力雄厚了，您秦国的势力也就相对削弱了。［之：主谓之间取消句子独立性。厚：雄厚。薄：薄弱。］**若舍郑以为东道主，行李之往来，共其乏困，君亦无所害。**如果您放弃围攻郑国而把它当作东方道路上招待过客的主人，贵国使臣来往经过，郑国可以随时供给他们的食宿、给养，对您也没有什么害处。［舍：放弃（围郑）。东道主：东方道路上招待客人的主人，后泛指接待或宴客的主人。行李：古今异义，外交使者。共：同"供"，供给。其：代指使者。乏困：在食宿方面的不足。无所：没有什么。］**且君尝为晋君赐矣，许君焦、瑕，朝济而夕设版焉，君之所知也。**再说您曾经给予晋惠公恩惠，惠公曾经答应给您焦、瑕二座城池。然而惠公早上渡过黄河回国，晚上就在那里筑城防御，这是您所知道的。［且：况且，表递进。尝：曾经。为：给予。赐：恩惠，指秦穆公帮助晋惠公回国继位之事。许君焦、瑕：（晋惠公）许诺给您焦、瑕两城。焦、瑕，二城名，故址在今河南三门峡市附近。朝济而夕设版焉：朝，在早晨。济，渡河。设版，修筑防御工事。版，筑土墙用的夹板。焉，于之，在那里。］**夫晋，何厌之有?**晋国，怎么会有满足的时候呢？［何厌之有：宾语前置。厌：同"餍"，满足。］**既东封郑，又**

欲肆其西封，（假如）在东边使郑国成为晋国的边境之后，（那么晋国一定）又想要扩张它西边的疆界，[既：……之后。东封郑：这里是使动用法，使……成为疆界。东，在东边，名词用作状语。封，疆界。肆其西封：扩展它西边的疆界。指晋国灭郑以后，必将图谋秦国。肆，延伸，扩张。封，疆界，名词。] **若不阙秦，将焉取之？** 如果不使秦国土地减少，它将从哪里去夺取所贪求的土地呢？[阙（quē）：同"缺"，侵损，削减；使动用法，使……亏损。将焉取之：将从哪里取得它所贪求的土地呢？焉，哪里。之，指代土地。] **阙秦以利晋，唯君图之。"** 使秦国受损失却使晋国有利，希望您还是多多考虑这件事。"[利：使……有利。唯：句首语气词，表示希望。之：指阙秦利晋这件事。] **秦伯说，与郑人盟。** 秦伯很高兴，就与郑国签订了盟约。[说：同"悦"，喜悦，高兴。盟：签订盟约，名词用作动词。] **使杞子、逢孙、杨孙戍之，乃还。** 派遣杞子、逢孙、杨孙戍守郑国，秦伯就回国了。[杞子、逢孙、杨孙：都是秦国大夫。戍：防守。还：撤军回国。]

子犯请击之。 晋大夫子犯请求出兵攻击秦军。[子犯：狐偃，字子犯，是晋文公的舅父。] **公曰："不可。微夫人之力不及此。** 晋文公说："不行！假如没有秦国国君的力量，我是不会到今天这个地步的。[微：同"没"，没有。夫人：那人，指秦穆公。晋文公重耳在外流亡19年，得到秦穆公帮助，才回到晋国做了国君。夫，远指代词，那。] **因人之力而敝之，不仁；失其所与，不知；** 依靠别人的力量而又反过来损害他，这是不仁义的；失掉自己的同盟者，这是不明智的；[因：依靠。敝（bì）：动词，损害。所与：同盟者。与，结交，亲附。知：同"智"，明智。] **以乱易整，不武。吾其还也。"亦去之。** 用混乱相攻取代联合一致，是不符合武德的。我们还是回去吧！"晋军也就离开了郑国。[乱：分裂。整：指一致的步调，联合，团结。易：代替。不武：不符合武德。武，指使用武力所应遵守的道义准则。吾其还也：我们还是回去吧。其……也，表祈使的语气，还是……吧。去之：离开郑国。之，指代郑国。]

赏析导读

1.首段仅25字，是如何交代秦、晋围郑的原因及形势的？这与整个故事发展有何关系？

文章的第一段用"无礼于晋""且贰于楚"交代秦、晋围郑的原因，这两点都直接关系晋国利益，而与秦国无关，这就为烛之武说服秦伯提供了可能性，为故事的发展埋下了伏笔。

又用"晋军函陵""秦军氾南"交代秦、晋攻方的态势，暗示郑国已岌岌可危。这就点明了烛之武游说秦伯的背景。秦、晋两军，一在函陵（今河南新郑北），一在氾南（今河南中牟南），两军分驻南北两边，互不接触，这为烛之武说服秦伯的秘密活动增加了有利条件。

文章开篇仅用25字，就造成一种紧张的气氛：秦晋两大国联合起来围攻郑国，战争如箭在弦上，一触即发，为下文烛之武临危受命埋下伏笔，为下文的故事发展做了铺垫。

2. 第二段写烛之武临危受命，行文有何特点，刻画了什么形象？

行文波澜迭起，曲折有致。秦晋两军夹击郑国，形势十分危急，在这关键时刻，佚之狐力荐烛之武，并断言："若使烛之武见秦君，师必退。"此为一波。

但当郑伯请来烛之武时，却遭到了他的拒绝："臣之壮也，犹不如人；今老矣，无能为也已。"显然，烛之武对郑伯过去的用人方针有看法，对自己过去所受到的排挤愤懑不平。这是二波。

此时，郑伯一方面赶忙认错："吾不能早用子，今急而求子，是寡人之过也。"另一方面激之以爱国大义："然郑亡，子亦有不利焉。"此时烛之武深明大义，在决定国家命运的关键时刻，毅然应命。此是三波。

这寥寥几笔，一波三折，给行文平添了层层波澜，一位不计私怨、捐弃前嫌、深明大义的爱国老臣的形象已如在目前。

3. 这篇文章对烛之武的善于辞令，写得极为出色。请分析烛之武是怎样说服秦伯退兵的。

他利用秦晋之间的矛盾，动之以情，晓之以理，条分缕析，令人信服，并且在说辞里处处为秦着想，使秦伯不得不心悦诚服，不仅答应退兵，而且助郑防晋。

其一，重在攻心，处处为对方着想。

首先，烛之武开门见山说："秦、晋围郑，郑既知亡矣。"承认郑国已处于危亡的地步。但作为郑大夫的烛之武却没有半句为郑国乞求的话，相反，却以"若亡郑而有益于君，敢以烦执事"来表明为秦着想的立场。

接着先分析灭郑对秦的不利："越国以鄙远"，难以守土，暗示久而久之，占领郑国的这块土地必然为晋国所有。那么，亡郑实际上是增加了别国（晋）的土地，扩展了邻国的势力，而邻国势力的增强就意味着秦国势力的削弱。再分析存郑对秦有益无害："舍郑以为东道主，行李之往来，共其乏困，君亦无所害。"一利一害，推心置腹，不由得秦伯不动心。

其二，充分利用秦、晋的矛盾，离间秦、晋关系。

正当秦伯在考虑灭郑、存郑对自己的利害关系时，烛之武充分利用这一契机，进一步为秦君分析："且君尝为晋君赐矣，许君焦、瑕，朝济而夕设版焉，君之所知也。"利用秦晋之间的矛盾来离间双方。这番话不由得秦伯不深思。接着烛之武又把话题引向未来，预言晋国此后的动向："夫晋，何厌之有？既东封郑，又欲肆其西封，若不阙秦，将焉取之？"指出晋国贪得无厌，灭郑之后，必将进而侵犯秦国，秦晋的矛盾将进一步尖锐化。由于晋国当时已成为中原霸主，秦伯意识到晋强会危秦，对此不能不存有戒心。烛之武的这篇说辞戳到了他的痛处，终于促使他下定决心，改变主意，退兵助郑。

4. 第四段叙述晋师撤离郑国，交代故事结局，写作上有何特色？

此段行文一张一弛，先是"子犯请击之"，令气氛陡然一张；文公"未可"，一弛；直到"亦去之"，情节才彻底放松，一场兵不血刃的战斗到此方告结束。

同时，"微夫人之力不及此。因人之力而敝之，不仁；失其所与，不知；以乱易整，不武"，晋文公这番话，虽言无数句，亦形象鲜明，体现了一代霸主的政治远见。

技法探求

1. 本文在展开故事情节上有何特点？

其一，结构严密，层次井然。

文章首先交代了故事发生的背景，接着由佚之狐推荐，引出烛之武，这是故事的开端；郑伯于危急中请烛之武前往秦营，烛之武不念个人私怨，应允出行，这是故事的发展；烛之武在夜间"缒而出"，秘密私访秦伯，并用一番动人的言辞说服了秦伯，这是故事的高潮；秦伯退兵，并派人戍守郑国，最后晋也被迫退兵，郑国转危为安，这是故事的结局。整篇故事结构是完整而严谨的。

其二，有条不紊，详略得当。

课文主要是表现烛之武怎样说退秦师的，所以重点放在烛之武的说辞上。对"退秦师"的前因后果，只作简略交代。在烛之武"夜缒而出"的前后，郑国君臣和百姓是怎样焦急地等待烛之武的消息，秦国君臣又是以怎样的场面和骄横态度接待这位即将亡国的使臣，作者都一字未提，而是集中笔墨塑造烛之武的形象，从而做到繁而不杂，有始有终，层次井然。

2. 本文虽然是一篇历史文献，但写得张弛有度，波澜曲折，谈谈这一特色。

本文情节三张三弛，写得波澜起伏，曲折有致。

开篇即"晋军函陵，秦军氾南"，郑国处于危亡之际，这是一张。佚之狐推荐烛之武去说秦君，说"国危矣，若使烛之武见秦君，师必退"，这是一弛。

没想到这引起了烛之武的一番牢骚，使事情发生了波折，此是再张。郑文公的引咎自责，烛之武临危受命。烛之武在游说秦君的时候，一开头就指出亡郑于秦无益；但接着又退一步说"若舍郑以为东道主，行李之往来，共其乏困，君亦无所害"，以此作为缓冲；紧接下去就紧逼一步说明亡郑对秦不仅无益，而且有害。秦穆公权衡利害得失，终于退兵，这是再弛。

当秦国单独退兵之后，子犯发怒要攻打秦军，秦、晋关系一下子转而紧张起来，这是三张。最后晋文公讲了一番道理，晋军偃旗息鼓，一场风波，终于平息，这是三弛。

这样三张三弛，曲折有致，紧扣读者的心弦，增强作品的感染力。让读者觉得不是在读史书，而是在读引人入胜的小说。

知识积累

一、文体知识

编年体　中国传统史书的一种体裁，它是以年代为线索编排有关历史事件的。编年体史书以时间为中心，按年、月、日顺序记述史事。因为它以时间为经，以史事为纬，比较容易反映出同一时期各个历史事件的联系。典型的编年体史书有"春秋三传"（《春秋左氏传》《春秋公羊传》《春秋谷梁传》）、《资治通鉴》等。

以编年体纪录历史的方式最早起源于中国。由周代史官于公元前841年前后创体，《左传》完善其体例，荀悦《汉纪》创断代编年体，司马光成通史编年体。

《春秋》是我国现存最早的一部编年体史书，相传为孔子依据鲁国史官所编的《春秋》加以整理修订而成的。《左传》是我国第一部叙事详备的编年体史书，原名《左氏春秋》，相传为春秋末年的左丘明为解释孔子的《春秋》而作，名为《春秋左氏传》，简称《左传》；《资治通鉴》是我国最大的编年体通史，也是我国编年体通史的杰作，北宋司马光（1019—1086）主编，上起周威烈王二十三年（公元前403年），下至五代周世宗显德六年（公元959年），记载了1362年的历史，花了19年的时间编写而成。宋神宗认为此书"鉴于往事，有资于治道"，故而定名。

二、语言知识

（一）通假字

1. 今老矣，无能为也已（已，同"矣"，了）
2. 行李之往来，共其乏困（共，同"供"，供给）
3. 秦伯说，与郑人盟（说，同"悦"，高兴）
4. 失其所与，不知（知，同"智"，明智）
5. 夫晋，何厌之有（厌，同"餍"，知足，满足）
6. 若不阙秦，将焉取之（阙，同"缺"，侵损，使……减少）

（二）古今异义

1. 行李之往来（古义：出使的人；今义：出门所带的包裹）
2. 若舍郑以为东道主［古义：东方道路上（招待过客）的主人；今义：泛指接待宴客的主人］
3. 若舍郑以为东道主（古义：把……作为；今义：认为）
4. 微夫人之力不及此（古义：那个人；今义：一般人的妻子）
5. 亦去之（古义：离开；今义：往，到）
6. 敢以烦执事（古义：掌管事务的人，这里代指对方，表示恭敬；今义：掌管某项工作的人）
7. 共其乏困（古义：指缺乏的东西；今义：指精神或身体劳累）
8. 且贰于楚也（古义：动词，从属二主，依附于晋的同时又亲附于楚；今义：数词，"二"的大写）

（三）一词多义

1. 封

① 既东封郑（名词的使动用法，使……成为疆界）

② 又欲肆其西封（名词，疆界）

2. 而

① 夜缒而出（表修饰，连词）

② 今急而求子（表承接，连词）

③ 若亡郑而有益于君（表承接，连词）

④ 朝济而夕设版焉（表转折，连词）

⑤ 因人之力而敝之（表转折，连词）

3. 以

① 以其无礼于晋（因为，表原因，连词）

② 越国以鄙远（来，表目的，连词）

③ 焉用亡郑以陪邻（来，表目的，连词）

④ 阙秦以利晋（来，表目的，连词）

⑤ 敢以烦执事（用，介词，后面省略"之"）

⑥ 若舍郑以为东道主（把，介词后面省略"之"）

⑦ 以乱易整（用，介词）

4. 之

① 臣之壮也，犹不如人（助词，主谓之间取消句子独立性，不译）

② 邻之厚，君之薄也（助词，主谓之间取消句子独立性，不译）

③ 行李之往来，共其乏困（助词，主谓之间取消句子独立性，不译）

④ 公从之（代词，代佚之狐的建议）

⑤ 阙秦以利晋，唯君图之（代词，这件事）

⑥ 子犯请击之（代词，指秦军）

⑦ 夫晋，何厌之有（宾语前置的标志，不译）

⑧ 因人之力而敝之（前：结构助词"的"；后：代词，代"人"）

5. 焉

① 焉用亡郑以陪邻（疑问代词，哪里，为什么）

② 若不阙秦，将焉取之（疑问代词，哪里）

③ 子亦有不利焉（句末语气词，相当于"啊"）

④ 朝济而夕设版焉（兼词，于之，在那里）

6. 其

① 越国以鄙远，君知其难也（代词，代"越国以鄙远"这件事）

② 行李之往来，共其乏困［代词，代"行李"（使者）］

③ 又欲肆其西封（代词，晋国）

④ 失其所与，不知（代词，自己的）

⑤ 吾其还也（表示祈使的语气，还是）

（四）词类活用

1. 晋军函陵（名词用作动词，驻扎）

2. 与郑人盟（名词用作动词，结盟）

3. 夜缒而出（名词用作状语，在夜晚）

4. 朝济而夕设版焉（名词用作状语，在早晨，在晚上）

5. 既东封郑（名词用作状语，在东边）

6. 若亡郑而有益于君（使动用法，使……灭亡）

7. 烛之武退秦师（使动用法，使……退却）

8. 若不阙秦（使动用法，使……减损）

9. 阙秦以利晋（使动用法，使……获利）

10. 既东封郑（使动用法，使……成为疆界）

11. 越国以鄙远（意动用法，把……作为边邑）

12. 越国以鄙远（形容词用作名词，远地，指郑国）

13. 共其乏困（形容词活用为名词，缺少的东西）

12. 邻之厚，君之薄也（形容词用作动词，变雄厚，变薄弱）

13. 因人之力而敝之（形容词作动词，损害）

14. 君亦无所害（动词用作名词，害处）

15. 且君尝为晋军赐矣（动词作名词，恩惠）

16. 且贰于楚也（数词作动词，从属二主）

（五）文言句式

1. 判断句

① 是寡人之过也（"也"表判断）

② 邻之厚，君之薄也（"也"表判断）

③ 以乱易整，不武（不用"者""也"的判断句）

④ 失其所与，不知（不用"者""也"的判断句）

⑤ 因人之力而敝之，不仁（不用"者""也"的判断句）

2. 省略句

① 晋军（于）函陵，秦军（于）汜南

② （烛之武）辞曰

③ 敢以（之）烦执事

④ 若舍郑以（之）为东道主

⑤ （晋）许君焦、瑕

⑥ 阙秦以利（于）晋

3. 介宾短语后置

① 以其无礼于晋，且贰于楚也（以其于晋无礼，且于楚贰也）

② 佚之狐言于郑伯曰（佚之狐于郑伯言曰，言于：对……说）

③ 若亡郑而有益于君（若亡郑而于君有益）

4. 宾语前置

夫晋,何厌之有(即"有何厌",疑问代词作宾语)

一课一练

1.《左传》是第一部_____的_____体史书,《左传》的"传"的解释是_____。《资治通鉴》是由_____代史学家_____主编的_____体____史,宋神宗认为此书"_____",故而定名。

2. 理解性默写。

① 烛之武劝说秦伯,以一个假设句"_____,_____"否定了秦出兵的合理性,也由此掌握了谈话的主动权。

② "_____,_____。_____?邻之厚,君之薄也。"烛之武从地理位置说明"亡郑"于秦无益而有害的结果。

③ 烛之武紧紧抓住秦穆公欲吞并天下的心理,动之以情,诱之以利,以"舍郑"的好处打动穆公的句子是:"_____,_____,_____,_____。"

④ "_____,_____,_____,_____。"烛之武用雄辩的事实指出晋乃背信弃义、出尔反尔、过河拆桥、忘恩负义之徒。

⑤ "_____,_____,_____,_____?"烛之武指出晋野心勃勃、贪得无厌的本性。

⑥ 烛之武阐明了晋对秦的利害关系后总结说:"_____,_____。"希望秦伯能慎重考虑。

3. 选出加点词读音有错误的一项(   )

A. 秦军氾(fán)南   佚(yì)之狐   夜缒(zhuì)而出   君之薄(bó)也
B. 若舍郑以为(wéi)东道主   共(gōng)其乏困   失其所与,不知(zhì)
C. 夫(fú)晋,何厌之有   若不阙(quē)秦   秦伯说(shuō),与郑人盟
D. 使杞(qǐ)子、逢(páng)孙、杨孙戍之   且君尝为(wéi)晋君赐矣

4. 指出下列句中的通假字,并加以解释。

① 焉用亡郑以陪邻   (   )

② 行李之往来,共其乏困   (   )

③ 夫晋,何厌之有   (   )

④ 秦伯说,与郑人盟   (   )

⑤ 失其所与，不知　　　　　　（　　　　　　　　　）

5. 解释下列加点的字，注意古今异义的现象。

① 以其无礼于晋，且贰于楚也　（　　　　　　　　　）

② 敢以烦执事　　　　　　　　（　　　　　　　　　）

③ 行李之往来，共其乏困　　　（　　　　　　　　　）

④ 越国以鄙远，君知其难也　　（　　　　　　　　　）

⑤ 既东封郑，又欲肆其西封　　（　　　　　　）（　　　　　　　　）

6. 下列句中加点字活用情况判断正确的一项是（　　）

① 晋军函陵，秦军氾南

② 以其无礼于晋，且贰于楚也

③ 秦伯说，与郑人盟

④ 越国以鄙远，君知其难也

⑤ 越国以鄙远，君知其难也

⑥ 烛之武退秦师

⑦ 若不阙秦，将焉取之

⑧ 既东封郑，又欲肆其西封

⑨ 朝济而夕设版焉

⑩ 因人之力而敝之

A. ①③／②／⑥⑦⑧／⑤／④／⑨／⑩

B. ①③⑩／②／④⑥／⑤／⑦⑧／⑨

C. ①③／②⑧／④⑥⑦／⑤／⑨／⑩

D. ①③④／②／⑥⑦／⑤⑧／⑨／⑩

7. 下列句中加点的词，意义和用法相同的一项是（　　）

A. ① 然郑亡，子亦有不利焉

　　② 阙秦以利晋，唯君图之

B. ① 夫晋，何厌之有

　　② 微夫人之力不及此

C. ① 臣之壮也，犹不如人

　　② 行李之往来，共其乏困

D. ① 然郑亡，子亦有不利焉

　　② 焉用亡郑以陪邻

8. 翻译下列句子，注意体会说话的艺术。

① 若亡郑而有益于君，敢以烦执事。

_____

② 越国以鄙远，君知其难也。

_____

③ 焉用亡郑以陪邻？邻之厚，君之薄也。

_____

④ 夫晋，何厌之有？既东封郑，又欲肆其西封。

_____

⑤ 若不阙秦，将焉取之？阙秦以利晋，唯君图之。

_____

9. 本文是一篇以描写人物为主的史传散文。熟悉人物的形象是掌握课文的关键，试概括分析烛之武的人物形象。

_____
_____
_____
_____

10. 烛之武游说成功，除了辞令巧妙外，还有什么深层次的原因？

_____
_____
_____
_____

能力拓展

阅读下文，回答文后问题。

齐桓公伐楚盟屈完

四年①，春，齐侯以诸侯之师侵蔡。蔡溃，遂伐楚。楚子使与师言曰②："君处北海，寡人处南海，唯是风马牛不相及也③；不虞君之涉吾地也，何故？"管仲对曰："昔召康公命我先君太公曰④：'五侯九伯⑤，女实征之，以夹辅周室。'赐我先君履：东至于海，西至于河，南至于穆陵，北至于无棣。尔贡包茅不入⑥，王祭不共⑦，无以缩酒⑧，寡人是征；昭王南征而不复，寡人是问！"对曰："贡之不入，寡君之罪也；敢不共给！昭王之不复，君其问诸水滨！"

师进，次于陉。

夏，楚子使屈完如师。师退，次于召陵。

齐侯陈诸侯之师，与屈完乘而观之。齐侯曰："岂不榖是为⑨？先君之好是继！与不榖同好，何如？"对曰："君惠徼福于敝邑之社稷⑩，辱收寡君，寡君之愿也。"齐侯曰："以此众战，谁能御之？以此攻城，何城不克？"对曰："君若以德绥诸侯，谁敢不服？君若以力，楚国方城⑪以为城，汉水以为池，虽众，无所用之！"

屈完及诸侯盟。

——节选自《左传·僖公四年》

【注释】

① 四年：鲁僖公四年。② 楚子：指楚成王。与：介词，跟，和。③ 唯：句首语气词。风马牛不相及：即使马和牛走失，也不会跑到对方境内。这句话的意思是齐、楚相距甚远，就像马、牛各不相干。风，走逸。一说牛马雌雄相诱而逐谓之风。④ 昔：从前。召（shào）康公：召公。周成王时的太保，"康"是谥号。先君：已故的君主。太公：指姜尚，他是齐国的开国君主。⑤ 五侯：公、侯、伯、子、男五等爵位的诸侯。九伯：九州的长官。五侯九伯泛指各国诸侯。⑥ 贡：贡物。包：裹束。茅：菁茅，楚地特产。入：纳，这里指进贡。⑦ 共：同"供"，供给。⑧ 缩酒：渗滤酒渣，祭祀时的仪式之一。⑨ 不榖：不善之人，诸侯自己的谦称。这句话的意思是：这样的排兵布阵，难道是为了我自己？"是"前置宾语，下句同。⑩ 承蒙您到我国并向社稷之神求福，意思是您不毁灭我国。惠：恩惠，这里作表示敬意的词。徼（yāo）福：求福。本义是巡查、巡逻，读 jiào。敝邑（yì）：对自己国家的谦称。⑪ 方城：山名，指楚国在北境修筑的楚长城。

1. 下列解释有误的一项是（　　）

A. ① 以（率领）诸侯之师　　② 不虞（料想）君之涉吾地也

B. ① 次（驻扎）于陉　　② 昭王南征而不复（返回）

C. ① 西至于河（黄河）　　② 君其（一定）问诸水滨

D. ① 徼（求）福于敝邑　　② 绥（安抚）诸侯

2. 选出和例句中加点词意义和用法相同的一项（　　）

例句：昭王南征而不复，寡人是问

A. 度义而后动，是而不见可悔故也

B. 使君怀怒，以及敝邑，孤之罪也，敢不唯命是听

C. 是可忍，孰不可忍

D. 同行十二年，不知木兰是女郎

3. 下列和"先君之好是继"句式相同的一项是（　　）

A. 此所谓战胜于朝廷

B. 微斯人，吾谁与归

C. 公与之乘，战于长勺

D. 赵氏求救于齐

4. 指出句中加点词哪些是谦词，哪些是敬词。

① 昔召康公命我先君太公曰

② 君处北海，寡人处南海

③ 寡君之罪也；敢不共给

④ 岂不穀是为

⑤ 君惠徼福于敝邑之社稷

⑥ 辱收寡君，寡君之愿也

5. 翻译下列句子，注意特殊句式。

① 岂不穀是为？先君之好是继。

② 楚国方城以为城，汉水以为池，虽众，无所用之！

6. 简要分析屈完是怎样在外交上战胜桓公的？

鸿门宴

学习目标

1. 学习本文在错综复杂的矛盾斗争中刻画人物形象的写作方法。
2. 学习本文通过语言、行动、神情的描写来塑造人物形象的手法。
3. 培养运用辩证观点评价历史人物的能力。
4. 积累文言字词句，重点掌握多义词、通假字、古今异义词，了解文言虚词用法及培养阅读文言文的能力。

知人论世

一、作家作品

司马迁（约前145—前80或前135—前93），字子长，西汉夏阳（今陕西韩城南）人。司马迁出身于史学世家。他的父亲司马谈仕于汉武帝建元、元封之间（前140—前110），任太史令。司马谈是位学识非常渊博的人，不仅上知天文，下知地理，谙悉历史，而且对于春秋战国以来诸子百家各个流派及其学说和主张，也都十分清楚，曾论阴阳、儒、墨、名、法和道德"六家之要旨"。这样的家庭，对司马迁自然会产生潜移默化的影响。

司马迁在他的出生地龙门，经历过一段耕牧生活，使他有机会接近下层民众，了解他们的疾苦。他十岁时，便已诵习古文。曾受教于各种学派的名师，这极大地丰富了他的学术思想。二十岁开始漫游四方，饱览过许多名山大川。足迹遍及今陕西、河南、山东、安徽、江苏、浙江、湖南、湖北。其间，他还在齐、鲁两地（今均属山东）的都会研讨学问，并考察过孔子的遗风；在会稽山（在今浙江绍兴）探察过禹穴。这段游历生涯，不仅扩大了他的知识视野，丰富了他的见闻，同时也陶冶了他热爱生活、热爱祖国的感情，磨炼了他适应生活的顽强意志。这次游历归来，他出仕为郎中，并奉命出使今四川、贵州、云南等地区，这对他了解和认识西南地区的情况，为后来撰写《西南夷列传》有很大助益。

元封元年（前110），武帝举行自刘汉王朝立朝以来的第一次封禅典礼，而司马迁的父亲作为太史令却因病滞留周南，不能参与其事，深感失望，卧居家中，病情日重。正在这时，司马迁出使归来，在黄河、洛水之间看望了父亲。司马谈在弥留之际，握着他的手，老泪纵横，嘱咐他一定要继承父志，光大祖业，写出一部完整的大一统的历史书籍。司马迁也流着眼泪表示，一定详细认真地编述父亲所整理的史料和旧闻，完成父亲的未竟事业。

元封三年（前108），司马迁继任太史令，开始着手搜集史料。汉兴以来，"百年之间，天下遗文古事靡不毕集于太史公"（《太史公自序》），由于职务之便，他得以读到皇家所收藏的典籍，掌握相当丰富的史料。而他在游历和奉命出使期间的见闻及精心采访得来的资料，自然也是对他所需史料的丰富和补充。武帝太初元年（前104），由他参与修订的《太初历》正式颁布，开始了《史记》的编写工作。

武帝天汉三年（前98），司马迁遭李陵之祸，被处以腐刑。李陵是汉初名将李广的孙子。天汉二年（前99）秋，李陵随贰师将军李广利出征匈奴，李广利率领三万骑兵，赴祁连山攻打匈奴右贤王，作为偏师的李陵为了牵制匈奴，孤军深入，遭到匈奴的围歼，在"救兵不到"的情况下，弹尽粮绝，投降了匈奴。而司马迁却借汉武帝"召问"之机，表达对李陵的同情，并且为他辩解。这一举动触怒了汉武帝，司马迁因此下狱，最终被处以腐刑。这对他来说是一种奇耻大辱，这不单单是对他肉体的摧残，更严重的是对他精神上的巨大打击。但是，他从众多蒙受不幸却终于有所作为和建树的前人那里，找到了榜样，找到了继续生存下去的理由和力量，司马迁抱有伟大的理想，凭着非凡的毅力，顽强地活下来并完成《史记》的写作。

司马迁于武帝太始元年（前96）被赦出狱，任中书令，继续写完了他的《史记》。这部开启百代的史学杰作，为我们留下了一份十分丰富而又弥足珍贵的文化遗产。

至于司马迁到底死于何年，怎么死的，迄今还是一个谜。前人评述"有怨言，下狱死"，比较有道理。他用生命完成了《史记》。

二、创作背景

《鸿门宴》节选自《史记·项羽本纪》。本纪是叙述历代帝王政绩的，项羽虽然未能最后建立一个大一统的封建王朝，但他在灭秦的过程中和秦亡以后的楚汉之争中毕竟曾威震一时，并"王诸将相"，而"自立为西楚霸王，王九郡，都彭城"，所以司马迁将其列入"本纪"。

《项羽本纪》是《史记》中最精美的一篇。全文主要描写了三大战役：巨鹿之战，项羽勇冠三军，成为天下注目的英雄；鸿门宴上，坐失良机，埋下悲剧的种子；垓下之围，慷慨悲歌，留下英雄末路之悲怆。课本节选了第二战役的部分文字，写出了从秦崩溃到汉建立的历史过程中的一个重要片断，是楚、汉相争的一个序曲。

课文写的是项羽和刘邦在鸿门宴会上的一场斗争。秦末，反秦武装起义风起云涌，秦王朝濒于灭亡，反秦力量中的两大主力项羽、刘邦分别向秦的首都咸阳进军，并约定"先入咸阳者王之"。结果，刘邦于公元前206年破武关入秦，抢先占领咸阳，并与民约法三章，废秦苛政严刑，颇得民心。项羽一路与秦精锐部队苦战，大破秦军主力，乘胜向咸阳进发。听说刘邦已破咸阳，想称王关中，项羽勃然大怒，率四十万大军破关直入，屯兵鸿门，准备消灭刘邦。鸿门宴的地点在现在陕西省临潼市新丰镇附近的"项王营"，当时叫"鸿门"。鸿门宴故事就是在这个地方这种情况下发生的。

精译详注

沛公军霸上，未得与项羽相见。 刘邦驻军霸上，还没能够和项羽相见。[沛公：刘邦，起兵于沛（现在江苏省沛县），号称"沛公"。军：驻军，名词用作动词。霸上：地名，在现在陕西省西安市东。前省略介词"于"。未得：没能够。项羽，名籍，字羽，秦末下相（现在江苏省宿迁市）人。起兵反秦，后与刘邦争天下，交战5年，失败后自刎乌江。] **沛公左司马曹无伤使人言于项羽曰："沛公欲王关中，使子婴为相，珍宝尽有之。"** 刘邦的左司马曹无伤派人对项羽说："刘邦想要在关中称王，让子婴做丞相，珍宝全都占有了。"[左司马：官名。言于项羽：对项羽说。介宾短语后置。王：称王。名词用作状语。后面省略介词"于"。关中：指函谷关（在今河南灵宝东北）以西。子婴：秦朝最后的国君，在位46天。当时已投降刘邦。尽：全都。] **项羽大怒，曰："旦日飨士卒，为击破沛公军！"** 项羽大怒，说："明天早晨犒劳士兵，给我打败刘邦的军队！"[旦日：第二天。飨（xiǎng）：用酒食款待宾客，这里是犒劳的意思。为（wèi）：介词，替、给。后省宾语"我"（项羽自称）。]**当是时，项羽兵四十万，在新丰鸿门；沛公兵十万，在霸上。**在这时候，项羽的军队40万，驻扎在新丰鸿门；刘邦的军队10万，驻扎在霸上。[是：这，指示代词。鸿门：地名，在新丰县（现在陕西省临潼区东）。]**范增说项羽曰："沛公居山东时，贪于财货，好美姬。**范增劝告项羽说："沛公在崤山以东的时候，贪恋钱财货物，喜爱美女。[范增：项羽的主要谋士。安徽居巢（今安徽省巢湖市）人。山东：指崤山以东，泛指函谷关以东六国地区。好（hào）：喜爱。美姬（jī）：美女。]**今入关，财物无所取，妇女无所幸，此其志不在小。**现在进了关，财物没有什么掠取的，美女没有什么宠幸的，这说明他的志向不在小处。[无所：没有什么。固定句式。幸：封建君主对妇妾的宠爱叫"幸"。]**吾令人望其气，皆为龙虎，成五采，此天子气也。急击勿失！"**我叫人观望他那里的云气，都是龙虎的形状，呈现五彩的颜色，这是天子的云气呀！赶快攻打，不要失去时机！"[望其气：迷信说"真龙天子"所在的地方，天空中有一种异样的云气，会望气的人能够看出来。失：指失去时机。]

（第一段，交代刘、项矛盾起因及双方力量悬殊，拉开了战争的序幕。）

楚左尹项伯者，项羽季父也，素善留侯张良。楚国的左尹项伯，是项羽的叔父，一向同留侯张良友好。[项伯：名缠，字伯。季父：叔父。……者……也：判断句。素：平时，一向。善：与……友善（交好），形容词用作动词。张良：字子房，刘邦的主要谋士，刘邦得天下后，封他为留侯。留，地名，在现在江苏省沛县东南。]**张良是时从沛公，项伯乃夜驰之沛公军，私见张良，具告以事，欲呼张良与俱去，曰："毋从俱死也。"**张良这个时候正跟随着刘邦。项伯就连夜骑马跑到刘邦的军营，私下会见张良，把事情全都告诉了他，想叫张良和他一起离开，说："不要和刘邦他们一起被杀死了。"[是：这。夜：在夜中。名词用作状语。具告以事：把事情全告诉了他。介宾短语后置句。具，全都。之：到，动词。去：离开。毋：不要。俱：一道，在一起。]**张良曰："臣为韩王送沛公，沛公今事有急，亡去不义，不可不语。"**张良说："我为韩王跟从沛公（西入武关），现在沛公遇到危急的事，逃离是不守信义的，不能不告诉他。"[臣为韩王送沛公：张良曾劝项羽的叔父项梁立韩公子成为韩王，后来张良就做了韩王的司徒（相当于国相）。刘邦从洛阳南行，张良率兵随之。刘邦让韩王成留守，自己同张良西入武关。这里张良托词说"为韩王送沛公"，是向项伯表示他和刘邦的关系。送，这里是跟从的意思。急：危急的事。形容词用作名词。亡：逃跑。去：离开。义：守信义。名词用作动词。语：告诉。名词用作动词。]**良乃入，具告沛公。**于是张良进去，(把项伯的话)全部告诉了刘邦。**沛公大惊，曰："为之奈何？"**刘邦大惊，说："对这件事怎么办？"[为……奈何：对……怎么办。固定句式。]**张良曰："谁为①大王为②此计者？"**张良说："是谁给大王出这条计策的？"[为①：替，给；介词。为②：动词。此计：指下文"距关，毋内诸侯"的计策。]**曰："鲰生说我曰：'距关，毋内诸侯，秦地可尽王也。'故听之。"**刘邦说："一个浅陋无知的小人劝我说：'守住函谷关，不要放诸侯进来，秦国的土地可以全部占领而称王。'所以就听了他的话。"[鲰(zōu)生：浅陋无知的小人。鲰，浅陋，卑微。说(shuì)：劝说。距：同"拒"，把守的意思。毋内诸侯：不要让诸侯进来。内，同"纳"，接纳，使……进入；使动用法。诸侯，指其他率兵攻秦的人。王：称王。名词用作动词。故：所以。]**良曰："料大王士卒足以当项王乎？"**张良说："估计大王的军队足以抵挡项王吗？"[料：估计。当(dāng)：抵敌，抵挡。]**沛公默然，曰："固不如也。且为之奈何？"**刘邦沉默了一会儿，说："当然不如啊。这将怎么办呢？"[固：当然。且：将。为……奈何：对……怎么办。固定句式。]**张良曰："请往谓项伯，言沛公不敢背项王也。"**张良说："请让我去告诉项伯，说沛公不敢背叛项王。"[请：请让我。表敬副词。谓：对……说。背：背叛。]**沛公曰："君安与项伯有故？"**刘邦说："你怎么和项伯有交情？"[安：怎么。故：旧，旧交情。形容词用作名词。]**张良曰："秦时与臣游，项伯杀人，臣活之。今事有急，故幸来告良。"**张良说："秦朝时，他和我交往，项伯杀了人，我救活了他。现在事情危急，幸亏他来告诉我。"[活：使……活命。使动用法。幸：幸亏，幸而。]**沛公曰："孰与君少长？"**刘邦说："跟你比，年龄谁大谁小？"[孰与君少长(zhǎng)：就是"与君孰少孰长"。]**良曰："长于臣。"**张良说："比我大。"[长于臣：介宾短语后置。于，比。]**沛公曰："君为我呼入，吾得兄事之。"**刘邦说："你替我请他进来，我要像对待兄长一样对待他。"[兄事之：用对待兄长的礼节侍奉他。兄，名词用作状语。事，名词用作动词。]**张良出，要项伯。项伯即入见沛公。**张良出去，邀请项伯，项伯就进去见刘邦。[要(yāo)：同"邀"，邀请。]**沛公奉卮酒为寿，约为婚姻，曰：**刘邦捧上一杯酒祝项伯健康长寿，和项伯约定结为儿女亲家，说：[奉：同"捧"。卮(zhī)酒：一杯酒。卮，酒器。为寿：祝(项伯)健康长寿。婚姻：儿女亲家。]**"吾入关，秋毫不敢有所近，籍吏民，封府库，而待将军。**"我进入关中，一点东西都不敢据为己有，造册登记了官吏、百姓，封闭了仓库，等待将军到来。[秋毫：鸟兽在秋天初生的细毛，比喻细小的东西。近：接触，沾染；形容词用作动词。籍吏民：登记官吏、人民，就是造官吏名册和户籍册登记。

籍，名词用作动词。将军：指项羽。]**所以遣将守关者，备他盗之出入与非常也。**派遣将领把守函谷关的原因，是为了防备其他盗贼的进来和发生意外的变故。[所以：……的原因。备：防备。出入：进来。偏义复词，偏义"入"。非常：指意外的变故。]**日夜望将军至，岂敢反乎！愿伯具言臣之不敢倍德也。"**我日夜盼望将军到来，怎么敢反叛呢？希望您把我不敢背弃恩德的情况全都告诉项王。"[愿：希望。之：助词，取消句子独立性，不译。倍德：忘恩。倍，同"背"。]**项伯许诺，谓沛公曰："旦日不可不蚤自来谢项王。"**项伯答应了，告诉刘邦说："明天早晨不能不早些亲自来向项王道歉。"[许诺：允许，答应。蚤：同"早"。谢：道歉。]**沛公曰："诺。"**刘邦说："好。"[诺：好。应答语。]**于是项伯复夜去，至军中，具以沛公言报项王。因言曰：**于是项伯又连夜离去，回到军营里，把刘邦的话全都报告了项羽，趁机说：[于是：连词，同现代汉语。复：又。夜：在夜中。名词用作状语。因：趁机。]**"沛公不先破关中，公岂敢入乎？今人有大功而击之，不义也。不如因善遇之。"**"沛公不先攻破关中，你怎么敢进关来呢？现在人家有了大功，却要攻打他，这不合道义。不如趁机好好对待他。"[而：却。转折连词。因：趁机。]**项王许诺。**项羽答应了。[许诺：答应。]

（第二段，写项伯穿梭斡旋，张良为刘邦献计，是情节的开端。）

沛公旦日从百余骑来见项王，至鸿门，谢曰：第二天早晨刘邦带着一百多人马来拜见项王，到了鸿门，向项王道歉说：[从百余骑：使一百多人马跟从他。从，使……跟从。骑，一人一马。谢：谢罪，道歉。]**"臣与将军戮力而攻秦，将军战河北，臣战河南，然不自意能先入关破秦，得复见将军于此。**"我和将军并力攻打秦国，将军在黄河以北作战，我在黄河以南作战，但是我自己没有料到能先进入关中，灭掉秦朝，能够在这里又见到将军。[戮（lù）力：合力。将军战河北，臣战河南：秦二世三年（前207），楚怀王命项羽渡黄河救赵，又命刘邦沿黄河南进攻秦。河，黄河。意：料想。]**今者有小人之言，令将军与臣有郤。"**现在有小人的谣言，使您和我产生隔阂。"[郤（xì）：同"隙"，隔阂，嫌怨。]**项王曰："此沛公左司马曹无伤言之。不然，籍何以至此？"**项王说："这是沛公的左司马曹无伤说的，不如此，我怎么会这样做？"[然：这样，如此。何以：为什么，怎么。]**项王即日因留沛公与饮。**项王当天就留下刘邦，和他饮酒。[即日：当日。]**项王、项伯东向坐；亚父南向坐，——亚父者，范增也；沛公北向坐；张良西向侍。**项王、项伯朝东坐；亚父朝南坐，——亚父就是范增；刘邦朝北坐；张良朝西陪侍。[东向：向东面，朝东。介词宾语前置。以下"南向""北向""西向"与此相同。

亚父：项羽对范增的尊称，意思是尊敬他仅次于对待父亲。亚，次。侍：这里是陪坐的意思。]**范增数目项王，举所佩玉玦以示之者三，项王默然不应。**范增多次向项王使眼色，多次举起他佩带的玉玦来暗示项王，项王沉默着没有反应。[数(shuò)：屡次，多次。玉玦(jué)：环形有缺口的佩玉。范增用玦暗示项羽要下决心杀刘邦。三：可理解为多次，做"举"的状语。]**范增起，出，召项庄，谓曰：**范增起身，出去召来项庄，说：[项庄：项羽的堂弟。]**"君王为人不忍。若入前为寿，寿毕，请以剑舞，因击沛公于坐，杀之。不者，若属皆且为所虏！"**"君王为人(心肠太软)不忍下手。你进去上前向他们敬酒祝福健康长寿，敬完酒，请求舞剑，趁机把沛公杀死在座位上。否则，你们都将被他俘虏！"[忍：忍心，狠心。若：你。为：为(之)，向他们，省略句。寿：祝健康长寿。名词用作动词。因：趁机。不：同"否"。若属：你们这些人。且：将，将要。为所：被。被动句。]**庄则入为寿。寿毕，曰："君王与沛公饮，军中无以为乐，请以剑舞。"**项庄就进去向他们敬酒祝福健康长寿。敬完酒，说："君王和沛公饮酒，军营里没有什么可以用来作为娱乐的，请让我舞剑。"[无以：没有什么。固定句式。乐(lè)：娱乐。请：请让我。表敬副词。]**项王曰："诺。"**项王说："好。"**项庄拔剑起舞。项伯亦拔剑起舞，常以身翼蔽沛公，庄不得击。**项庄拔剑起舞，项伯也拔剑起舞，常常用身体像鸟张开翅膀那样遮护刘邦，项庄无法刺杀。[翼：像鸟张开翅膀那样。名词用作状语。蔽：遮护。]

（第三段，刘邦鸿门谢罪，范增举玦示意，项庄入席舞剑。为情节的发展。）

于是张良至军门见樊哙。在这时张良到军营门口找樊哙。[樊哙(kuài)：刘邦的部下，护卫的武士。]**樊哙曰："今日之事何如？"**樊哙问："今天的事情怎么样？"**良曰："甚急！今者项庄拔剑舞，其意常在沛公也。"**张良说："很危急！现在项庄拔剑起舞，他的意图常在(刺杀)沛公啊！"["项庄舞剑，意在沛公"典出于此。]**哙曰："此迫矣！臣请入，与之同命。"**樊哙说："这太危急了！请让我进去，跟他同生死。"[迫：紧迫，危急。请：请让我，表敬副词。与之同命：跟他同生共死。意思是要守卫在刘邦身旁，竭力保护他。之，指刘邦。]**哙即带剑拥盾入军门。**于是樊哙拿着剑，持着盾牌，冲入军营大门。[拥：持，执。军门：军营大门。]**交戟之卫士欲止不内。**持戟交叉守卫军门的卫士想阻止不让他进去。[交戟之卫士：拿戟交叉着守卫军门的兵士。内：同"纳"，接纳，让……进去；使动用法。]**樊哙侧其盾以撞，卫士仆地。**樊哙侧过盾牌来撞击，卫士跌倒在地上。[以：来，连词。仆：跌倒。]**哙遂入，披帷西向立，瞋目视项王，头发上指，目眦尽裂。樊哙就进去了，掀开帷帐朝西站着，瞪着眼睛看着项王，头发直竖起来，眼角都裂开了。[披帷：揭开帷幕。西向：向西。介词宾语前置。瞋（chēn）目：瞪眼。上：向上。名词用作状语。目眦：眼眶。尽：全，都。]**项王按剑而跽曰："客何为者？"** 项王握着剑挺直身子问："客人是干什么的？"[按剑而跽（jì）：握着剑，挺直身子。这是一种警备的姿势。古人席地而坐，两膝着地，要起身先得挺直上身。何为：为何，干什么。宾语前置。]**张良曰："沛公之参乘樊哙者也。"** 张良说："是沛公的参乘樊哙。"[参乘（shèng）：亦作"骖乘"，古时乘车，站在车右担任警卫的人。乘，四匹马拉的车。者也：表判断。]**项王曰："壮士！赐之卮酒。"** 项王说："壮士！赏他一杯酒。"[卮：古代一种盛酒器。圆形。容量四升。]**则与斗卮酒。** 左右就递给他一大杯酒。[斗卮：大酒杯。]**哙拜谢，起，立而饮之。** 樊哙拜谢后，起身，站着把酒喝了。**项王曰："赐之彘肩。"** 项王又说："赏他一条猪腿。"[彘肩：猪的前腿根部。]**则与一生彘肩。** 左右就给了他一条不熟的猪腿。[生彘肩：一说是左右故意用生彘肩愚弄樊哙；一说是"生"应为"全"，即是整个一只猪腿。]**樊哙覆其盾于地，加彘肩上，拔剑切而啖之。** 樊哙把他的盾牌扣在地上，把猪腿放在盾牌上，拔出剑来切着吃。[覆：翻过来扣着。加彘肩（于）上：把猪腿放（在盾牌）上。啖（dàn）：吃。]**项王曰："壮士！能复饮乎？"** 项王说："壮士！还能再喝酒吗？"[复：再。]**樊哙曰："臣死且不避，卮酒安足辞！** 樊哙说："我死尚且不怕，一杯酒哪里值得推辞的？[且：尚且。安：哪里。足：值得。辞：推辞。]**夫秦王有虎狼之心，杀人如不能举，刑人如恐不胜，天下皆叛之。** 秦王有虎狼一样的心肠，杀人好像唯恐不能杀尽，惩罚人好像唯恐不能用尽酷刑，所以天下人都背叛他。[举、胜：都有"尽"的意思。刑：以刀割刺，用作动词。]**怀王与诸将约曰：'先破秦入咸阳者王之。'** 楚怀王曾和诸将约定：'先打败秦军进入咸阳者让他做关中王。'[怀王：名心，是战国时楚怀王之孙。项梁起兵，立他为王，也称楚怀王。破秦后，项羽尊他为义帝，后来又把他杀了。王之：使……做关中王。王，使……称王，使动用法。之，指以咸阳为中心的关中地带。]**今沛公先破秦入咸阳，毫毛不敢有所近，封闭宫室，还军霸上，以待大王来。** 现在沛公先打败秦军进了咸阳，一点儿东西都不敢动用，封闭了宫室，军队退回到霸上，来等待大王到来。[毫毛：鸟兽的细毛，比喻细小的东西。近：靠近，引申为"动用"。以：来，连词。]**故遣将守关者，备他盗出入与非常也。** 特意派遣将领把守函谷关的原因，是为了防备其他盗贼出入和发生意外的变故啊。[……者，……也：判断句。故：特意。]**劳苦而功高如此，未有封侯之赏，而听细说，欲诛有功之人，此亡秦之续耳。** 这样劳苦功高，没有得到封侯的赏赐，反

鸿门宴

而听信小人的谗言，想杀有功的人，这只是灭亡了的秦朝的后继者罢了。[细说：小人的谗言。亡秦之续：已亡的秦朝的后继者，意思是蹈秦朝灭亡的覆辙。]**窃为大王不取也！**"我私下以为大王不应该采取这种做法。"[窃：副词。常用作表示个人意见的谦词。此处可意译为"私下"。为：认为。不取：不采取。]**项王未有以应，曰："坐。"**项王没有什么话用来回答，说："坐。"[未有以：没有什么用来。]**樊哙从良坐。**樊哙挨着张良坐下。[从：跟随，意译为"紧挨着"。]**坐须臾，沛公起如厕，因招樊哙出。**坐了一会儿，刘邦起身上厕所，趁机把樊哙叫了出来。[如厕：上厕所。如，往，动词。]

（第三段，樊哙闯帐，是情节的高潮。）

沛公已出，项王使都尉陈平召沛公。刘邦出去后，项王派都尉陈平去叫刘邦。[使：派。陈平：项羽的部下，后来为刘邦的谋士，官至丞相。]**沛公曰："今者出，未辞也，为之奈何？"**刘邦说："现在出来，还没有告辞，这该怎么办？"[辞：告辞。为……奈何：对……怎么办。固定句式。]**樊哙曰："大行不顾细谨，大礼不辞小让。**樊哙说："做大事不必顾及细枝末节，行大礼不用回避小的责备。[行：行为，作为，名词。细谨：细枝末节，形容词用作名词。辞：推辞，此处可意译为"回避""计较"。让：责备。]**如今人方为刀俎，我为鱼肉，何辞为？"**现在人家正好比是菜刀和砧板，我们则好比是（砧板上的）鱼肉，何必告辞呢？"[方：正，副词。刀俎（zǔ）：切肉用的刀和砧板。何辞为（wéi）：何必告辞呢？何……为，还要……干什么，为什么，何必。固定句式。为，句末语气词，常用在反问句里。]**于是遂去。**于是就决定离去。**乃令张良留谢。**刘邦就让张良留下来道歉。[谢：道歉。]**良问曰："大王来何操？"**张良问："大王来时带了什么东西？"[何操：即"操何"，携带了什么东西。宾语前置句。操，拿，这里是携带的意思。]**曰："我持白璧一双，欲献项王，玉斗一双，欲与亚父。会其怒，不敢献。公为我献之。"**刘邦说："我带了一对玉璧，想献给项王，一双玉斗，想送给亚父。正碰上他们发怒，不敢奉献。你替我把它们献上吧。"[持：拿，带。白璧一双：即"一双白璧"，数量词倒置的定语后置句。会：恰逢，正碰上。]**张良曰："谨诺。"**张良说："好。"[谨诺：遵命的意思。谨，表恭敬语气的副词。]**当是时，项王军在鸿门下，沛公军在霸上，相去四十里。**这时候，项王的军队驻在鸿门，刘邦的军队驻在霸上，相距四十里。[相去：互相距离。]**沛公则置车骑，脱身独骑，与樊哙、夏侯婴、靳强、纪信等四人持剑盾步走，从郦山下，道芷阳间行。**刘邦就丢下车辆和随从人马，独自脱身骑着马，和樊哙、夏侯婴、靳强、纪信等四人拿着剑和盾牌徒步逃跑，从郦山脚下，取道芷阳，秘密地走。[置：放弃，丢下。夏侯婴、靳强、纪信：都是刘邦的部下。步走：徒步逃跑。郦山：就是骊山，在现在陕西省西安市临潼区东南。道：取道。芷阳：秦朝县名，在现在陕西省西安市东。间：秘密地。名词用作状语。]沛公谓张良曰："从此道至吾军，不过二十里耳。度我至军中，公乃入。"刘邦对张良说："从这条路到我们军营，不超过二十里罢了，估计我回到了军营里，你才进去。"[不过：不超过。度（duó）：估计。乃：才。]

　　沛公已去，间至军中。刘邦离去后，从小路回到军营里。[间：从小路。名词用作状语。]张良入谢，曰："沛公不胜杯杓，不能辞。张良进去道歉，说："沛公禁受不起酒力，不能当面告辞。[不胜杯杓：禁不起多喝酒，意思是醉了。胜，承受，禁受。杓，酒器，借指饮酒。]谨使臣良奉白璧一双，再拜献大王足下，玉斗一双，再拜奉大将军足下。"让我奉上白璧一双，拜两拜敬献给大王，玉斗一双，拜两拜献给大将军。"[谨：表敬副词，可不译。奉：献。再拜：拜两次，古代隆重的礼节。大将军：指范增。足下：对对方的敬称。]项王曰："沛公安在？"项王说："沛公在哪里？"[安在：在哪里。宾语前置句。]良曰："闻大王有意督过之，脱身独去，已至军矣。"张良说："听说大王有意要责备他，脱身独自离开，已经回到军营了。"[督过：责备。]项王则受璧，置之坐上。项王就接受了玉璧，把它放在座位上。[受：接受。置之坐上：把它放在座位上。"置之"后省略一"于"字。坐，同"座"，座位。]亚父受玉斗，置之地，拔剑撞而破之，曰：亚父接过玉斗，扔在地上，拔出剑来击碎了它，说：[受：接受。置之地：把它扔在地上。"置之"后省略一"于"字。]"唉！竖子不足与谋！夺项王天下者必沛公也。吾属今为之虏矣！""唉！这小子不值得和他共谋大事！夺项王天下的人一定是沛公。我们都要被他俘虏了！"[竖子：骂人的话，相当于"小子"，这里指项羽、项伯辈。足：值得。"与"后省略"之"字。吾属：我们。为：被。被动句。]

　　（第五段，沛公逃席、张良入谢，是情节的结局。）

　　沛公至军，立诛杀曹无伤。刘邦回到军中，立刻杀掉了曹无伤。

　　（尾声，呼应开头。）

赏析导读

　　全文通过"鸿门宴"这一历史事件的叙述，描写了刘、项之间为争夺政权而进行的一场尖锐、复杂的兵不血刃的战争，生动地刻画了刘邦、项羽等不同类型的人物形象，表现了项羽因沽名钓誉、骄傲自大而走向失败的必然趋势。

本文虽是历史著作，但情节起伏曲折，犹如小说。全文按情节发展可划分为六部分。

1. 第一段拉开了战争的序幕，此段在全文有何作用？

本段包括三个情节：曹无伤告密，项王发怒，范增火上浇油。故事首先从曹无伤告密开始，当项羽听到刘邦先破咸阳、"欲王关中"的消息后，不禁暴跳如雷，并以为消灭刘邦易如反掌，立刻下令"旦日飨士卒，为击破沛公军"。接着交代了项强刘弱的军事形势："项羽兵四十万"，"沛公兵十万"，一方面是威势逼人，一方面是岌岌可危。紧接着又写项羽的谋士范增从刘邦入关前后的对比中，分析刘邦"志不在小"的政治野心，认识到刘邦是项羽争夺天下最危险的政敌，因而主张"急击勿失"，使形势更为紧张。

曹无伤的告密，范增的说项，都促进了矛盾尖锐化，战争大有"山雨欲来风满楼"的一触即发之势。

2. 第二段是情节的开端，战争似乎已经迫在眉睫，却忽然出现了转机。试分析矛盾转化的原因。

本段包括四个情节：先写项伯夜见张良，穿梭斡旋；次写张良为刘邦献计，密商对策；再写刘邦结交笼络项伯；最后项伯劝说项羽，使大战前的矛盾又暂时缓和下来。

项羽集团中一开始就存在着"杀刘派"与"保刘派"的内部斗争。项伯为报答救命之恩，出于"义"而夜见张良。由于项伯的通风报信，刘邦得知了项羽的意图。他自知军力不如项羽，必须避免与项羽立即决战，在他现出"为之奈何"的惊慌之余，听从了张良的计策，使用献殷勤、说假话、称兄弟、攀亲戚等手段，千方百计地拉拢、收买项伯，以便使项伯成为自己的代言人，分化瓦解项羽的营垒，挫败项羽的进攻计划。可见刘邦大难当前，冷静沉着，能采纳雅言，善于利用人。

项伯果然在无意中被其利用，充当了刘邦的内奸。他一面提出要沛公往谢项王，一面又先向项王为刘邦疏通，提出"今人有大功而击之，不义也。不如因善遇之"的主张，企图调和矛盾，平息事态。项羽为博得一个"仁慈""义气"的虚名，竟放弃了"旦日"击破沛公军的计划，采纳了"善遇之"的意见，失掉了有利的战机。这样，使一触即发的战争形势，立即转化为鸿门宴上一场智力上的交锋。

3. 第三段为情节的发展，可分为几个层次？请做具体分析。

这部分可分三层：刘邦鸿门谢罪，范增举玦示意，项庄入席舞剑。

第一层："刘邦谢罪"。刘邦为了缓和局势，不惜卑躬屈节，向项羽委婉陈词。他先从互相配合攻秦的老交情说起，以唤起项羽风雨同舟、患难与共的友军感情，恭维了项羽的功勋，也表白了自己的苦劳；接着，又虚情假意地说自己"能先入关破秦"是一件"不自意"的事，暗中说明自己并无"王关中"的企图，又说"得复见将军于此"，真好像老友重逢，得之不易，当然没有大动干戈的必要；然后，他又把项羽恼火的原因，说成是由挑拨离间的"小人之言"造成的误会，以此来融解凝冻的气氛，给项羽留有转身下台的余地。项羽完全被刘邦的花言巧语所迷惑，从思想上解除了武装，改变了原定的军事计划，而且轻率地把曹无伤暗送情报的事情泄漏给刘邦。刚一交锋，虚伪狡猾，见风使舵的刘邦已占了上风。

第二层："范增举玦"。刘邦谢罪成功，项羽设宴款待刘邦。宴席的四面座位，以朝东最尊，次为朝南，再次为朝北，朝西是侍者座位。"项王、项伯东向坐"，是最上位；范增南向坐，是第二位；再次是刘邦；张良则为侍坐。从座位可看出双方力量悬殊与项羽的自高自大。有远见的范增却不肯善罢甘休，他认为放虎归山后患无穷，所以"举所佩玉玦以示之者三"，以"玦"谐音"决"示意，让项羽当机立断，杀掉刘邦。然而项羽认为刘邦既已臣服，"默然不应"。可以看出，项羽与范增对刘邦的看法出现了分歧。

第三层："项庄舞剑"。范增看透了项羽徒慕虚名而"为人不忍"的弱点，一计未成，再生一计。"起""出""召"三个动词连续而急促，写出了范增另定计策决心杀刘的迫切心情。项庄舞剑，情节顿时紧张，然而由于内奸项伯的干扰，使项庄无法下手。本来是刘、项双方席上的交锋，变成了项羽集团内部"保刘派"与"杀刘派"的表演。项伯"翼蔽沛公"，说明刘邦拉拢项伯，"约为婚姻"，在关键时刻收到了效用。

这一部分通过"刘邦谢罪""范增举玦""项庄舞剑"等场面的描写，把刘、项双方的矛盾发展逐渐向高潮推进。一方面写出了刘邦阵营团结一致地抵抗项羽，另一方面写出项羽阵营内部矛盾重重，也表现了项羽在关键时刻优柔寡断、缺乏政治头脑的缺点。

4. "樊哙闯帐"是情节的高潮，请分析樊哙的形象。

在千钧一发之际，"张良至军门见樊哙"，通过张、樊二人对话，可以看出刘邦集团中每个人随时都处于高度戒备之中。樊哙突然闯帐，使矛盾达到白热化程度，把故事情节推到高潮。

樊哙竭忠尽智，勇而有谋，能言善辩。刘邦危在旦夕，张良趋出告急，樊哙曰："今日之事何如？"可见他关心刘邦，赤胆忠心。当得知"项庄拔剑舞，其意常在沛公"，樊哙迫不及待请命："此迫矣！臣请入，与之同命。"说得斩钉截铁、掷地有声，显示了樊哙与刘邦生死与共的手足之情、君臣之谊。

以上先写樊哙之"忠"，接着写其"勇"：带剑拥盾入军门，侧盾撞卫士，孤身入刀林，已见其骁勇。"哙遂入，披帷西向立，瞋目视项王，头发上指，目眦尽裂。"连"力拔山兮气盖世"的西楚霸王，也不禁"按剑而跽"，赐卮酒，赏彘肩，赞其壮举，浓重地渲染烘托了樊哙的神勇。

但在司马迁的笔下，樊哙绝不仅是一个其忠可嘉、其勇可贾的勇士，而且是一个机警干练、能言善辩的智者。樊哙一系列置之死地而后生的言行竟让生性率直坦荡而又胸无城府的西楚霸王无端喜爱，赐彘肩，再赐卮酒。樊哙瞅准机会，借酒发挥，慷慨陈词，替刘邦说出了想说而又不便说抑或不敢说的话。他先数暴秦之亡，"杀人如不能举""刑人如恐不胜"，意谓天人共愤；接着夸刘邦之功，"先破秦入咸阳"，暗指项羽无能；再表沛公之德，"封闭宫室，还军霸上，以待大王来"，映射小人之心；然后假以推心置腹之语，前硬后软，引君入瓮。最终满足了项羽沽名钓誉之心、刚愎自用之志，彻底摧毁了他的怒火和霸气。这番话欲擒故纵，寓假于真，旁敲侧击，攻心为主，句句中的，逻辑缜密，论辩有力。可见樊哙反应之敏捷、头脑之机巧、语言之精彩。

樊哙的陈词既有奉承，又有责备，刚中有柔，勇中有智，与刘邦的口径如出一辙。这说明刘邦集团协同作战，配合默契。一场跌宕起伏、潮涨潮落的白热化斗争，至此已是风消云散。项羽由主动地位被动，而刘邦则转危为安、化险为夷。

5. 文章最后三段交代了哪些内容，在情节安排上有何作用？

从"沛公已出，项王使都尉陈平召沛公"至"吾属今为之虏矣"是故事的结局，包括沛公逃席、张良入谢、项羽受璧、范增大怒等情节。一方庆幸而归，一方阴谋破产。刘邦虽然仓皇逃走，但在这场斗争中却是胜利者。作者通过范增的"吾属今为之虏矣"，预示了楚汉斗争项羽的失败结局。

"沛公至军，立诛杀曹无伤"，这最后一句是故事的尾声，与开头相呼应。

纵观全文，司马迁善于抓住关键性的历史事件，在错综复杂的矛盾斗争中刻画人物。"鸿门宴"这场觥筹交错的宴会，实际上比千军万马的厮杀更为尖锐复杂、惊心动魄。它既是刘、项从盟友转为敌手的开始，也是项羽从胜利走向败亡的转折，因而更加有利于人物形象的刻画。

注意历史人物的出身和经历，描述其独特的言论和行动，这是司马迁刻画历史人物形象的另一种方法。在这里，同是封建军事集团的领袖，项羽和刘邦各具风貌，神态迥异；作为两个对立营垒的谋士，范增和张良的机谋策略，也各有千秋。至于"勇士"樊哙头发上指，目眦尽裂的愤怒形色，饮酒食肉时的粗犷举止，以及责备项羽时既气势逼人而又暗藏机巧，更是鲜明地展示了他特有的性格。

技法探求

1. 具体分析项羽和刘邦的人物形象。《鸿门宴》中刘邦胜、项羽败的历史事实为我们提供了哪些有益的借鉴？

项羽出身贵族，有"力拔山兮气盖世"的英雄气概，但勇而少谋、刚愎自用、沽名钓誉、骄矜自负。听到"沛公欲王关中"的密报，大怒曰："旦日飨士卒，为击破沛公军！"项伯泄露军机，从中斡旋，说项羽"今人有大功而击之，不义也"，项羽又在"义"字上思虑不定。鸿门宴上刘邦一席花言巧语，竟使项羽不好意思，暴露了曹无伤，说明他无知而愚蠢。范增多次目示、举玦，"项王默然不应"，"项庄拔剑起舞"，项伯"翼蔽沛公"，听之任之，说明项羽不听人言，犹豫不决，举棋不定，优柔寡断，坐失良机。樊哙闯宴，威慑项羽，慷慨陈词，直斥项羽。项羽沽名钓誉，不但不怒，反而大加赞赏，赐坐。刘邦逃跑，项羽还欣然接受刘邦的礼物。结果领导集团内部矛盾重重，众叛亲离，在鸿门宴上成为失败的英雄。

刘邦出身农家，不务正业，贪财好色，有争王的野心，但奸诈狡狯，随机应变，知人善用，富有谋略。他本来"贪于财货，好美姬"，但为了争夺天下，一变而为"财物无所取，妇女无所幸"，以骗取人心。当他自知实力较弱，不是项羽对手时，不惜委曲求全，竭力利用项羽集团内部矛盾和项羽本身的弱点，注意保存自己。他不仅略施小技，拉拢了刚刚结识的项伯，而且善于伪装，能把"欲王关中"的野心，说成是对项羽的一片忠心，使暴跳如雷的项羽立刻设宴款待。直到最后逃席的时刻，他还周密考虑，亲自部署。他对张良、樊哙的意见，都能虚心听从，因而博得手下的文臣武将为他出谋划策，拼死效力，使领导集团配合紧密，步调一致，终于改变了危险的局面，成为鸿门宴中的胜利者。

《鸿门宴》中所表现的刘邦知人善用、以屈求伸，项羽刚愎自用、沽名钓誉的历史事实为我们提供了有益的借鉴：项羽的实力远远超过刘邦，但因为他胸无策略，贪图虚名，听不进别人的意见，宴前欲击而未击，宴上可杀而未杀，宴后宜追而未追，从而一再贻误战机，丧失了斗争的主动权，使刘邦得以蓄积力量。而刘邦善于采纳别人意见，能够化被动为主动，终于击败了项羽。

结合当今社会，可供借鉴之处很多。如项羽，做事情太过刚愎自用，缺乏政治远见，意气用事，这是担任领导的大忌。从项羽错失除去刘邦的良机，我们可以得出教训：凡事要善于抓住机遇，机不可失，时不再来。

再如刘邦，从刘邦因听取张良建议得以脱险可以得出：成大事要知人善用，要善于听取别人的建议。从刘邦礼下求情，侥幸逃命可以得出：做事要能屈能伸，见机行事。

2. 课文中共计出现八位人物，可分为四组。双方四组人物性格各异，形成了鲜明的对比格局。试做分析。

① 主帅：项羽勇而少谋，刚愎自用，沽名钓誉，骄傲自大；刘邦有争王的野心，奸诈狡狯，随机应变，知人善用，富有谋略。② 谋士：范增深谋远虑，性急易怒；张良精明机智，沉着谨慎。③ 部将：项庄奉命舞剑，有勇无谋；樊哙主动闯宴，勇猛豪爽。④ 内奸：项伯讲义气，此后得到刘邦的善遇；曹无伤简单从事，被项羽出卖，被刘邦所杀。

这四组对比，重点是写主帅，其他都作为衬托，互相映衬，形成了众星捧月的局面。这不仅使众多人物生动逼真，也为我们认识双方胜负的原因提供了充分根据。

3. 谈谈本文的语言特点。

本文语言简练、生动、精彩。尤其对人物性格的刻画，常常只用三言两语，就勾勒得十分鲜明。如项羽接到曹无伤的密报，大怒曰："旦日飨士卒，为击破沛公军！"此话只能出自击杀几十万秦军，拥有四十万兵力，"力拔山兮气盖世"的项羽之口。项王说"此沛公左司马曹无伤言之。不然，籍何以至此？"真是英雄的憨态，又见其勇而无谋。

范增说服项羽的一段话："沛公居山东时，贪于财货，好美姬。今入关，财物无所取，妇女无所幸，此其志不在小。吾令人望其气，皆为龙虎，成五采，此天子气也。急击勿失！"说明范增洞察深邃，观察天相虽属迷信，但极有煽动性。"急击勿失"，看中了时机立马行动，机不可失，时不再来。一听就是一个老谋深算，有远见卓识的谋士。

张良把项伯的话转告刘邦，刘邦说"为之奈何"，"且为之奈何"，活画出刘邦如热锅上的蚂蚁，惶惶不可终日的窘态。张良一出主意，刘邦马上心领神会，让张良"君为我呼入，吾得兄事之"。刘邦和项伯的一段谈话，把刘邦的睿智、狡诈、圆滑、机巧表现得淋漓尽致。刘邦谢罪时的一席话，豁达大度，卑躬屈节，瞒天过海。

张良话语不多，但一句重千金，"沛公不敢背项王也"，确定了重大的方针政策，沉着冷静，有智谋。

樊哙怒斥项羽的一席话，和刘邦对项伯说的，和刘邦鸿门谢罪时说的，何其相似乃尔，但风格不同，显示的个性不同。

4. 本文情节跌宕起伏，张弛有度，具有强烈的故事性。试析这一特色。

本文故事情节有张有弛，波澜起伏。宴前曹无伤告密，项王发怒，范增火上浇油，战争一触即发，为"一张"；刘邦、张良商议对策，项伯穿梭斡旋，项王许诺，为"一弛"。宴上项庄舞剑，意在沛公为"二张"；项伯翼蔽沛公，"庄不得击"为"二弛"。樊哙闯宴，项羽按剑而跽为"三张"；项王"未有以应"，宴后刘邦逃跑，张良留谢，为"三弛"。

"鸿门宴"在组织安排故事情节时，张弛艺术手法的运用灵活多变，为我们展示了作者驾驭情节的高超艺术。

知识积累

一、文体知识

《史记》 最初称为《太史公书》或《太史公记》《太史记》，是西汉史学家司马迁撰写的纪传体史书，是中国历史上第一部纪传体通史，记载了上至上古传说中的黄帝时代，下至汉武帝太初四年（前101）间共3000多年的历史。太初元年（前104），司马迁开始了《太史公书》即后来被称为《史记》的史书的创作。该著作的写作前后经历了14年，才得以完成。

《史记》全书包括十二本纪（记历代帝王政绩）、三十世家（记诸侯国和汉代诸侯、勋贵兴亡）、七十列传（记重要人物的言行事迹，主要叙人臣，其中最后一篇为自序）、十表（大事年表）、八书（记各种典章制度，记礼、乐、音律、历法、天文、封禅、水利、财用）。《史记》共一百三十篇，五十二万六千五百余字。《史记》规模巨大，体系完备，而且对此后的纪传体史书影响很深，此后历朝正史皆采用这种体裁撰写。

《史记》被列为"二十四史"之首，与后来的《汉书》《后汉书》《三国志》合称"前四史"，对后世史学和文学的发展都产生了深远影响。其首创的纪传体编史方法为后来历代"正史"所传承。《史记》还被认为是一部优秀的文学著作，在中国文学史上有重要地位，被鲁迅誉为"史家之绝唱，无韵之《离骚》"。

二、文化常识

二十四史 中国古代各朝撰写的二十四部史书的总称,按照各史所记朝代的先后排列,分别为:《史记》《汉书》《后汉书》《三国志》《晋书》《宋书》《南齐书》《梁书》《陈书》《魏书》《北齐书》《周书》《隋书》《南史》《北史》《旧唐书》《新唐书》《旧书代史》《新五代史》《宋史》《辽史》《金史》《元史》《明史》。由于《史记》的写法被后来的朝代纳为正式的历史写作手法,故将和《史记》一样用纪传体写作的史书称"正史"。它上起传说中的黄帝(约前2550),止于明朝崇祯十七年(1644),计3213卷,约4000万字。二十四史的内容非常丰富,记载了历代经济、政治、文化艺术和科学技术等各方面的内容。

三、语言知识

(一)通假字

1. 距关,毋内诸侯(距,同"拒",把守;内,同"纳",接纳,进入)

2. 张良出,要项伯。(要,同"邀",邀请)

3. 愿伯具言臣之不敢倍德也(倍,同"背",违背)

4. 旦日不可不蚤自来谢项王(蚤,同"早",早些)

5. 不者,若属皆且为所虏(不,同"否")

6. 交戟之卫士欲止不内(内,同"纳",让……进去)

7. 项王则受璧,置之坐上(坐,同"座",座位)

8. 因击沛公于坐(坐,同"座",座位)

9. 令将军与臣有郤。(郤,同"隙",隔阂,嫌怨)

10. 吾令人望其气,皆为龙虎,成五采。(采,同"彩",颜色)

11. 私见张良,具告以事。(具,同"俱",全部,详细)

12. 沛公奉卮酒为寿(奉,同"捧",捧着)

(二)古今异义

1. 沛公奉卮酒为寿,约为婚姻(古义:儿女亲家;今义:结婚的事,结为夫妻关系)

2. 备他盗之出入与非常也(古义:意外的变故;今义:程度副词,很)

3. 而听细说(古义:小人的谗言;今义:详细说来)

4. 沛公居山东时(古义:崤山以东;今义:山东省)

5. 将军战河北,臣战河南(古义:黄河以北、以南;今义:河北省和河南省)

6. 沛公已去,间至军中(古:离开;今:从所在地到别的地方)

7. 所以遣将守关者(古:……的原因,表原因;今:表结果的连词)

（三）一词多义

1. 如
① 杀人如不能举，刑人如恐不胜（动词，好像）
② 沛公起如厕（往，到……去）
③ 固不如也（比得上）

2. 幸
① 妇女无所幸（封建君主对妻妾的宠爱叫"幸"）
② 故幸来告良（幸亏，副词）

3. 谢
① 旦日不可不蚤自来谢项王（道歉，动词）
② 哙拜谢，起，立而饮之（感谢，动词）
③ 乃令张良留谢（道歉、告辞，动词）

4. 举
① 举所佩玉玦以示之者三（举起，动词）
② 杀人如不能举（全、尽，形容词）

5. 军
① 沛公军霸上（驻军，动词）
② 从此道至吾军（军营，名词）
③ 为击破沛公军（军队，名词）

6. 去
① 亡去不义（离开，动词）
② 相去四十里（距离，动词）

7. 坐
① 项王、项伯东向坐（坐下，动词）
② 因击沛公于坐（座位，名词）

8. 当
① 当是时（正当，介词）
② 料大王士卒足以当项王乎（对等，比得上）

9. 故
① 君安与项伯有故（交情，形容词作名词）
② 故遣将守关者（特意，副词）
③ 故听之（所以，连词）

10. 辞

① 卮酒安足辞（动词，推辞）

② 今者出，未辞也（动词，告别，辞别）

③ 大礼不辞小让（动词，计较，回避）

11. 从

① 张良是时从沛公（跟随，动词）

② 沛公旦日从百余骑来见项王（带领，使……跟着，动词）

12. 胜

① 刑人如恐不胜（尽，形容词）

② 沛公不胜杯杓（禁得起，动词）

13. 为

① 客何为者（wéi，做，干，动词）

② 使子婴为相，珍宝尽有之（wéi，做，担任，动词）

③ 窃为大王不取也（wéi，认为，动词）

④ 为击破沛公军（wèi，替、给，介词）

⑤ 我为鱼肉（wéi，是，动词）

⑥ 吾属今为之虏矣（wèi，被，介词）

⑦ 何辞为（wéi，句末语气词，表反问，可译为"呢"）

⑧ 君为我呼入（wèi，替，介词）

⑨ 军中无以为乐（wéi，动词，作为）

⑩ 且为之奈何（wèi，对，介词）

⑪ 吾令人望其气，皆为龙虎（wéi，是，动词）

⑫ 谁为大王为此计者（wèi，给，介词；wéi，做，出，拟定动词）

⑬ 沛公奉卮酒为寿，约为婚姻（wèi，给，介词；wéi，动词，成为）

14. 以

① 具告以事（介词，把）

② 籍何以至此（介词，凭）

③ 举所佩玉玦以示之者三（表目的连词，来）

④ 还军霸上，以待项王（表目的连词，来）

15. 且

① 臣死且不避，卮酒安足辞（副词，尚且）

② 若属皆且为所虏（副词，将要）

③ 且为之奈何（连词，况且）

16. 之

① 珍宝尽有之（代词，代珠宝）

② 项伯乃夜驰之沛公军（动词，到）

③ 为之奈何（代词，指这件事）

④ 先破秦入咸阳者王之（代词，指关中）

⑤ 与之同命（代词，指沛公）

⑥ 沛公之参乘樊哙者也（结构助词，的）

17. 因

① 项王即日因留沛公与饮（于是、就）

② 不如因善遇之（趁机，趁着）

③ 因击沛公于坐（趁机）

（四）词类活用

1. 名词用作动词

① 沛公军霸上。（军，驻扎）

② 沛公欲王关中（王，称王）

③ 秦地可尽王也（王，占领称王）

④ 今人有大功而击之，不义也（义，符合正义，恪守信义）

⑤ 范增数目项王（目，使眼色示意）

⑥ 刑人如恐不胜（刑，施加刑罚）

⑦ 从郦山下，道芷阳间行（道，取道）

⑧ 籍吏民，封府库（籍，造册登记）

⑨ 沛公左司马曹无伤使人言于项羽曰（言，告诉）

⑩ 不可不语（语，告诉）

⑪ 若入前为寿（前，上前）

⑫ 若入前为寿（寿，祝福健康长寿）

⑬ 吾得兄事之（事，侍奉）

2. 使动用法

① 先破秦入咸阳者王之（王，使……称王）

② 项伯杀人，臣活之（活，使……活命）

③ 沛公旦日从百余骑来见项王（从，使……跟从）

④ 交戟之卫士欲止不内（内，使……进来）

⑤ 封闭宫室，还军霸上（还，使……回去）

3. 名词用作状语

① 项伯乃夜驰之沛公军（夜，在夜晚）

② 于是项伯复夜去（夜，在夜晚）

③ 吾得兄事之（兄，像兄长一样）

④ 常以身翼蔽沛公（翼，像鸟张开翅膀一样）

⑤ 头发上指（上，向上）

⑥ 沛公已去，间至军中（间，从小路）

⑦ 四人持剑盾步走（步，徒步）

⑧ 日夜望将军至（日夜，每日每夜）

4. 形容词用作动词

素善留侯张良（善，友善、交好）

5. 形容词用作名词

① 沛公今事有急（急，危急的事）

② 此其志不在小（小，小的方面）

③ 君安与项伯有故（故，旧交情）

6. 形容词用作动词

毫不敢有所近（近，接触，沾染）

7. 动词用作名词

此亡秦之续耳（续，后续者）

（五）特殊句式

1. 判断句

① 今人有大功而击之，不义也（"……也"表示判断）

② 楚左尹项伯者，项羽季父也（"……者，……也"表示判断）

③ 沛公之参乘樊哙者也（"……者也"表示判断）

④ 人方为刀俎，我为鱼肉（"为"表示判断）

⑤ 此亡秦之续耳［"此"（这是）表示判断］

2. 宾语前置

① 今日之事何如（何如，即"如何"）

② 大王来何操（何操，即"操何"）

③ 沛公安在（安在，即"在安"）

④ 客何为者（何为，即"为何"）

⑤ 籍何以至此（何以，即"以何"）

⑥ 项王、项伯东向坐；亚父南向坐（东向、南向，即"向东""向南"）

3. 被动句

① 若属皆且为所虏（"为所"或"为……所"表示被动）

② 吾属今为之虏矣（"为"表示被动）

4. 介词结构后置（状语后置）

① 沛公左司马曹无伤使人言于项羽曰（"言于项羽"，向项羽说）

② 贪于财货（在财货方面贪婪）

③ 具告以事（把事情详细地告诉他）

④ 长于臣（比我年长）

⑤ 因击沛公于坐（趁机在座位上击杀沛公）

⑥ 得复见将军于此（于此复见将军）

5. 省略句

① 为（之）击破沛公军

② 则与（之）一生彘肩

③ （项伯）欲呼张良与（之）俱去

④ （你）毋从（之）俱死也

⑤ （樊哙）加彘肩（于盾）上

⑥ 将军战（于）河北，臣战（于）河南

⑦ （沛公）置之（于）坐上

7. 固定结构

① 财物无所取，妇女无所幸（"无所"，没有什么）

② 孰与君少长（"孰与"，选择问的句式，"与……比，哪一个……"）

③ 何辞为（"何……为"，表反问的句式，可译作"何必……呢""为什么……呢"或"要……干什么"，"为"是语气词）

④ 秋毫不敢有所近［"有所"，有什么的东西（人、事情）］

⑤ 为之奈何（"奈何"，如何，怎么办，表询问）

⑥ 军中无以为乐（无以，没有用来……的……）

⑦ 项王未有以应（有以，有用来……的……）

（六）成语

① 人为刀俎，我为鱼肉：比喻生杀大权掌握在别人手里。

② 项庄舞剑，意在沛公：比喻说话和行动的真实意图别有所指。

③ 约法三章：比喻以语言或文字规定出几条共同遵守的条款。
④ 劳苦功高：指出了很多力，吃了很多苦，立下了很大的功劳。
⑤ 秋毫无犯：秋毫，鸟兽秋天新换的绒毛，比喻极细微的东西；犯，侵犯。指军纪严明，丝毫不侵犯他人的利益。

一课一练

1. 司马迁，字_____，西汉人，汉武帝时曾继承父职做_____，是我国古代一位伟大的_____家和_____家，也是一个杰出的思想家。《史记》原名《_____》，是我国第一部_____体_____史，记载了上起传说中的_____时代，下迄_____时代3000多年的历史，分_____、_____、_____、书、表五种体裁，共130篇。鲁迅赞誉《史记》为"_____，_____"。

2. 根据下列文句，填出成语。
① 今者项庄拔剑舞，其意常在沛公也。（成语：_____）
② 吾入关，秋毫不敢有所近。（成语：_____）
③ 劳苦而功高如此，未有封侯之赏。（成语：_____）
④ 如今人方为刀俎，我为鱼肉。（成语：_____）

3. 加点字注音和解释正确的两项是（　　）
A. 飨（xiǎng，用酒食款待）士卒　　奉卮（zhī，酒器）酒为寿
B. 鲰（zōu，卑微，浅陋）生　　说（shuō，劝告，劝诫）我曰
C. 戮（nù，杀）力　　瞋（chēng，发怒时睁大眼睛）目
D. 目眦（zì，眼角）尽裂　　彘（zhì，猪）肩
E. 刀俎（zǔ，祭祀的肉）　　沛公欲王（wàng，称王）关中
F. 不胜（shèng，禁得起）杯杓　　沛公参乘（cān shèng，站在车右的警卫）

4. 找出下列句中的通假字，并解释。
① 距关，毋内诸侯　　　　（　　　　　　　　）
② 张良出，要项伯　　　　（　　　　　　　　）
③ 愿伯具言臣之不敢倍德也　　（　　　　　　　　）
④ 旦日不可不蚤自来谢项王　　（　　　　　　　　）
⑤ 今者有小人之言，令将军与臣有郤　　（　　　　　　　　）

5. 下列句子中加点的词，词类活用现象归类正确的一项是（　　）

① 沛公军霸上

② 沛公旦日从百余骑来见项王

③ 籍吏民，封府库

④ 刑人如恐不胜

⑤ 素善留侯张良

⑥ 项伯杀人，臣活之

⑦ 范增数目项王

⑧ 先破秦入咸阳者王之

⑨ 交戟之卫士欲止不内

⑩ 吾得兄事之

A. ①③④／②⑥⑨／⑤⑧／⑦⑩

B. ①③④⑦／②⑥⑧⑨／⑤／⑩

C. ①③⑦／②⑥⑨／④⑤／⑧⑩

D. ①④⑦／②⑥⑧⑨／③⑤／⑩

6. 解释下列加点词语的古义和今义。

① 沛公奉卮酒为寿，约为婚姻　（古义：_____　今义：_____）

② 备他盗之出入与非常也　（古义：_____　今义：_____）

③ 今人有大功而击之　（古义：_____　今义：_____）

④ 而听细说　（古义：_____　今义：_____）

⑤ 沛公居山东时　（古义：_____　今义：_____）

7. 解释下列词语，注意一词多义现象。

（1）军

① 沛公军霸上　　　　　　　　（　　　　　　　）

② 为击破沛公军　　　　　　　（　　　　　　　）

③ 项伯乃夜驰之沛公军　　　　（　　　　　　　）

④ 籍吏民，封府库，而待将军　（　　　　　　　）

（2）相

① 未得与项羽相见　　　　　　（　　　　　　　）

② 使子婴为相　　　　　　　　（　　　　　　　）

③ 相见恨晚　　　　　　　　　（　　　　　　　）

（3）为

① 为击破沛公军　　　　　　　（　　　　　　）

② 皆为龙虎　　　　　　　　　（　　　　　　）

③ 谁为大王为此计者　　　　　（　　　　　　）

（4）善

① 素善留侯张良　　　　　　　（　　　　　　）

② 不如因善遇之　　　　　　　（　　　　　　）

（5）故

① 君安与项伯有故　　　　　　（　　　　　　）

② 今事有急，故幸来告良　　　（　　　　　　）

8. 选出加点词意义和用法相同的一项（　　　）

A. ① 使人言于项王曰　　　　② 贪于财货

B. ① 项伯乃夜驰之沛公军　　② 愿伯具言臣之不敢倍德也

C. ① 具告以事　　　　　　　② 具以沛公言报项王

D. ① 妇女无所幸　　　　　　② 故幸来告良

9. 补写出下列句子中省略的词语。

（1）项王大怒，曰："旦日飨士卒，为（　　　）击破沛公军！"

（2）项王曰："赐之彘肩。"（　　　）则与（　　　）一生彘肩。

（3）（　　　）旦日不可不蚤自来谢项王

（4）项伯……欲呼张良与（　　　）俱去，曰："毋从（　　　）俱死也。"

（5）沛公奉卮酒为（　　　）寿

（6）将军战（　　　）河北，臣战（　　　）河南

10. 翻译下列句子。

① 今入关，财物无所取，妇女无所幸，此其志不在小。

② 曰："鲰生说我曰：'距关，毋内诸侯，秦地可尽王也。'故听之。"

③ 君王为人不忍。若入前为寿，寿毕，请以剑舞，因击沛公于坐，杀之。

④ 项王按剑而跽曰:"客何为者?"

⑤ 夫秦王有虎狼之心,杀人如不能举,刑人如恐不胜,天下皆叛之。

⑥ 如今人方为刀俎,我为鱼肉,何辞为?

⑦ 沛公则置车骑,脱身独骑,与樊哙、夏侯婴、靳强、纪信等四人持剑盾步走,从郦山下,道芷阳间行。

⑧ 唉!竖子不足与谋!夺项王天下者必沛公也。吾属今为之虏矣!

11. 《史记》是史学著作,也是一部杰出的文学作品。在一些情节描述中,为了生动形象的需要,往往也留下一些不为人注意的漏洞。细读本文,找找看,司马迁对鸿门宴的记述有没有不太合常理的地方?

12. 查阅相关史料,以《烛之武退秦师》和《鸿门宴》为例,谈谈《左传》和《史记》在编写体例、表达方式、写作方法上的不同。

能力拓展

阅读下文，回答文后问题。

项王军壁垓下，兵少食尽。汉军及诸侯兵围之数重。夜闻汉军四面皆楚歌，项王乃大惊，曰："汉皆已得楚乎？是何楚人之多也！"项王则夜起，饮帐中。有美人名虞，常幸从；骏马名骓，常骑之。于是项王乃悲歌慷慨，自为诗曰："力拔山兮气盖世，时不利兮骓不逝。骓不逝兮可奈何，虞兮虞兮奈若何！"歌数阕，美人和之。项王泣数行下，左右皆泣，莫能仰视。

于是项王乃上马骑，麾下壮士骑从者八百余人，直夜溃围南出，驰走。平明，汉军乃觉之，令骑将灌婴以五千骑追之。项王渡淮，骑能属者百余人耳。

项王至阴陵，迷失道，问一田父，田父绐曰："左。"左，乃陷大泽中，以故汉追及之。项王乃复引兵而东，至东城，乃有二十八骑。汉骑追者数千人。项王自度不得脱，谓其骑曰："吾起兵至今八岁矣，身七十余战，所当者破，所击者服，未尝败北，遂霸有天下。然今卒困于此，此天之亡我，非战之罪也。今日固决死，愿为诸君快战，必三胜之，为诸君溃围，斩将，刈旗。令诸君知天亡我，非战之罪也。"乃分其骑以为四队，四向。汉军围之数重。项王谓其骑曰："吾为公取彼一将。"令四面骑驰下，期山东为三处。于是项王大呼驰下，汉军皆披靡，遂斩汉一将。是时，赤泉侯为骑将，追项王，项王瞋目而叱之，赤泉侯人马俱惊，辟易数里。与其骑会为三处。汉军不知项王所在，乃分军为三，复围之。项王乃驰，复斩汉一都尉，杀数十百人，复聚其骑，亡其两骑耳。乃谓其骑曰："何如？"骑皆伏，曰："如大王言。"

于是项王乃欲东渡乌江。乌江亭长舣（划船靠岸）船待，谓项王曰："江东虽小，地方千里，众数十万人，亦足王也。愿大王急渡。今独臣有船，汉军至，无以渡。"项王笑曰："天之亡我，我何渡为！且籍与江东子弟八千人渡江而西，今无一人还；纵江东父兄怜而王我，我何面目见之？纵彼不言，籍独不愧于心乎？"乃谓亭长曰："吾知公长者。吾骑此马五岁，所当无敌，尝一日行千里，不忍杀之，以赐公。"乃令骑皆下马步行，持短兵接战。独籍所杀汉军数百人，项王身亦被十余创。顾见汉骑司马吕马童，曰："若非吾故人乎？"马童面之，指王翳曰："此项王也。"项王乃曰："吾闻汉购我头千金，邑万户，吾为若德。"乃自刎而死。王翳取其头，余骑相蹂践争项王，相杀者数十人。

——节选自《史记·项羽本纪》

1. 解释加点的词，注意古今异义的现象。

① 有美人名虞，常幸从　　　　　（　　　　　　）

② 左右皆泣，莫能仰视　　　　　（　　　　　　）

③ 骑能属者，百余人耳　　　　　（　　　　　　）

④ 然今卒困于此，此天之亡我　　（　　　　　　）

⑤ 赤泉侯人马俱惊，辟易数里　　（　　　　　　）

⑥ 骑皆伏曰："如大王言。"　　　（　　　　　　）

⑦ 令四面骑驰下，期山东为三处　（　　　　　　）

⑧ 问一田夫，田夫绐曰　　　　　（　　　　　　）

2. 选出加点词活用情况不同的一项（　　　）

A. 项王军壁垓下，兵少食尽

B. 夜闻汉军四面皆楚歌

C. 直夜溃围南出，驰走

D. 项王则夜起，饮帐中

3. 选出加点词用法和意义相同的一组（　　　）

A. ① 汉骑追者数千人

　　② 吾骑此马五岁

B. ① 项王乃复引兵而东

　　② 于是项王乃欲东渡乌江

C. ① 此天之亡我，非战之罪也

　　② 复聚其骑，亡其两骑耳

D. ① 纵江东父兄怜而王我

　　② 众数十万人，亦足王也

E. ① 乃分其骑为四队

　　② 与其骑会为三处

F. ① 籍独不愧于心乎

　　② 独籍所杀汉军数百人

4. 指出下列固定句式的语言标志，并加以解释。

① 是何楚人之多也　　　　　（　　　　　　）

② 虞兮虞兮奈若何　　　　　（　　　　　　）

③ 汉军至，无以渡　　　　　（　　　　　　）

④ 我何渡为　　　　　　　　（　　　　　　）

5. 翻译下列句子,注意与现代汉语不同的句式。

① 力拔山兮气盖世,时不利兮骓不逝。骓不逝兮可奈何,虞兮虞兮奈若何!

② 项王则夜起,饮帐中。

③ 项王渡淮,骑能属者百余人耳。

④ 令诸君知天亡我,非战之罪也。

⑤ 江东虽小,地方千里,众数十万人,亦足王也。

⑥ 吾闻汉王购我头千金,邑万户,吾为若德。

6. 本文由哪三个场面组成?试从表达内容和表达方式两方面分析它们怎样从不同角度来刻画悲剧英雄个性的。

7. 本文虽是历史传记,其中却多有细节描写。这些细节中不乏艺术加工之处,请举例分析这样描写的表达作用。

窦娥冤

学习目标

1. 认识封建社会法制腐败、人民无处申冤的黑暗现实。
2. 理解封建社会劳动人民的反抗精神。
3. 掌握元杂剧的一般常识,学习课文自然本色、鲜明生动的人物语言。

知人论世

一、作家作品

关汉卿(约1230—约1300),号已斋叟,大都(元代都城,今北京市)人,元代著名的剧作家,与马致远、白朴、郑光祖并称为"元曲四大家"。元代人曾说他:"生而倜傥,博学能文,滑稽多智,蕴藉风流,为一时之冠。"他曾经把自己比作"蒸不烂、煮不熟、捶不匾、炒不爆,响珰珰的一粒铜豌豆",表明了他敢于斗争,不畏权贵的性格。

他经常出入于歌楼、戏场之中,不仅写剧本,有时还登台演唱。他熟悉人民的语言和民间的艺术形式,对音乐和戏曲造诣很深,是元代成就最高的杂剧作家。他一生创作了60多部剧本,现存的有18部,其中《窦娥冤》《望江亭》《救风尘》《蝴蝶梦》《单刀会》等都是十分著名的作品。

《窦娥冤》全名《感天动地窦娥冤》,是关汉卿的代表作,是元杂剧中悲剧的典范,具有很高的艺术成就。全剧通过窦娥蒙受的千古奇冤,深刻揭露了封建社会法制腐败,官吏的贪暴凶残,热情地讴歌了被压迫人民群众的美好心灵和反抗精神。

二、创作背景

元代的阶级矛盾和民族矛盾十分尖锐,为了满足蒙古贵族穷奢极欲的生活和军事的需要,一些蒙古大臣勾结地方官吏,贪赃枉法,无所不为。在残酷的阶级压迫和民族压迫下,各族劳动人民都过着悲惨的日子,尤其是受到歧视的汉人和南人,冤案多得难以计数。

关汉卿对当时的社会现实极为不满。他生活在社会底层,了解人民的疾苦,借杂剧来揭露黑暗现实,寄托自己的社会理想。他把看到的、听到的百姓悲惨的遭遇写进剧本《感天动地窦娥冤》。

全剧共四折,开头有一个"楔子"(相当于序幕)。四折分别是故事的开端、发展、高潮、结局。课文是全剧的第三折,是矛盾冲突的高潮,是窦娥的性格发展到顶点的部分。

本折前面的情节是:窦娥从小死了母亲,她父亲窦天章是一位穷书生,因为上京赶考缺少盘缠,便把她卖给蔡婆婆家做童养媳。可到蔡家没两年,丈夫就生病死了,只剩下了窦娥和她婆婆两人相依为命。张驴儿企图霸占窦娥,见她不从便想毒死蔡婆婆以要挟窦娥,不料其父误食而死。张驴儿诬告窦娥杀人,官府严刑逼讯婆媳二人,窦娥为救蔡婆婆自认杀人,被判斩刑。

本折后面的情节是:窦娥死后,血溅白练、六月飞雪、亢旱三年三桩誓愿全部应验,所有人都相信窦娥的冤屈,为窦娥抱不平。直到窦娥的父亲窦天章任两淮提刑肃政廉访使,彻查此案,窦娥的冤案才得到昭雪,杀人凶手张驴儿被处以死刑,贪官知府也得到了应有的惩罚。

赏析导读

1. 整体阅读课文,划分段落层次,阐述大致剧情。

按剧情的发展,课文可分为三部分:第一部分,从开头至"只落得两泪涟涟",写窦娥赴法场时的控诉;第二部分,从"(刽子云)快行动些"至"不明不暗,负屈衔冤",写窦娥赴法场途中与婆婆的诀别;第三部分,从"(刽子做喝科,云)兀那婆子靠后"至篇末,写窦娥临刑前的三桩誓愿。

控诉、诀别、誓愿这三个部分,"冤"字贯穿始终,由冤生怨—由冤生悲—由冤生誓。前两个部分显示了窦娥性格中坚贞刚烈和善良敦厚的不同侧面,第三个部分进一步表现了窦娥对含冤而死的不甘心,不瞑目,从而更集中、更充分地展示了她的反抗精神。三个部分层相递进,逐步揭示了人物的性格特征,逐步深入地展示了窦娥的反抗精神，突出了她的刚烈性格。

2. 窦娥在《滚绣球》一曲中为什么要对天地日月鬼神进行猛烈的谴责？

在封建社会里，按世俗观念，天地鬼神是明察是非，主持公道的。窦娥起初也受到神权思想的影响，认为天地神灵会主持正义，赏善罚恶。只是在残酷的现实面前，当张驴儿把谋害人命的罪名强加于窦娥时，她才逐渐觉醒过来，终于看清了怕硬欺软、清浊莫辨的黑暗社会现实。

这段唱词写了窦娥受刑前，由对天地鬼神的幻想转向大胆的质问，由悲愤的指责发展到毫无顾忌的诅咒，最后对天地鬼神予以全盘否定。天地鬼神在当时社会中是被视为神圣不可侵犯的，作为一位下层的劳动妇女，窦娥却对神权大胆谴责，实质上也就是对封建官府、对现实社会黑暗统治的强烈控诉和根本否定。我们从中可以看到窦娥的觉醒意识和强烈的反抗精神，这也反映了当时广大人民对封建统治的强烈不满和反抗。

3. 试分析"婆媳诀别"这场戏中细节描写对塑造人物形象和组织情节结构所起的作用。

"婆媳诀别"是这折戏中的第二个部分，作者善于捕捉生活细节来揭示人物的内心世界。纵观全剧，作者在刻画窦娥反抗性格的同时，也注意逐一展现人物性格中温顺善良的另一侧面。前两折戏已经写到窦娥对婆婆平时一向孝顺。大堂之上，酷刑之下，为使婆婆免遭毒打，她甘愿牺牲自己，屈招了药死公公的死罪。这折戏中写她赴刑场时，求刽子手走后街不走前街的细节，可见在走向死亡的路上，窦娥想到的还是如何不使年迈孤寂的婆婆伤心。这正是她的性格极其善良的一面。

从思想内容上看，作者越是刻画窦娥的善良，就越发显出她的冤屈，后文中她的抗争也就越令人同情。这一细节的描写是后面三桩誓愿的顿宕之笔，使人物形象更丰满动人，使剧作对封建社会的批判也更为有力。

从艺术形式上看，"婆媳诀别"被安排在这折戏中的第二个部分，也可见《窦娥冤》在情节安排上有张有弛、疏密相间的艺术特点。窦娥即将做刀下之鬼时，作者却宕开一笔，没有立即写刑场处决，却描绘了婆媳诀别这催人泪下的场面。我们从前一场景中已看到窦娥高亢激昂的斗争精神，这一场景中听到的却是窦娥哀怨低回的身世之叹，剧情的发展至此明显地一顿，形成了一张一弛的戏剧波澜。然而这"弛"又为下一个"张"蓄势，是为了把情节推到全剧的高潮，从而使下文中窦娥临刑前发下三大奇愿，让人物性格和主题得到集中体现。作者在本折戏中别具匠心地设计了这样一个场景，使剧情避免平铺直叙，一览无余，产生波澜起伏、跌宕多姿、引人入胜的艺术效果。

4．"血溅白练""六月飞雪""三年亢旱"这三桩誓愿，是本文最精彩之笔。试从思想内容方面分析其特点。

从思想内容上看，窦娥发下三愿——"血溅白练""六月飞雪""三年亢旱"，这不仅是要把自己的冤情昭示世人，而且要感动苍天，让人们都知道"这都是官吏每无心正法，使百姓有口难言"。这三愿充分揭露了当时社会官僚昏聩，法制腐败，人民蒙受奇冤，呼告无门的真实情况。这三愿着力表现了窦娥与社会恶势力斗争到底、至死不屈的精神，这种精神甚至产生了感天动地的超自然的力量。这三愿也是剧作家社会、政治观点和美学理想的形象体现。

技法探求

1．简述文末三桩誓愿在艺术形式方面的特色。

从艺术形式上看，有以下几个特色：

（1）运用浪漫主义的手法，通过奇特的构思想象，借助天地震惊，人神共怒的艺术处理，使现实生活中不可能实现的事在艺术舞台上应验了。这虽违背常理，却又合乎人情，有力地体现了广大人民要伸张人间正义，杀却贪官污吏，洗雪天下冤屈的意愿。

（2）运用侧面烘托的手法，渲染悲剧的氛围。如天气的变化越来越急剧，监斩官的反应一次比一次强烈，可看出这三愿一愿比一愿强烈，一愿比一愿深刻。

（3）运用典故。文中窦娥提到苌弘化碧、望帝啼鹃、邹衍六月飞霜的传说，这三个典故都是古代的冤屈故事，用来佐证自己的冤情。

2．以本文为例，谈谈科白对人物性格的刻画和故事情节的丰满与展开所起的作用。

元杂剧主要通过唱词、科白来刻画人物形象，展开矛盾冲突。一折戏中，一个角色独唱到底。窦娥是一个心地善良而又坚强不屈，富有反抗精神的女性。为了刻画这一人物，作者采用了以抒情独唱为主，科白为辅的手法。这是戏曲刻画人物，特别是表现人物心理的传统手法。

"科"指角色的动作，"白"指唱词以外用说话腔调说的语句。科白对人物性格的刻画和故事情节的丰满与展开起重要的作用：

（1）这折戏一开始，监斩官、公人、刽子手先后登场，通过他们的科白，渲染了阴森恐怖的气氛。就在这气氛中，窦娥唱了［端正好］［滚绣球］两段唱词。

此景此唱，充分写出了窦娥无辜受冤的怨愤和对天地鬼神的怒斥，表现了她的反抗性格。

（2）窦娥与婆婆诀别的两段说白，表明自己是"怕连累婆婆"，才"屈招了药死公公"，要婆婆在冬时年节"溉"半碗浆水饭，烧"一陌儿"纸钱。这些说白把窦娥善良的美德再现于读者面前，令人揪心。

（3）窦娥发出三桩誓愿部分的说白，给唱词做了铺垫说明，与唱词紧密结合，既凸显了窦娥的反抗性格，又推动了情节的发展。

（4）在唱词与科白的设计上，有的地方用了对照的手法，如窦娥的心地善良与所受冤屈对照，为婆婆牺牲与对婆婆的要求对照；有的地方用了浪漫主义手法，如窦娥死前所发的三桩誓愿。这些都有利于人物性格的刻画和故事情节的丰满与展开。

知识积累

一、文体知识

1. 元杂剧　又称北杂剧，是元代用北曲演唱的传统戏曲形式。形成于宋末，繁盛于元。元代杂剧代表作家是"元曲四大家"关汉卿、马致远、白朴、郑光祖，代表作分别是《窦娥冤》《汉宫秋》《墙头马上》《倩女离魂》。其内容主要以揭露社会黑暗，反映人民疾苦为主。

其结构上最显著的特色是，四折一楔子和"一人主唱"等，下边分别解说。

四折一楔子　元杂剧最常见的剧本结构形式，合为一本，每个剧本一般由四折戏组成，有时再加一个楔子，演述一个完整的故事。少数作品也有一本分为五折或六折的，还有用两个楔子的。通常一本就是一部戏，个别情节过长的戏，可写成多本，如王实甫《西厢记》共五本二十一折，杨景贤《西游记》六本二十四折，每本戏仍是四折。这很像后世的连台本戏或连续剧。一本戏限定由男主角（正末）或女主角（正旦）一个人歌唱，其他角色一般都只能道白不能唱。由男主角主唱的叫末本戏，女主角主唱的叫旦本戏。

杂剧角色　分为旦、末、净、杂。旦包括正旦、外旦、小旦、大旦、老旦、搽旦。正旦是歌唱的主要女演员，外旦、贴旦是次要女演员。末包括正末、小末、冲末、副末。正末是歌唱的主要男演员，外末、副末是次要的男演员，冲末是首次上场的男演员。净多扮演刚勇人物或喜剧角色。杂是除以上三类外的演员，有孤（官）、驾（皇帝）、卜儿（老妇人）、徕儿（小厮）、细酸（读书人）等。

杂剧的唱、科、白

（1）主唱：元杂剧一般是一人主唱或男、女主角唱，主唱的角色不是正末，就是正旦，正旦主唱的称旦本，如《窦娥冤》窦娥主唱。正末主唱的称为末本，如《汉宫秋》，汉元帝主唱。一般来说，一剧中一人主唱到底，这是通例。但也有少数剧本，随着剧情的发展，人物有所变化。如《赚蒯通》，第一折正末扮张良，二、三、四折正末扮蒯通。这就出现了主唱人物的变换。

（2）宾白：在后世的戏曲中也叫道白或说白，"两人对说曰宾，一人自说曰白"（单宇《菊坡丛话》）。它是曲词外演员说的话，包括人物的对白和独白，由白话和部分韵语组成，又称韵白和散白。对白与话剧的对话相似，独白兼有叙述的性质，在情节的发展和人物的塑造上起着重要的作用。

（3）科介：也称科范、科、介，指唱、白以外的动作，元杂剧中指示人物动作和表情的术语。一般来说，元杂剧剧本中的科表示四个方面的意思。一是人物一般的动作，二是表示人物的表情，三是表示武打动作，四是指剧中穿插的歌舞动作。

2. **元曲** 中华民族文化宝库中的一朵灿烂的花朵，和唐诗、宋词鼎足并举，成为我国文学史上一座重要的里程碑。一般来说，元杂剧和散曲合称为元曲。杂剧是戏曲，散曲是诗歌，属于不同的文学体裁。散曲是盛行于元、明、清三代的没有宾白的曲子形式。内容以抒情为主，有小令和散套（套数）两种。小令是一首单调的曲子。散套是由两个以上的同一宫调的曲子按照一定规则连缀起来的套曲。

一课一练

1. 元杂剧是在_____和_____的影响下融合各种表演艺术形式而成的一种完整的戏剧形式。《窦娥冤》全名《_____》，作者_____，他与_____、_____、_____并称为"元曲四大家"。

2. 窦娥在临刑前发下的三桩誓愿是：_____、_____、_____。其中运用的四个典故分别是_____、_____、_____、_____。这四个典故所涉及的四个人物分别是_____、_____、_____、_____。

3. 下列加点字注音全对的一组是（　　　）

　　A. 嗟（jiē）怨　　　　罪愆（yún）　　　负屈衔（xián）冤
　　B. 亢（kàng）旱　　　刽（guì）子手　　　偃（yàn）旗息鼓

C. 湛湛（zhàn）青天　　　古陌（mò）荒阡　　　提（dī）防

D. 哥哥行（xíng）　　　　苌（cháng）弘　　　　盗跖（zhí）

4. 下面解说不完全正确的一项是（　　　）

A. 元杂剧有一套较严格的艺术体制，结构上，元杂剧以折为单位，一折大约相当于现代戏曲的一场或一幕。每本杂剧以四折为通例。四折外，常有"楔子"置剧前或折与折之间，用来说明情节、介绍人物。

B. 音乐方面，元杂剧规定，每一折戏，唱同一宫调的一套曲子。同一宫调的每套曲子，是用不同的曲调组成的，曲调的多少不一。

C. 说白和科。说白包括人物的对白和独白，用以展开剧情和揭示人物性格冲突。白，有散文，也有韵文。科是戏剧动作总称，包括一般的舞台程式和武打、舞蹈等。

D. 角色。元杂剧每本戏只有一个主角，与京剧一样，角色分生、旦、净、丑等。

5. 下面句中加点的词语都是当时的口语，请加以解释。

① 行动些，监斩官去法场上多时了　　（　　　　　　）

② 怎不将天地也生埋怨　　　　　　　（　　　　　　）

③ 枉将他气杀也么哥　　　　　　　　（　　　　　　）

④ 我窦娥向哥哥行有句言　　　　　　（　　　　　　）

⑤ 天那，兀的不是我媳妇儿　　　　　（　　　　　　）

⑥ 叫他来，待我嘱咐他几句话咱　　　（　　　　　　）

⑦ 念窦娥葫芦提当罪愆　　　　　　　（　　　　　　）

⑧ 打甚么不紧　　　　　　　　　　　（　　　　　　）

⑨ 断送出古陌荒阡　　　　　　　　　（　　　　　　）

⑩ 这都是官吏每无心正法　　　　　　（　　　　　　）

6. 解释下列句中加点的词语。

① 只合把清浊分辨　　　　　　　　　（　　　　　　）

② 你错勘贤愚枉做天　　　　　　　　（　　　　　　）

③ 则被这枷纽的我左侧右偏　　　　　（　　　　　　）

④ 有瀽不了的浆水饭　　　　　　　　（　　　　　　）

⑤ 念窦娥葫芦提当罪愆　　　　　　　（　　　　　　）

⑥ 都只在八尺旗枪素练悬　　　　　　（　　　　　　）

⑦ 你道是暑气暄　　　　　　　　　　（　　　　　　）

⑧ 着这楚州亢旱三年　　　　　　（　　　　　　　　　）

7.《滚绣球》这支曲子，愤怒谴责了"_____"不公，揭露了"_____"的社会现实。（用文中的话回答）表达了窦娥_____的思想感情。（用自己的话回答）曲中运用了_____（至少说出三种）等多种修辞手法。

能力拓展

阅读下首散曲，回答问题。

【南吕】一枝花·不伏老

关汉卿

【南吕】【一枝花】攀出墙朵朵花，折临路枝枝柳。花攀红蕊嫩，柳折翠条柔，浪子①风流。凭着我折柳攀花手，直煞得花残柳败休。半生来折柳攀花，一世里眠花卧柳②。

【梁州】我是个普天下郎君③领袖，盖世界④浪子班头。愿朱颜不改常依旧，花中消遣，酒内忘忧。分茶、攧竹、打马藏阄；通五音六律滑熟，甚闲愁到我心头！伴的是银筝女，银台前理银筝笑倚银屏；伴的是玉天仙，携玉手并玉肩同登玉楼；伴的是金钗客，歌《金缕》捧金樽满泛金瓯⑤。你道我老也，暂休。占排场风月功名首，更玲珑又剔透⑥。我是个锦阵花营都帅头⑦，曾玩府游州。

【隔尾】子弟每是个茅草岗、沙土窝初生的兔羔儿乍向围场上走，我是个经笼罩、受索网苍翎毛老野鸡蹅踏的阵马儿熟⑧。经了些窝弓冷箭镴枪头⑨，不曾落人后。恰不道"人到中年万事休"，我怎肯虚度了春秋。

【尾】我是个蒸不烂、煮不熟、捶不匾、炒不爆、响珰珰一粒铜豌豆⑩，恁子弟每谁教你钻入他锄不断、斫不下、解不开、顿不脱、慢腾腾千层锦套头。我玩的是梁园月，饮的是东京酒，赏的是洛阳花，攀的是章台柳。我也会围棋、会蹴鞠、会打围、会插科、会歌舞、会吹弹、会咽作、会吟诗、会双陆。你便是落了我牙、歪了我嘴、瘸了我腿、折了我手，天赐与我这几般儿歹症候⑪，尚兀自⑫不肯休。则除是⑬阎王亲自唤，神鬼自来勾，三魂归地府，七魄丧冥幽，天那，那其间才不向烟花路儿上走！

【注释】

① 浪子：游荡不务正业的年轻人。此处是作者自指。② 半生来、一世里：指时间很长。③ 郎君：原本指贵家子弟，元曲中往往指浮浪子弟。④ 盖世界：与"普天下"同义。⑤ 金缕：曲调名，即《金缕衣》。金瓯（ōu）：精美的酒器。⑥ 更玲珑又剔透：形容既聪明又灵活。⑦ 锦阵花营：指妇女群。都帅头：总头目。⑧ 阵马儿熟：指熟悉情况，有对付的经验。这里指狎妓的经验。⑨ 窝弓冷箭：伏弩、暗箭，这里指暗算。钑枪头：喻中看不中用。⑩ 匾：同"扁"。铜豌豆：原本是妓院勾栏中对老狎客昵称，这里关汉卿用以自称，含有隐喻性格坚强的意思。⑪ 歹症候：不好治的病，恶疾。⑫ 兀自：犹、还的意思。⑬ 则：只。则除是，即"只除是"，与今所说"除非是"意近。

1. 散曲包括小令和套数，这首散曲属_____，其中"南吕"是_____，"一枝花"是_____，"不伏老"是_____。本文采用_____人称，以_____的方式坦露胸怀。

2. 【一枝花】几乎字字不离花、柳，其中"折柳攀花、眠花卧柳"有何寓意？
_____
_____

3. 【梁州】曲中，作者自诩自夸，表现了怎样的内心世界？
_____
_____
_____

4. 对【隔尾】曲中"我"的形象分析正确的两项是（　　　）
A. 自甘沉沦，萎靡不振。　　B. 处境险恶，遭遇坎坷。
C. 淡泊名利，与世无争。　　D. 不屈从邪恶，顽强生活。
E. 随波逐流，迷失自我。

5. 【尾】曲中作者是怎样塑造自身形象的？
_____
_____
_____

6. 这首散曲在语言上有何特色?

谏逐客书

学习目标

1. 掌握本文正反对比和比喻论证的方法。
2. 学习辞采华美，多用对偶、排比、夸张的语言特色。
3. 领会本文铺张扬厉、气势雄浑的论辩风格。

知人论世

一、作家作品

李斯（？—前208），字通古，汝南上蔡（今河南省上蔡县）人。秦朝著名政治家、文学家和书法家。

李斯早年为郡小吏，和韩非师从荀子学习帝王之术。学成之后，入秦为官，丞相吕不韦任命他为郎官，因劝说秦王嬴政灭诸侯、成帝业，被任命为长史。嬴政采纳其计谋，派遣谋士持金玉游说关东六国，离间各国君臣，李斯被任命为客卿。秦王政十年（前237），李斯进上《谏逐客书》，阻止驱逐六国客卿，升迁为廷尉。他在秦灭六国事业中发挥了重大作用。

秦统一天下后，李斯联合王绾、冯劫议定尊秦王政为皇帝，并制定礼仪制度，拜为丞相。建议拆除郡县城墙，销毁民间的兵器；反对分封制度，坚持郡县制；主张焚烧民间收藏的《诗》《书》等诸子学说，禁止私学，以加强思想统治。参与制定法律，统一车轨、文字、度量衡制度。李斯政治主张的实施，对中国和世界产生了深远的影响，奠定了中国两千多年封建专制的基本格局。

秦始皇死后，李斯勾结宦官赵高伪造遗诏，迫令公子扶苏自杀，拥立胡亥为二世皇帝。后为赵高所忌。秦二世二年（前208），李斯父子被腰斩于咸阳，夷灭三族。

二、创作背景

《谏逐客书》写于秦王政十年（前237），是李斯上给秦王的奏章。据《史记·李斯列传》记载，韩国派水工郑国游说秦王嬴政，劝秦王修筑郑国渠，企图耗费秦国人力而不能攻韩，以实施"疲秦计划"。事被发觉，秦国的宗室大臣借机建议驱逐在秦国任事的所有别的诸侯国的人，"皆言秦王曰：诸侯人来事秦者，大抵为其主游间于秦耳，请一切逐客。"秦王接受了这个建议，就下令驱逐客卿。李斯也在被驱逐之列，他在临行前主动上书劝说秦王不要逐客，写下流传千古的《谏逐客书》。秦王看后，取消了逐客令，恢复了李斯的职务。

精译详注

臣闻吏议逐客，窃以为过矣。我听说官吏在商议驱逐客卿这件事，私下里认为是错误的。[窃：私下里，表谦的副词。]**昔缪公求士，西取由余于戎，东得百里奚于宛，**从前秦穆公寻求贤士，在西边从西戎取得由余，在东边从宛地得到百里奚，[缪公：即秦穆公。由余：亦作"繇余"，戎王的臣子，是晋人的后裔，入秦后，受到秦穆公重用，帮助秦国攻灭西戎众多小国，称霸西戎。戎：古代称西方少数部族为戎。百里奚：原为虞国大夫，晋灭虞时被俘，作为晋献公女儿陪嫁的奴隶前往秦国。后逃亡到宛，被楚人所执。秦穆公用五张黑公羊皮将他赎出，用为上大夫，授以国政，故称"五羖大夫"。是辅佐秦穆公称霸的重臣。宛（yuān）：楚国邑名，在今河南南阳市。]**迎蹇叔于宋，来丕豹、公孙支于晋。**又从宋国迎来蹇叔，还从晋国招来丕豹、公孙支。[蹇（jiǎn）叔：百里奚的好友，经百里奚推荐，秦穆公把他从宋国请来，委任为上大夫。百里奚对穆公说："臣不及臣友蹇叔，蹇叔贤而世莫知。"来：使……来，招致、招揽。丕豹：晋国大夫丕郑之子，丕郑被晋惠公杀死后，丕豹投奔秦国，秦穆公任为大夫。公孙支：字子桑，秦人，曾游晋，后返秦任大夫。晋：国名，姬姓，战国初，被执政的韩、赵、魏三家所瓜分。]**此五子者，不产于秦，而缪公用之，并国二十，遂霸西戎。**这五位贤人，不生在秦国，而秦穆公重用他们，吞并国家二十多个，于是称霸西戎。[产：生，出生。并：吞并。霸：称霸，名词用作动词。]**孝公用商鞅之法，移风易俗，民以殷盛，国以富强，百姓乐用，诸侯亲服，**秦孝公采用商鞅的新法，移风易俗，人民因此殷实，国家因此富强，百姓乐意为国效力，诸侯亲附归服，[孝公：即秦孝公。商鞅：卫国公族，氏公孙，亦称公孙鞅，初为魏相公叔痤家臣，公叔痤死后入秦，受到秦孝公重用，任左庶长、大良造，因功封于商（今陕西省商洛市商州区东南）十五邑，号称商君。两次实行变法，奠定秦国富强的基础。秦孝公去世，商鞅兵败身死，并遭车裂。殷盛：指百姓众多而且富裕。殷，多，众多。乐用：乐于为用。亲服：亲附归服。]**获楚、魏之师，举地千里，至今治强。**战胜楚国、魏国的军队，攻取土地上千里，至今政治安定，国力强盛。[获楚、魏之师：指战胜楚国、魏国的军队。公元前340年，商鞅设计诱杀魏军主将公子卬，大败魏军。同年又与楚战，战况不详，据此，当也是秦军获胜。举：攻取。]**惠王用张仪之计，拔三川之地，**秦惠王采纳张仪的计策，攻下三川地区，[惠王：即秦惠王，名驷，秦孝公之子，初号惠文君。张仪：魏人，战国时纵横家。秦惠王时数次任秦相，鼓吹"连横"，游说各国诸侯侍奉秦国，辅佐秦惠文君称王，封武信君。秦武王即位，张仪入魏为相，于公元前309年去世。此句以下诸事，均为张仪之计。三川之地：指黄河、洛水、伊水三川相交之地。张仪请出兵三川并未实现。公元前308年秦武王派兵攻取三川大县宜阳（今河南宜阳县西）。]**西并巴、蜀，北收上郡，南取汉中，**向西进兼并巴、蜀两国，向北收得上郡，向南攻取汉中，[巴：国名，在今四川东部和重庆一带。蜀：国名，在今四川中部偏西地区。公元前316年秦惠文王派张仪、司马错等领兵灭巴、蜀，在其地分别设置巴郡、蜀郡。上郡：郡名，原为魏郡，今陕西北部。公元前328年魏割上郡十五县给秦，前312年又将整个上郡献秦。汉中：郡名，今陕西汉中，楚怀王时置。公元前312年，被秦将魏章领兵攻取。]**包九夷，制鄢、郢，东据成皋之险，割膏腴之壤，**吞并九夷各部，控制鄢、郢之地，在东面占据成皋天险，割取肥田沃土，[包：吞并、囊括的意思。九夷：此指楚国境内少数民族部族。鄢（yān）：楚国别都，在今湖北宜城市东南。郢（yǐng）：楚国都城，在今湖北荆州市荆州区西北。公元前279年秦将白起攻取鄢，翌年又攻取郢。东：在东边。成皋：邑名，在今河南荥阳市汜水镇，地势险要，是著名的军事重地。春秋时属郑国，称虎牢，公元前375年韩国灭郑属韩，公元前249年被秦军攻取。]**遂散六国之从，使之西面事秦，功施到今。**于是拆散六国的合纵同盟，使他们朝西侍奉秦国，功烈延续到今天。[六国之从：六国合纵的同盟。六国，指韩、魏、燕、赵、齐、楚六国。从，同"纵"。施（yì）：蔓延，延续。]**昭王得范雎，废穰侯，逐华阳，强公室，杜私门，蚕食诸侯，使秦成帝业。**昭王得到范雎，废黜穰侯，驱逐华阳君，加强、巩固了王室的权力，堵塞了权贵垄断政治的局面，蚕食诸侯领土，使秦国成就帝王大业。[昭王：即秦昭襄王，名稷，秦惠王之子，秦武王异母弟，公元前306年至前251年在位。范雎（jū），魏人，入秦后改名张禄，受到秦昭王信任，为秦相，对内力主废除外戚专权，对外采取远交近攻策略，封于应（今河南平顶山西），亦称应侯，死于公元前255年。穰（ráng）侯：即魏冉，楚人后裔，秦昭王母宣太后之异父弟，秦武王去世，拥立秦昭王，任将军，多次为相，受封于穰（今河南邓州市），故称穰侯。因秦昭王听用范雎之言，被免去相职，终老于陶。华阳：即华阳君芈戎，楚昭王母宣太后之同母弟，曾任将军等职，与魏冉同掌国政，受封于华阳（今河南新郑市北），故称华阳君。公元前266年，与魏冉同被免职遣归封地。公室：王室。杜：堵塞、封闭。私门：权贵大臣之家。蚕食：比喻像蚕吃桑叶那样逐渐吞食侵占。]**此四君者，皆以客之功。**这四位君主，都依靠了客卿的功劳。**由此观之，客何负于秦哉！**由此看来，客卿哪有什么对不住秦国的地方呢！**向使四君却客而不内，疏士而不用，是使国无富利之实而秦无强大之名也。**倘若四位君主拒绝远客而不予接纳，疏远贤士而不加任用，这就会使国家没有丰厚的实力而让秦国没有强大的名声了。[向使：假使，倘若。却：拒绝。内：同"纳"，接纳。疏：疏远。]

　　今陛下致昆山之玉，有随、和之宝，垂明月之珠，服太阿之剑，如今陛下罗致昆仑山的美玉，宫中有随侯之珠、和氏之璧，衣饰上缀着光如明月的宝珠，身上佩带着太阿宝剑，[今：如今。陛下：对帝王的尊称。致：求得，收罗。昆山：即昆仑山。随、和之宝：即所谓"随侯珠"和"和氏璧"，传说中春秋时随侯所得的夜明珠和楚人卞和得到的美玉。明月：宝珠名。太阿（ē）：亦称"泰阿"，宝剑名，相传为春秋著名工匠欧冶子、干将所铸。]**乘纤离之马，建翠凤之旗，树灵鼍之鼓。**乘坐的是名贵的纤离马，树立的是以翠凤羽毛为饰的旗子，陈设的是蒙着灵鼍之皮的好鼓。[纤离：骏马名。翠凤之旗：用翠羽装饰的凤形旗帜。灵鼍（tuó）：亦称扬子鳄，俗称猪婆龙，皮可蒙鼓。]**此数宝者，秦不生一焉，而陛下说之，何也?** 这些宝贵之物，没有一种是秦国产的，而陛下却很喜欢它们，这是为什么呢?[说：同"悦"，喜悦，喜爱。]**必秦国之所生然后可，则是夜光之璧不饰朝廷，犀象之器不为玩好，**如果一定要是秦国出产的才许可采用，那么这种夜光宝玉，绝不会成为秦廷的装饰，犀角、象牙雕成的器物，也不会成为陛下的玩好之物，[犀象之器：指用犀牛角和象牙制成的器具。玩好：供玩赏的宝物。]**郑、卫之女不充后宫，而骏良𬴊𬳿不实外厩，江南金锡不为用，西蜀丹青不为采。**郑、卫二地能歌善舞的女子，也不会填满陛下的后宫；北方的名骥良马，绝不会充实到陛下的马房，江南的金锡不会为陛下所用，西蜀的丹青也不会作为彩饰。[郑、卫之女：此时郑、卫已亡，当指郑、卫故地的女子。后官：嫔妃所居的宫室，也可用作嫔妃的代称。駃騠（jué tí）：骏马名。外厩（jiù）：宫外的马圈。江南：长江以南地区。此指长江以南的楚地，素以出产金、锡著名。西蜀丹青：蜀地素以出产丹青矿石出名。丹，丹砂，可以制成红色颜料。青，青䂻（huò），可以制成青黑色颜料。采：同"彩"，彩色，彩绘。]**所以饰后宫、充下陈、娱心意、说耳目者，必出于秦然后可**，用来装饰后宫，充实府库，使陛下爽心快意、耳目愉悦的，所有这些都要是秦国生长、生产的然后才可用的话，[所以：用来……的。充下陈：此泛指将财物、美女充实府库后宫。下陈，殿堂下陈放礼器、站立婢妾的地方。娱：使……欢娱。说：同"悦"，使……愉悦，高兴。]**则是宛珠之簪、傅玑之珥、阿缟之衣、锦绣之饰不进于前**，那么用宛地出产的珍珠做装饰的簪子，镶嵌着珠子的耳饰，齐国东阿所产的丝织衣服，锦绣的装饰，就都不会进献到陛下面前，[宛珠之簪：指用宛地出产的珍珠做装饰的发簪。傅：附着，镶嵌。玑：不圆的珠子，此泛指珠子。珥（ěr）：耳饰。阿：指齐国东阿（今山东东阿县）。缟（gǎo）：未经染色的绢。]**而随俗雅化佳冶窈窕赵女不立于侧也。**那些能随合时俗推移而又娴雅变化、妖冶美好的赵国美女，也不会立于陛下的身旁。[随俗雅化：随合时俗而雅致不凡。佳冶窈窕：妖冶美好的佳丽。佳，美好，美丽。冶，妖冶，艳丽。窈窕（yǎo tiǎo），美好的样子。赵：国名，古人多以燕、赵为出美女之地。]**夫击瓮叩缶，弹筝搏髀，而歌呼呜呜快耳者，真秦之声也；**那敲击瓮、缶瓦器来奏乐，拍打着大腿来弹筝，呜呜呀呀地歌唱，使人耳目愉快的，真是秦国的地道音乐了；[瓮（wèng）：陶制的容器，古人用来打水。缶（fǒu）：一种口小腹大的陶器。秦人将瓮、缶作为打击乐器。搏髀（bì）：拍打大腿，以此应和节拍。搏，击打，拍打。髀，大腿。快：使……愉快。]**《郑》《卫》《桑间》，《昭》《虞》《武》《象》者，异国之乐也。**那郑、卫一带的歌声，《韶》《虞》《武》《象》等古乐，可算是异国他乡的音乐了。[《郑》《卫》：指郑国、卫国故地的音乐。《桑间》：桑间为卫国濮水边的地名，在今河南濮阳市南，有男女聚会唱歌的风俗。《昭》：即《韶》，歌颂虞舜的舞乐。《虞》：为歌颂商汤的舞乐。《武》：歌颂周武王的舞乐。《象》：歌颂周文王的舞乐。]**今弃击瓮叩缶而就《郑》《卫》，退弹筝而取《昭》《虞》，若是者何也？**如今陛下却抛弃了秦国地道的敲击瓦器的音乐，而取用郑、卫一带悦耳之音，不要弹秦筝而要《韶》《虞》等乐曲，像这样做是为什么呢？[弃、退：抛弃。就、取：取用。]**快意当前，适观而已矣。**是因为当前这些音乐可以使您快意，可以满足耳目的观赏罢了。[适观：适于观听。]**今取人则不然，不问可否，不论曲直，非秦者去，为客者逐。**如今陛下用人却不是这样，不问是否可用，不管是非曲直，凡不是秦国的就要离开，凡是客卿都要驱逐。**然则是所重者在乎色、乐、珠玉，而所轻者在乎人民也。**既然这样，那么，陛下所看重的，只在声色珠玉方面；而所轻视的，却是人民百姓。[人民：百姓。]**此非所以跨海内、制诸侯之术也。**这不是能用来驾驭天下，制服诸侯的方法啊！[所以：用来……的。]

臣闻地广者粟多，国大者人众，兵强则士勇。我听说田地广粮食就多，国家大人口就众，武器精良将士就骁勇。**是以太山不让土壤，故能成其大；河海不择细流，故能就其深；王者不却众庶，故能明其德。**因此，泰山不拒绝泥土，所以能成就它的高大；江河湖海不舍弃细流，所以能成就它的深邃；有志建立王业的人不推却民众，所以能彰明他的德行。[太山：即泰山。让：辞让，拒绝。择：同"释"，舍弃，抛弃。细流：小水。却：推却，拒绝。]**是以地无四方，民无异国，四时充美，鬼神降福，此五帝三王之所以无敌也。**因此，土地不分东西南北，百姓不论异国他邦，那样便会一年四季富裕美好，天地鬼神降赐福运，这就是五帝、三王无可匹敌的缘故。[充：丰裕，繁盛。五帝：指黄帝、颛顼、帝喾、唐尧、虞舜。三王：指夏、商、周三代开国君主，即夏禹、商汤和周武王。所以：……的原因。]**今乃弃黔首以资敌国，却宾客以业诸侯，使天下之士退而不敢西向，裹足不入秦，此所谓"藉寇兵而赍盗粮"者也。**如今却抛弃百姓使他们去帮助敌国，拒绝宾客让他们使诸侯成就霸业，使天下的贤士退却而不敢向西前进，裹足止步不入秦国，这就叫作"借武器给敌寇，送粮食给盗贼"啊。[黔首：泛指百姓。无爵平民不能服冠，只能以黑巾裹头，故称黔首，秦始皇统一六国后正式称百姓为黔首。资：资助，供给。业：使……成就霸业。藉寇兵而赍盗粮：把武器粮食供给敌人。藉，同"借"。赍（jī），送，送给。]

夫物不产于秦，可宝者多；士不产于秦，而愿忠者众。不出产在秦国的物品，可以当作宝物的很多；不出生于秦的贤士，愿意效忠的很多。**今逐客以资敌国，损民以益仇，内自虚而外树怨于诸侯，求国无危，不可得也。**如今驱逐客卿来资助敌国，损害本国百姓来增加敌国的力量，国内造成自己空虚，外部在诸侯中构筑怨恨，那要谋求国家没有危难是不可能办到的啊。[损民以益仇：减少本国的人口而增加敌国的人力。益，增益，增多。仇，仇敌。外树怨于诸侯：指宾客被驱逐出外必投奔其他诸侯，从而构树新怨。]

赏析导读

1. 分析第一段作者在论述过程中的语言艺术。

文章开头写道："臣闻吏议逐客，窃以为过矣！"开门见山，单刀直入，提出总论点。这句话表现了李斯机巧之处：其一，"臣闻吏议逐客"指出自己听说的是其他大臣提出的逐客令，将自己放在大臣的对立面，而不是秦王的对立面，这就将批评的矛头对准了大臣而非秦王；其二，"窃以为过矣"，只是指责大臣之过，避免了自己有违抗秦王法令之嫌；其三，这也为秦王后期收回成命铺好台阶，避免了秦王的尴尬。这句话缓解了与秦王的紧张局面和对立情绪，也为自己争取到了进谏的机会。

接下去李斯并未谈"过"在何处，而是先谈历史，因为历史事实是最具说服力，最能打动秦王的。秦穆公、孝公、惠王、昭王四位国君由于重视客卿，善于听取他们的建议，最终实现了国家的富强和人民的安居乐业。以此说明没有客卿的帮助，秦国就无法像现在如此强大，强调了重用客卿的重要性。从而得出"使秦成帝业。此四君者，皆以客之功。由此观之，客何负于秦哉"的结论。

段末再以假言推理"向使四君……无强大之名也"，正反对比鲜明，具有很强的说服力，充分体现了作者的语言艺术。

2. 第二段在上段史证之后再谈现实，请分析正反对比的论证艺术。

本段主要运用了正反对比的论证方法。可分四个层次。

作者先列举秦王的爱好，诸如昆山之玉，随、和之宝，明月之珠，以及所佩太阿剑，所乘纤离马等，都来自诸侯各国，这是正面论证。

接着用两组假言推理进行反面论证。① 假设这些"色乐珠玉""必秦国之所生然后可"，那么秦王将无法享用。如果一定要秦国出产的东西才能用，那么夜间发光的璧玉、犀牛角和象牙做成的器具、郑国和卫国的美女、珍贵的骏马、江南的金锡、西蜀的绘画原料，秦国都不可能占有和使用了。② 用来装饰后宫，使陛下娱乐心意，取悦耳目的，假如一定要出于秦国的，那么，镶着珍珠的簪子，缀有珠玉的耳环，齐国东阿所产的丝绢做成的衣服，华丽丝绣所做的装饰就不能进献于前，而打扮得很漂亮的赵国女子就不能站在旁边了。并列两个层次的反证，把"必秦国之所生然后可"的严重危害说得很透辟，突出非秦国所出的宝物不可或缺。

然后先以"击瓮叩缶，弹筝搏髀"的"真秦之声"与《郑》《卫》《桑间》等"异国之乐"对比；再作设问："今弃击瓮叩缶而就《郑》《卫》，退弹筝而取《昭》

111

《虞》，若是者何也？"接着得出结论：是因为当前这些音乐可以使您快意，可以满足耳目的观赏罢了。

最后以秦王欣赏异国的珠宝、色、乐，与用士则"非秦者去，为客者逐"形成对比。顺势推演出"此非所以跨海内、制诸侯之术也"的结论，声如洪钟，振聋发聩。

本段详细地例举秦王喜欢的非产于秦的珍宝、色、乐，与驱逐客卿形成鲜明的对比，指出不管在历朝历代，人才才是最宝贵的财富，但秦王却喜欢珍宝，不爱人才。以此说明逐客令不是明智之举，不是秦王这位想做"跨海内、制诸侯"的君王应当做的事情，从而指明逐客令是错误的。对比鲜明，说理形象，充分有力。

3. 第三段论述驱逐客卿有利敌国，而不利于秦国时运用了哪两种论证方法？

先从正面说理，指出土地广大粮食就丰富，国家辽阔人口就众多，兵力强盛军人就勇敢，强调君王要胸襟博大，礼贤下士，广罗人才。接着以一组生动的比喻论证：秦山不拒绝任何土壤的堆积，所以能够成就其大；河海不挑剔任何细小流水的汇入，所以能够成就其深；统一天下的君王不排斥前来归附的民众，所以能够显示他的德行。以泰山、河海不拒绝山、水比喻"王者不却众庶"，连类设喻，运用排比，富有气势。

接着用正反对比更深一层阐明此意。先正面论证：地不分东南西北，人才不论来自哪一个诸侯国，这就是五帝三王所以能够无敌于天下的原因。以古证今，强调应该不分地域，广揽人才。再反面论证："今乃弃……却……使……所谓藉寇兵而赍盗粮者也"，说明当今逐客的危害。这里不但运用古今对比，还有敌我对比，提出两种做法，两种后果，说明逐客对敌人有利，对秦国的统一大业不利，论证鞭辟入里，雄辩有力。

4. 最后一段是怎样收束全文的？试做分析。

末段仅用两句就总结了前面三段的内容："夫物不产于秦，可宝者多"照应第二段，可见"必秦国之所生然后可"这种态度的错误。"士不产于秦，而愿忠者众"照应第一段，可见"非秦者去，为客者逐"的做法不当。最后一句"今逐客以资敌国，损民以益仇，内自虚而外树怨于诸侯，求国无危，不可得也"照应第三段，阐明逐客对秦国危害之所在。因为在利害关系上立论，抓住了秦王的思想要害，所以极有说服力。

这两句还和文章开头提出的总论点"窃以为过矣"相呼应，具有首尾相连，前后贯通之妙，进一步说明逐客关系秦国的安危问题。

> **技法探求**

1. 作者善用比喻，从而增强议论的形象性和说服力，请举例分析。

作者在第二段里设下了许多比喻，可分为四层。

① 以珠宝等物为喻并提出设问："此数宝者，秦不生一焉，而陛下说之，何也？" ② 以玩好、美女为喻，进行层层推论，把"必秦国之所生然后可"的严重危害说得很透辟。③ 以音乐为喻，进行对比，再作设问："今弃击瓮叩缶而就《郑》《卫》，退弹筝而取《昭》《虞》，若是者何也？"接着回答："快意当前，适观而已矣。"这一回答近承上文，远承第一层的设问，是对前三层的小结，归纳了秦国对物取舍的标准，为下文转入正题做了很好的铺垫。④ 第四层以人和物作比较："今取人则不然，不问可否，不论曲直，非秦者去，为客者逐。"用秦王取物的态度为喻，说明秦王喜爱不是秦国产的物品，对人才却持排斥的态度是不可取的，有力地论证了逐客之过。这段设喻丰富多样，写法灵活多变，运笔酣畅淋漓。以生动的比喻形象地劝谏秦王。

再如第三段中用"太山不让土壤……故能就其深"为喻来说明"王者不却众庶，故能明其德"的道理；用"藉寇兵而赍盗粮"为喻来说明逐客是"资敌国""益仇"的愚蠢行为，这些比喻都形象且具有说服力。

2. 清代李兆洛《骈体文钞》选录此篇为"骈体初祖"，指出本篇对后世骈文写作的深远影响。以第一段为例，谈谈本文语言方面的特色。

本文辞采华美，排比铺张，音节流畅，理气充足，具有战国纵横说辞之雄风。

其一，作者多用铺陈、夸饰手法和排比句、对偶句。如写秦国历史上"四君"因客功而成事的情况，"昔缪公求士，西取……东得……迎……来……"句式整齐，手法铺张；再如"民以殷盛，国以富强，百姓乐用，诸侯亲服"，用两组四字对偶句，写"孝公用商鞅之法"的效果；用"西并巴、蜀，北收上郡，南取汉中"一组排比句，写秦惠王用张仪之计的成效。辞藻华美，文势充畅，富有音韵之美。

其二，用词生动、凝练。如写惠王用张仪之计在军事外交上取得成功，就用了"拔、并、收、取、包、制、据、割、散、使、施"等动词，辞藻丰富，语言生动有力。

其三，句式整散结合。如"昭王得范雎，废穰侯，逐华阳，强公室，杜私门"，五个三字整句形成排比，接着用"蚕食诸侯，使秦成帝业"两个散句，使文章饶有波澜，富有气势。

汉赋乃至后世骈文语言的基本特点在本文中大都具有了，称其为"骈体初祖"，不为虚谈。

知识积累

一、文体知识

书 《谏逐客书》的"书"不是书信，而是上书、奏章，为古代臣子向君主陈述政见的一种文体；是臣子向帝王逐条分析事理的公文名称，与表性质类似。

二、语言知识

（一）通假字

1. 昔缪公求士（缪，同"穆"）
2. 遂散六国之从（从，同"纵"，合纵）
3. 向使四君却客而不内（内，同"纳"，接纳）
4. 而陛下说之（说，同"悦"，喜欢，高兴）
5. 西蜀丹青不为采（采，同"彩"，彩饰）
6. 是以太山不让土壤（太，同"泰"）
7. 傅玑之珥（傅，同"附"）
8. 藉寇兵而赍盗粮（藉，同"借"）

（二）古今异义

1. 窃以为过矣（古义：私下里。今义：偷窃）
2. 至今治强（古义：社会安定。今义：治理）
3. 功施到今（古义：延续。今义：施加）
4. 是使国无富利之实（古义：这，指示代词。今义：是，判断词）
5. 致昆山之玉（古义：招致、得到。今义：导致，送出）
6. 就《郑》《卫》（古义：靠近、采纳。今义：马上，副词）
7. 藉寇兵而赍盗粮（古义：小偷。今义：强盗）
8. 诸侯亲服，获楚、魏之师（古义：军队。今义：老师）
9. 举地千里（古义：占领。今义：举起）

（三）词类活用

1. 西取由余于戎，东得百里奚于宛（名词作状语，在西边，在东边）
2. 西并巴、蜀，北收上郡，南取汉中（名词作状语，向西，向北，向南）
3. 蚕食诸侯（名词作状语，渐渐，像蚕食桑叶一般）

4. 包九夷，制鄢、郢（名词用作动词，吞并）

5. 并国二十，遂霸西戎（名词用作动词，称霸）

6. 来丕豹、公孙支于晋（使动用法，使……来）

7. 强公室，杜私门（使动用法，使……强）

8. 故能明其德（使动用法，使……明显）

9. 却宾客以业诸侯（使动用法，使……成就功业）

10. 娱心意、说耳目者，必出于秦然后可（使动用法，使……娱乐，使……愉悦）

11. 快耳者，真秦之声也（使动用法，使……快乐）

12. 夫物不产于秦，可宝者多（意动用法，当作宝物）

（四）特殊句式

1. 东得百里奚于宛，迎蹇叔于宋，来丕豹、公孙支于晋（此三句都是介宾短语后置句：于宛得百里奚，于宋迎蹇叔，于晋来丕豹、公孙支）

2. 此五子者，不产于秦（介宾短语后置句：于秦产）

3. 而缪公用之，并国二十，遂霸（于）西戎（省略句，省略"于"）

4. 孝公用商鞅之法，移风易俗，民以（之）殷盛，国以（之）富强（省略句，省略"之"）

5. 百姓乐用（被动句，被用）

（五）文中成语

1. 裹足不前：停步不前，好像脚被缠住了一样。裹，缠。出处："使天下之士退而不敢西向，裹足不入秦。"

2. 娱心悦目：使心情愉快，耳目舒畅。娱、悦，使愉快。出处："所以饰后宫、充下陈、娱心意、说耳目者，必出于秦然后可。"

一课一练

1. 李斯，_____时期著名的_____家。与_____同为_____家大师_____的学生。《谏逐客书》中"谏"应解释为：_____，"客"应解释为：_____，"书"应解释为：_____。

2. 解释下列句中加点的词语。

① 是以地无四方，民无异国　　（　　　　　　　）

② 四时充美，鬼神降福　　　（　　　　　）
③ 今乃弃黔首以资敌国　　　（　　　　　）
④ 却宾客以业诸侯　　　　　（　　　　　）
⑤ 此所谓"藉寇兵而赍盗粮"者也（　　　　　）
⑥ 夫物不产于秦，可宝者多　（　　　　　）

3. 选出加点词意义和用法相同的一组（　　）

A. ① 是以太山不让土壤　　　② 大礼不辞小让
B. ① 向使四君却客而不内　　② 却宾客以业诸侯
C. ① 故能就其深　　　　　　② 金就砺则利
D. ① 此非所以跨海内、制诸侯之术也　② 此五帝三王之所以无敌也

4. 选出词类活用情况分类正确的一项（　　）

① 西取由余于戎，东得百里奚于宛
② 包九夷，制鄢、郢
③ 来丕豹、公孙支于晋
④ 强公室，杜私门
⑤ 西并巴、蜀，北收上郡，南取汉中
⑥ 并国二十，遂霸西戎
⑦ 故能明其德
⑧ 蚕食诸侯
⑨ 却宾客以业诸侯
⑩ 娱心意、说耳目者，必出于秦然后可

A. ①③⑤／②④⑥／⑦⑧⑨⑩
B. ①④⑤／②⑥⑦⑧／③⑨⑩
C. ①⑤⑧／②⑥⑨／③④⑦⑩
D. ①⑤⑧／②⑥／③④⑦⑨⑩

5. 翻译下列句子。

① 孝公用商鞅之法，移风易俗，民以殷盛，国以富强，百姓乐用，诸侯亲服。

② 向使四君却客而不内，疏士而不用，是使国无富利之实而秦无强大之名也。

③ 此数宝者，秦不生一焉，而陛下说之，何也？

④ 然则是所重者在乎色、乐、珠玉，而所轻者在乎人民也。此非所以跨海内、制诸侯之术也。

⑤ 是以太山不让土壤，故能成其大；河海不择细流，故能就其深；王者不却众庶，故能明其德。

⑥ 今乃弃黔首以资敌国，却宾客以业诸侯，使天下之士退而不敢西向，裹足不入秦，此所谓"藉寇兵而赍盗粮"者也。

⑦ 今逐客以资敌国，损民以益仇，内自虚而外树怨于诸侯，求国无危，不可得也。

6. 阅读下面两段文字，回答文后问题。

① 太山（即泰山）不立好恶（喜好和厌恶），故能成其高；江海不择小助，故能成其富。

——《韩非子·大体》

② 海不辞水，故能成其大；山不辞土石，故能成其高；明主不厌人，故能成其众；士不厌学，故能成其圣。

——《管子·形势解》

（1）用现代汉语翻译以上两段文字。

（2）《谏逐客书》中哪几句话与上两段文字内容相似？分析其表达技巧。

7. 课外阅读《史记·李斯列传》，参考下段文字，对李斯写一段500字左右的评价。

太史公曰：李斯以闾阎（里巷平民的身份）（游）历诸侯，入（关）事秦，因以瑕衅（抓住机会），以辅始皇，卒成帝业，斯为三公，可谓尊用矣。斯知《六艺》之归（《六经》的要旨），不务（不致力）明政以补（弥补）主上之缺，持爵禄之重，阿顺苟合，严威酷刑，听高（赵高）邪说，废适立庶（废掉嫡子扶苏而立庶子胡亥）。诸侯已畔，斯乃欲谏争（直言劝谏），不亦末乎！人皆以斯极忠而被五刑死，察其本，乃与俗议（世俗的看法）之异。不然，斯之功且与周、召列矣。

——《史记·李斯列传》

能力拓展

阅读下面的选文，按要求答题。

昔者弥子瑕①有宠于卫君。卫国之法，窃驾君车者罪刖②。弥子瑕母病，人间往夜告弥子，弥子矫③驾君车以出。君闻而贤之，曰："孝哉！为母之故，忘其刖罪。"异日，与君游于果园，食桃而甘，不尽，以其半啖⑤君。君曰："爱我哉！忘其口味，以啖寡人。"及弥子色衰爱弛④，得罪于君，君曰："是固尝矫驾吾车，又尝啖我以余桃。"故弥子之行未变于初也，而以前之所以见贤而后获罪者，爱憎之变也。故有爱于主则智当而加亲；有憎于主则智不当见罪而加疏。故谏说谈论之士，不可不察爱憎之主而后说焉。

夫龙之为虫也，柔可狎而骑也，然其喉下有逆鳞⑥径尺，若人有婴⑦之者则必杀人。人主亦有逆鳞，说者能无婴人主之逆鳞，则几矣。

——节选自《韩非子·说难》

【注释】

① 弥子瑕：春秋时卫灵公幸臣。事迹尚见于《左传》《韩非子》。② 刖（yuè）：古代砍掉脚的酷刑。③ 矫：假称君命。④ 啖：让……吃，使动用法。⑤ 色衰而爱弛：容貌衰老，宠爱减弱。色，容貌。⑥ 逆：抵触，不顺，违背。⑦ 婴：触犯。

1. 解释句中加点的词语，并指出活用的情况。
① 人间往夜告弥子　　　　（　　　　　　　）
② 君闻而贤之　　　　　　（　　　　　　　）
③ 忘其口味，以啖寡人　　（　　　　　　　）
④ 与君游于果园，食桃而甘（　　　　　　　）

2. 选出文言句式归类正确的一项（　　　）
① 昔者弥子瑕有宠于卫君
② 孝哉！为母之故，忘其刖罪
③ 与君游于果园
④ 爱我哉！忘其口味，以啖寡人
⑤ 又尝啖我以余桃
⑥ 故弥子之行未变于初也
⑦ 而以前之所以见贤而后获罪者，爱憎之变也
⑧ 故有爱于主则智当而加亲
⑨ 有憎于主则智不当见罪而加疏

A. ①⑧⑨／②④／③⑤⑥／⑦
B. ①⑦⑧⑨／②④／③⑤／⑥
C. ①⑧⑨／②③④／⑤⑥／⑦
D. ①⑧⑨／②④／③⑤／⑥⑦

3. 选出加点字的意义和用法判断正确的一项（　　　）
① 弥子矫驾君车以出／又尝啖我以余桃
② 与君游于果园／有爱于主则智当而加亲

A. ①相同，②相同　　B. ①相同，②不同
C. ①不同，②相同　　D. ①不同，②不同

4. 翻译文中画线句。

① 故有爱于主则智当而加亲；有憎于主则智不当见罪而加疏。
_____

② 人主亦有逆鳞，说者能无婴人主之逆鳞，则几矣。
_____

5. 本文说明了什么道理？怎样论述这一道理的？
_____
_____
_____

与妻书

学习目标

1. 学习革命烈士舍身忘我，为天下人谋永福的高尚精神。
2. 理解文章将缠绵悱恻的儿女情长和为革命献身的浩然正气融于一体的抒情方式。
3. 学习本文驾驭语言的娴熟技巧。

知人论世

一、作家作品

林觉民（1887—1911），字意洞，号抖飞，又号天外生，福建闽县（今福州市）人。民主革命者，黄花岗七十二烈士之一。

林觉民幼年时过继给叔父为子，其嗣父是个饱学多才的廪生，以诗文闻名于当时；嗣母是个生性善良仁爱，典型的贤妻良母。林觉民天性聪慧，读书过目不忘，深得嗣父的喜爱，自幼就由嗣父亲自教导读书。后参加科举考试，无意获取功名，遂在考卷上题了"少年不望万户侯"七个大字，离开考场。

1902年林觉民考入全闽大学堂（今福州一中），开始接受民主革命思想，推崇自由平等学说。1905年回乡与陈意映结婚。林觉民在家中办女学，动员妻子陈意映、堂妹林孟瑜等亲友十余人入学。他亲授国文课程，抨击封建礼教，并介绍欧美先进国家的社会制度和男女平等等情况。为了激发市民的革命思想，林觉民和同学一起成立读报所，其中收纳了邹容的《革命军》、陈天华的《猛回头》等小册子，订了《民报》《苏报》《浙江潮》和秋瑾的《中国女报》等进步报刊。

1907年林觉民告别陈意映,东渡日本自费留学,专攻日语。1908年转入庆应大学学习文科,专攻哲学,兼习英、德两国语言。不久,加入了中国同盟会,成为第14分会(福建分会)的骨干成员。1911年1月底,中国同盟会在香港成立了统筹部,策动广州起义。赵声、黄兴分别任统筹部的正、副部长。林觉民得知后,从日本回国参加广州起义,遂赴香港,后回福建召集革命志士。

1911年4月27日,林觉民与族亲林尹民、林文随黄兴、方声洞等革命党人参加广州起义,转战途中受伤,力尽被俘。后从容就义,史称"黄花岗七十二烈士"之一。

二、创作背景

1911年4月9日,林觉民告别了陈意映,带着二十余人从马尾登船驰往香港。4月23日,黄兴从香港潜入广州主持起义工作。24日夜,林觉民回家探望了父母和妻子陈意映,跟家人谎称学校正在放樱花假,当时陈意映已经怀孕。当夜赶回香港,深夜里,林觉民在手帕上写下了给父亲的《禀父书》及给妻子的《与妻书》。

由于有人告密,起义消息泄漏,1911年4月25日,清政府增兵广州,加紧搜捕,部分秘密机关遭受破坏。黄兴只得临时决定于27日发动起义,下午5时30分,林觉民随黄兴勇猛地攻入总督衙门,纵火焚烧督署,冲出督署后,转攻督练所,途中与清巡防营大队人马相遇,展开激烈巷战,受伤力尽被俘。

根据相关记载,清廷广州将军张鸣岐与水师提督李准会审,林觉民面对他们"侃侃而谈,畅论世界大势,以笔立言,立尽两纸,书至激烈处,解衣磅礴,以手捶胸"。他正告两人,"只要革除暴政,建立共和,能使国家安强,则死也瞑目"。李准甚至动了恻隐之心,觉得可以留下林觉民为清廷所用。张鸣岐则认为,这个"面貌如玉、心肠如铁、心地光明如雪,称得上奇男子"的林觉民,如果留给了革命党,实为后患。

1911年5月3日,林觉民在广州天字码头被枪杀,年仅24岁。

精译详注

意映卿卿如晤,吾今以此书与汝永别矣! 意映爱妻,见字如面,我现在用这封信跟你永远分别了![意映卿卿:意映,作者妻子的名字。卿卿,旧时夫妻间的爱称,多用于丈夫称呼妻子。如晤:如同见面,旧时书信用语。] **吾作此书时,尚是世中一人;汝看此书时,吾已成为阴间一鬼。** 我写这封信时,还是人世间一个人；你看这封信时，我已经成为阴间一鬼。吾作此书，泪珠和笔墨齐下，不能竟书而欲搁笔，又恐汝不察吾衷，谓吾忍舍汝而死，谓吾不知汝之不欲吾死也，故遂忍悲为汝言之。我写这封信，泪珠和笔墨一齐落下，不能够写完信就想放下笔，又怕你不了解我内心的苦衷，说我忍心抛弃你去死，说我不知道你不想让我死，所以就强忍着悲痛给你说这些话。[竟书：写完信。察：了解。衷：内心。]

　　吾至爱汝，即此爱汝一念，使吾勇于就死也。我非常爱你，也就是爱你的这一意念，促使我勇敢地去死呀。[至：极，最。]吾自遇汝以来，常愿天下有情人都成眷属；然遍地腥云，满街狼犬，称心快意，几家能彀？我自从结识你以来，常希望天下的有情人都能结为夫妇；然而遍地血腥阴云，满街凶狼恶犬，有几家能称心满意呢？[彀（gòu）：同"够"。]司马春衫，吾不能学太上之忘情也。江州司马同情琵琶女的遭遇而泪湿青衫，我不能学习那种思想境界最高的圣人而忘掉感情啊。[司马春衫：唐代诗人白居易曾被贬为江州司马，其长诗《琵琶行》中有"座中泣下谁最多？江州司马青衫湿"的诗句。后用"司马青衫"比喻极度悲伤。"春衫"应为"青衫"。太上：圣人。忘情：不为情感所动。]语云：仁者"老吾老以及人之老，幼吾幼以及人之幼"。古语说：仁爱的人"尊敬自己的老人，从而推及尊敬别人的老人，爱护自己的儿女，从而推及爱护别人的儿女"。["仁者"两句：语出《孟子·梁惠王上》。前"老"字作动词用，尊敬之义，后两个"老"字形容词用作名词。前"幼"字也作动词用，爱护之义，后两个"幼"字形容词用作名词。]吾充吾爱汝之心，助天下人爱其所爱，所以敢先汝而死，不顾汝也。我扩充我爱你的心，帮助天下人爱他们所爱的人，所以我才敢在你之前死而不顾你呀。[充：扩充。所以：同现代汉语，表结果。]汝体吾此心，于啼泣之余，亦以天下人为念，当亦乐牺牲吾身与汝身之福利，为天下人谋永福也。汝其勿悲！你能体谅我这种心情，在哭泣之后，也把天下人作为自己思念的人，应该也乐意牺牲我一生和你一生的福利，替天下人谋求永久的幸福了。你可不要悲伤啊！[体：体谅。永福：永久的幸福。其：表祈使语气。]

　　汝忆否？四五年前某夕，吾尝语曰："与使吾先死也，无宁汝先吾而死。"你还记得吗？四五年前的一个晚上，我曾经对你说："与其让我先死，不如让你先死。"[无宁：不如。]汝初闻言而怒，后经吾婉解，虽不谓吾言为是，而亦无词相答。你刚听这话就很生气，后来经过我委婉的解释，你虽然不说我的话是对的，但也无话回答我。[相答：回答我。相，偏指一方，相当于"我"。]吾之意盖谓以汝之弱，必不能禁失吾之悲，吾先死，留苦与汝，吾心不忍，故宁请汝先死，吾担悲也。我的意思是说凭你的瘦弱身体，一定经受不住失去我的悲痛，我先死，把痛苦留给你,我内心不忍,所以宁愿希望你先死,让我来承担悲痛吧。[禁:忍受得住。宁:宁愿。]**嗟夫!谁知吾卒先汝而死乎?**唉!谁知道我终究比你先死呢?[卒:最终。]

吾真真不能忘汝也!我实在是不能忘记你啊!**回忆后街之屋,入门穿廊,过前后厅,又三四折,有小厅,厅旁一室,为吾与汝双栖之所。**回忆后街我们的家,进入大门,穿过走廊,经过前厅和后厅,又转三四个弯,有一个小厅,小厅旁有一间房,那是我和你共同居住的地方。[双栖:共同居住。原指飞禽雌雄共同栖止,在此比喻夫妻共处。]**初婚三四个月,适冬之望日前后,窗外疏梅筛月影,依稀掩映;吾与并肩携手,低低切切,何事不语?何情不诉?**刚结婚三四个月,正赶上冬月十五日前后,窗外稀疏的梅枝筛下月影,遮掩映衬;我和你并肩携手,低声私语,什么事不说?什么感情不倾诉呢?[望日:农历每月十五日。疏梅筛月影:月光透过稀疏的梅树照进房间里,像被筛子筛过一样,变成散碎的影子。依稀掩映:指月光梅影朦胧相映,看不清楚。吾与并肩携手:按文意,应为"吾与汝并肩携手"。低低切切:小声说私话的样子。]**及今思之,空余泪痕。**到现在回想起当时的情景,只剩下泪痕。**又回忆六七年前,吾之逃家复归也,汝泣告我:"望今后有远行,必以告妾,妾愿随君行。"**又回忆起六七年前,我背着家里人出走又回到家时,你小声哭着告诉我:"希望今后要远走,一定把这事告诉我,我愿随着你远行。"**吾亦既许汝矣。**我也已经答应你了。**前十余日回家,即欲乘便以此行之事语汝,及与汝相对,又不能启口,且以汝之有身也,更恐不胜悲,故惟日日呼酒买醉。**十几天前回家,就想顺便把这次远行的事告诉你,等到面对你时,又开不了口,况且因你怀孕了,更怕你不能承受悲伤,所以只能天天要酒喝求得一醉。[有身:怀孕。胜:经受。]**嗟夫!当时余心之悲,盖不能以寸管形容之。**唉!当时我内心的悲痛,是不能用笔墨来形容的。[寸管:毛笔的代称。]

吾诚愿与汝相守以死,第以今日事势观之,天灾可以死,盗贼可以死,瓜分之日可以死,奸官污吏虐民可以死,吾辈处今日之中国,国中无地无时不可以死。我确实愿意和你相依为命直到老死,但根据现在的局势来看,天灾可以使人死亡,盗贼可以使人死亡,列强瓜分中国的时候可以使人死亡,贪官污吏虐待百姓可以使人死亡,我们这辈人生在今天的中国,国家内无时无地不可以使人死亡。[第:但。]**到那时使吾眼睁睁看汝死,或使汝眼睁睁看吾死,吾能之乎?抑汝能之乎?**到那时让我眼睁睁看着你死,或者让你眼睁睁看着我死,我能够这样吗?还是你能这样呢?[抑:还是。]**即可不死,而离散不相见,徒使两地眼成穿而骨化石,试问古来几曾见破镜能重圆?**即使能不死,但是夫妻离别分散不能相见,白白地使我们两地双眼望穿，尸骨化为石头，试问自古以来什么时候曾见过破镜能重圆的？［骨化石：传说有一男子外出未归，其妻天天登山远望，最后变成一块石头，后人称之为望夫石。破镜能重圆：南朝陈徐德言夫妻，国亡时，破镜各执一半为信，后得重聚。后世即以破镜重圆比喻夫妻失散后又重新团圆。］**则较死为苦也，将奈之何？**那么这种离散比死更要痛苦啊，这将怎么办呢？［较：比较。奈之何：对这事怎么办。］**今日吾与汝幸双健。天下人之不当死而死与不愿离而离者，不可数计，钟情如我辈者，能忍之乎？**今天我和你幸好双双健在。天下人不应当死却死了和不愿意分离却分离了的人，不能用数字来计算，像我们这样爱情专一的人，能忍受这种事情吗？**此吾所以敢率性就死不顾汝也。**这是我敢于毅然去死而不顾你的缘故啊。［率性：任性。］**吾今死无余憾，国事成不成自有同志者在。**我现在死去没有什么遗憾，国家大事成功与不成功自有同志们在继续奋斗。**依新已五岁，转眼成人，汝其善抚之，使之肖我。**依新已经五岁，转眼之间就要长大成人了，希望你好好地抚养他，使他像我。［依新：林觉民长子。其：希望，表祈使语气。肖：像。］**汝腹中之物，吾疑其女也，女必像汝，吾心甚慰。**你腹中的胎儿，我猜她是个女孩，是女孩一定像你，我心里非常欣慰。**或又是男，则亦教其以父志为志，则吾死后尚有二意洞在也。甚幸，甚幸！**或许又是个男孩，你就教育他以他父亲的志向作为志向，那么我死后，仍然有两个林意洞继承我的事业了。幸甚，幸甚！［意洞：林觉民字。］**吾家后日当甚贫，贫无所苦，清静过日而已。**我们家以后的生活应该会很贫困，但贫困没有什么痛苦，清清静静过日子罢了。

　　吾今与汝无言矣。我现在跟你再没有什么话说了。**吾居九泉之下遥闻汝哭声，当哭相和也。**我在九泉之下远远地听到你的哭声，应当也用哭声相应和。［和：应和。］**吾平日不信有鬼，今则又望其真有。**我平时不相信有鬼，现在却又希望它真有。**今人又言心电感应有道，吾亦望其言是实，**现在又有人说心电感应有道理，我也希望这话是真实的，［心电感应有道：近代的一些唯心主义者认为人死后心灵尚有知觉，能和生人交相感应。］**则吾之死，吾灵尚依依旁汝也，汝不必以无侣悲。**［依依：依恋的样子。旁：同"傍"，靠近，引申为"陪伴"。］那么我死了，我的灵魂还能依依不舍地陪伴着你，你不必因为失去伴侣而悲伤了。

　　吾平生未尝以吾所志语汝，是吾不是处；然语之，又恐汝日日为吾担忧。我平素不曾把我的志向告诉你，这是我不对的地方；可是告诉你，又怕你天天为我担忧。**吾牺牲百死而不辞，而使汝担忧，的的非吾所忍。**我为国牺牲，死一百次也不推辞，可是让你担忧，的确不是我能忍受的。［的的：的确。］**吾爱汝至，所以为汝谋者惟恐未尽。**我爱你到了极点，所以替你打算的事情只怕不周全。**汝幸**

而偶我，又何不幸而生今日之中国！你有幸嫁给了我，可又如此不幸生在今天的中国！[偶：婚配，嫁给。]**吾幸而得汝，又何不幸而生今日之中国！**我有幸娶到你，可又如此不幸生在今天的中国！**卒不忍独善其身。**我终究不忍心只顾全自己生活美好。[卒：终究。独善其身：原指独自修养身心，保持个人的节操。后指只顾自己，不管他人的个人主义处事哲学。此处应为后指之意。出自《孟子·尽心上》："穷则独善其身，达则兼善天下。"]**嗟夫！巾短情长，所未尽者，尚有万千，汝可以模拟得之。**唉！方巾短小情义深长，没有写完的心里话，还有成千上万，你可以凭此书揣摩、领会我没写完的心意。[巾：指作者写这封信时所用的白布方巾。此书信写在一条白巾上，故说"巾短"。模拟：揣摩，领会。]**吾今不能见汝矣！汝不能舍吾，其时时于梦中得我乎？一恸。**我现在不能见到你了，你又不能忘掉我，大概你经常会在梦中见到我吧，（写到这里）太悲痛了。[舍：舍弃。此处指忘怀。一恸：大恸，太悲痛了。]**辛未三月念六夜四鼓，意洞手书。**辛未年三月二十六日深夜四更，意洞亲笔。[辛未：应是"辛亥"，此书作于黄花岗起义前三天的1911年4月24日，即农历辛亥年三月廿六日深夜。广州黄花岗起义爆发于1911年4月27日，与辛亥革命在武昌取得成功在同一年。辛亥革命乃后来之词，那时尚未有统一称呼，此处作"辛未"，系作者笔误。念：同"廿"，二十。四鼓：四更天。]

家中诸母皆通文，有不解处，望请其指教，当尽吾意为幸。家中各位伯母、叔母都通晓文字，有不理解的地方，希望请她们指教。一定要完全理解我的心意，是我的希望。[诸母：各位伯母、叔母。]

赏析导读

《与妻书》形式上是一封家书，实际上是以血和着泪水写成的一篇感人至深的抒情散文。表现了作者为谋求天下人之永福而甘愿舍弃自我小家幸福的崇高奉献精神，展现了视死如归的革命豪情。信中抒发了作者对妻子的挚爱和对革命事业的忠诚，反映了一个民主革命战士高尚的内心世界，表达了一个革命者的生死观和幸福观。信中所流露出的革命者的大爱情怀，动人心弦、感人肺腑，对于生活在现今的我们也仍有极大的教育意义。

文章一开头，作者满含深情地写道，"意映卿卿如晤"。作者对妻子的满心爱恋已经跃然纸上。"如晤"即"见字如见人"，既符合我国传统书信的体例，又将对妻子的缱绻深情寓于其中。

书信正文开头写道:"吾今以此书与汝永别矣",一种决绝之意充斥其间。紧接着作者对永诀做了进一步的注解:"吾作此书时,尚是世中一人;汝看此书时,吾已成为阴间一鬼。"那种义无反顾、舍生忘死的牺牲精神已浮现眼前。林觉民不仅是向爱妻倾诉衷肠,同时也是向世人表明自己的崇高信念以及对所投身革命事业的无限忠诚。这种信念与忠诚就是信中所提到的:"以天下人为念""为天下人谋永福""吾牺牲百死而不辞"!

"吾作此书,泪珠和笔墨齐下,不能竟书而欲搁笔",作者忍着内心巨大的悲痛,却难以抑制两行热泪潸然而下,读之令人鼻酸心痛。"吾至爱汝,即此爱汝一念,使吾勇于就死也",这种"爱汝之心"正是作者敢于慷慨赴死的动力源泉。作者因爱妻之故,而推及"常愿天下有情人都成眷属"之念,面对现实社会的残忍与不公,想到孟子"老吾老以及人之老,幼吾幼以及人之幼"的古训,因而"吾充吾爱汝之心,助天下人爱其所爱",这就把自己对妻子的小爱放大为对世人得偿所愿的大爱。也正是有这种大爱在心中,所以作者才"敢先汝而死,不顾汝也"。作者希望妻子体察自己的内心,能够生出同样的大爱之心:"汝体吾此心,于啼泣之余,亦以天下人为念,当亦乐牺牲吾身与汝身之福利,为天下人谋永福也。"这是多么崇高的思想境界。

"汝忆否"一段,作者曾告诉妻子,宁愿让妻子先死而自己承受无尽的哀痛与悲伤,其原因就是考虑爱妻"以汝之弱,必不能禁失吾之悲,吾先死,留苦与汝,吾心不忍,故宁请汝先死,吾担悲也"。然而,世事难料,乱世难测,"谁知吾卒先汝而死乎?"昔日戏言今朝已做出痛苦的抉择,实乃锥心之痛!

第四段是往昔卿卿我我的爱情生活场景的回忆,满含着自己对妻子的深情与爱意,流露出对生活的不舍与依恋。"后街之屋"的细节描写,"冬之望日前后,窗外疏梅筛月影"的相依相伴,"及今思之,空余泪痕"。"又回忆六七年前"的承诺,林觉民是忍着内心巨大的悲痛在向爱妻诉说自己即将就死时对生的留恋之情。此段描述极富诗意,爱得越深切,死得越壮烈,儿女情越长,英雄气愈壮。

第五段由三、四两段的叙事回忆转入议论,先以四个"可以死"排比,再以"国中无地无时不可以死",与第二段中"遍地腥云,满街狼犬"相呼应,揭露帝国瓜分、奸官虐民的黑暗现实,这也正是作者奋起革命的原因。接着交代"敢率性就死不顾汝"的原因:"天下人之不当死而死与不愿离而离者,不可数计,钟情如我辈者,能忍之乎?"表明自己是"为天下人谋永福"而死。其后的临终托付更为壮烈,"或又是男,则亦教其以父志为志,则吾死后尚有二意洞在也。甚幸,甚幸"!其后遗腹子果真为男,取名仲新。长子依新九岁病故,次子仲新由祖父带大，民国政府成立之后，生活支出与学费多由民国政府承担。林仲新后来考入上海光华大学，毕业之后跟随林觉民旧交林森在政府中做事。在国民政府中当过科长、局长等职。

作者年方24岁，爱妻尚有身孕，怎能忍心抛妻别子？他希望逝去之后仍能感知人世之事，仍能够与爱妻同悲同喜："吾居九泉之下遥闻汝哭声，当哭相和也。吾平日不信有鬼，今则又望其真有。""则吾之死，吾灵尚依依旁汝也。"这些最素朴、最真切的话语流露出林觉民对爱妻的不舍与牵挂，希望冥冥之中仍能注视着自己最为心爱的人，能够为其遮风挡雨，分担其在世上的愁苦与哀伤，分享其点滴的幸福与快乐。这段文字也与作者往昔与爱妻所闲谈的话语相呼应。

然而，作为一名矢志为革命事业抛头颅洒热血的民主主义战士，心胸所怀岂只是儿女私情？作者将两人的相遇相识放在时代的大背景下来考量，指出个人的不幸脱离不开时代的不幸，这也就是作者所说的"汝幸而偶我，又何不幸而生今日之中国！吾幸而得汝，又何不幸而生今日之中国"。正是因为深感时代不幸对个人幸福所造成的阻碍，所以做出"卒不忍独善其身"的抉择。为了天下所有的有情人终能白首相依，互相厮守，为了更多人能过上幸福自由的生活，作者毅然决然地投身革命洪流，不惜牺牲自我，勇于奉献青春，体现了为革命捐躯，甘于奉献，视死如归的崇高精神。

技法探求

1. 文中是如何体现英雄本色和儿女情长的和谐统一的？

本文是血和着泪写成的绝笔书。作者对妻子纯洁炽热的爱情，情真意切，催人泪下。诚如鲁迅说的"无情未必真豪杰"，正由于作者对妻子爱得深挚，因此在诀别作书时，夫妻之间那令人眷恋而又无法重温的往事，纷纷涌入笔底。尤其是三、四两段对昔日爱情生活的深情回忆，读之令人肝肠寸断。

但作者又是理智的，在袒露革命者的胸襟时，则豪情壮志，感人至深。第二、五段笔墨中则饱含着他对革命、人生的崇高信念。"吾至爱汝"，"吾忍舍汝而死"的原因，是为了"助天下人爱其所爱""为天下人谋永福也。""生命诚可贵，爱情价更高。若为自由故，两者皆可抛！"（匈牙利诗人裴多菲诗）在个人的生命、爱情和国家人民的自由民主的两难选择中，没有什么比争取人民的自由价值更高。作者在爱情与死亡之间，舍弃卿卿我我的小爱，选择了为革命而献身的大爱。作为革命者所拥有的这种大爱情怀，是我们这个民族最应该珍视的宝贵精神财富。

全篇以质朴的语言，直抒心声，理贯于情，情中见理。体现了英雄本色和儿女情长的和谐统一。

2. 赏析第四段语言方面的特色。

第四段是对婚后生活的深情回忆：冬日明月之夜，一对爱侣临窗低语，携手庭中，在月光与疏梅交相掩映中互诉心怀。和平、宁静、温柔、幽谧的夜色，烘托着、渲染着人间醉人的幸福：花月掩映，两情依依，良辰美景，诗情画意，美丽青春，浓情蜜意。这动人的情境，这无边的幸福，让他无法忘怀。但作者却抛弃这一切，英勇赴义，这是何等的情操，多么崇高的境界。情之越长，义之越深。

"初婚三四个月，适冬之望日前后，窗外疏梅筛月影，依稀掩映；吾与并肩携手，低低切切，何事不语？何情不诉？"作者采用了四言整句和散句结合的形式，参差错落，抑扬顿挫，娓娓动听。语言明净如洗，韵致极富诗意。既有一种逼真传神的形象美，又有一种清新醉人的情趣美。夫妻之间的柔情蜜意"何事不语？何情不诉"，虚虚实实之间，既明朗又微妙，给人以不尽的遐想。

文中时时出现叠字，如"真真""低低""切切""日日"等，把作者对妻子无限爱恋，对人生无限眷恋的浓烈感情传达了出来，表达了对妻子的至爱至情。

本文感人至深的原因，除了高尚的革命情怀之外，与作者挥洒自如地驾驭语言的功力也是分不开的。

知识积累

一、通假字

1. 称心快意，几家能彀（彀，同"够"，能够）
2. 吾灵尚依依旁汝也（旁，同"傍"，依傍）
3. 辛未三月念六夜四鼓（念，同"廿"，二十）

二、一词多义

1. 与
① 与妻书（动词，给，给予）
② 吾诚愿与汝相守以死（介词，和，同，跟）
③ 吾与（汝）并肩携手（连词，表并列，和、同）
④ 与使吾先死也，无宁汝先吾而死（连词，表选择，与其）

2. 身
① 当亦乐牺牲吾身与汝身之福利（名词，自身，自己）

② 且以汝之有身也，更恐不胜悲（名词，身孕）

3. 及

① 老吾老以及人之老（动词，推广到）

② 及与汝相对，又不能启口（介词，等到）

4. 余

① 于啼泣之余，亦以天下人为念（副词，以外，以后）

② 及今思之，空余泪痕（动词，剩下，留下）

③ 前十余日回家（数词，整数后不确定的零数）

④ 当时余心之悲，盖不能以寸管形容之（代词，我的）

⑤ 吾今死无余憾（形容词，遗留的，剩下的）

5. 书

① 吾今以此书与汝永别矣（名词，信）

② 不能竟书而欲搁笔（动词，写）

6. 当

① 当亦乐牺牲吾身与汝身之福利（能愿动词，应当）

② 当时余心之悲，盖不能以寸管形容之（介词，在）

③ 吾家后日当甚贫（副词，会，将会）

④ 吾居九泉之下遥闻汝哭声，当哭相和也（副词，会，将会）

7. 其

① 助天下人爱其所爱（代词，他们）

② 卒不忍独善其身（代词，自己）

③ 汝腹中之物，吾疑其女也（代词，代腹中之物）

④ 吾平日不信有鬼，今则又望其真有（代词，代鬼）

⑤ 吾亦望其言是实（代词，那些）

⑥ 汝不能舍吾，其时时于梦中得我乎（副词，表测度语气，大概，或许）

⑦ 汝其勿悲（副词，表祈使语气，可，希望）

⑧ 汝其善抚之，使之肖我（副词，表祈使语气，可要，希望）

8. 所

① 助天下人爱其所爱［助词，与动词"爱"组成名词性短语，可译为"所（爱）的人"］

② 吾平生未尝以吾所志语汝［助词，与动词"志"（名词活用为动词）组成名词性短语，可译为"所（追求）的志向"］

③ 巾短情长，所未尽者，尚有万千［助词，与动词"尽"（形容词活用为动词）组成名词性短语，可译为"未写完的话"］

④ 厅旁一室，为吾与汝双栖之所（名词，处所，地方）

9. 所以

① 吾充吾爱汝之心，助天下人爱其所爱，所以敢先汝而死，不顾汝也（复音虚词，表结果，因此，同现代汉语）

② 此吾所以敢率性就死不顾汝也（复音虚词，表原因，……的原因）

10. 相

① 虽不谓吾言为是，而亦无词相答（指代性副词，我）

② 吾居九泉之下遥闻汝哭声，当哭相和也（指代性副词，你）

11. 为

① 故遂忍悲为汝言之（介词，对，向）

② 为天下人谋永福也（介词，替）

③ 虽不谓吾言为是，而亦无词相答（动词，表判断，是）

④ 则较死为苦也，将奈之何［副词，加强语气，（更）是］

⑤ 当尽吾意为幸（动词，感到）

⑥ 于啼泣之余，亦以天下人为念（动词，当作）

12. 以

① 吾今以此书与汝永别矣（介词，拿）

② 汝不必以无侣悲（介词，因为）

③ 吾平生未尝以吾所志语汝（介词，把）

④ 当时余心之悲，盖不能以寸管形容之（介词，用）

⑤ 吾诚愿与汝相守以死，第以今日事势观之（第一个"以"，连词，相当于"而"，用在状语和中心语之间，表修饰，可译成"着"；第二个"以"，介词，从）

⑥ 吾之意盖谓以汝之弱，必不能禁失吾之悲（介词，凭着）

13. 而

① 汝幸而偶我，又何不幸而生今日之中国（连词，连接状语，表修饰，可译为"地"，也可不译）

② 不能竟书而欲搁笔（连词，表承接，可译为"就"）

③ 虽不谓吾言为是，而亦无词相答（连词，表转折，可是）

14. 即

① 即此爱汝一念，使吾勇于就死也（副词，就，就是）

② 即可不死，而离散不相见（连词，即使，纵使）

三、古今异义

1. 老吾老以及人之老（古义：双音复合词，并且推广到。今义：表并列的连词）

2. 此吾所以敢率性就死不顾汝也（古义：……的原因。今义：表结果的连词，因此）

3. 吾家后日当甚贫（古义：以后的日子。今义：后天，明天的明天）

4. 汝泣告我（古义：请求。今义：控告、告诉等）

5. 汝可以模拟得之（古义：想象、揣摩。今义：模仿）

四、词类活用

1. 老吾老以及人之老（第一个"老"是形容词活用作动词，尊敬；后两个"老"是形容词活用为名词，老人）

2. 幼吾幼以及人之幼（第一个"幼"是形容词活用为动词，爱护；后两个"幼"是形容词活用为名词，小孩）

3. 称心快意（快，形容词的使动用法，使……愉快）

4. 当亦乐牺牲吾身与汝身之福利（乐，形容词的意动用法，以……为乐）

5. 吾之逃家复归也，汝泣告我（泣，动词作状语，小声哭着）

6. 瓜分之日可以死［瓜，名词作状语，像切瓜一样；死，动词的使动用法（其后省略宾语"之"），使……死］

7. 望今后有远行，必以告妾（远行，动词活用为名词，远行的事情）

8. 当哭相和也（哭，动词用作状语，用哭声）

9. 吾平生未尝以吾所志语汝（志，名词用作动词，立志；语，名词用作动词，告诉）

10. 天下人之不当死而死与不愿离而离者，不可数计（数，名词作状语，用数字）

11. 汝幸而偶我（偶，名词用作动词，嫁给……为配偶）

12. 卒不忍独善其身（善，形容词的使动用法，使……完善、好）

13. 巾短情长，所未尽者，尚有万千（尽，形容词活用为动词，写尽；万千，数词作名词，指很多的话）

14. 意洞手书（手，名词作状语，用手，亲手）

15. 当尽吾意为幸（尽，形容词作动词，领会尽，领会透；幸，形容词活用作名词，幸事）

五、特殊句式

1. 判断句

① 吾作此书时，尚是世中一人（是，表判断，同现代汉语）

② 厅旁一室，为吾与汝双栖之所（为，表判断）

2. 省略句

① 望今后有远行，必以（之）告妾，妾愿随君行（省略介词宾语）

② 天灾可以死（人）（省略宾语）

③ 汝幸而偶我，又何不幸而生（于）今日之中国（省略介词"于"）

④ 吾辈处（于）今日之中国（省略介词"于"）

⑤ 吾居（于）九泉之下遥闻汝哭声，当哭相和也（省略介词"于"）

⑥ 谁知吾卒先（于）汝而死乎（省略介词"于"）

3. 倒装句

① 钟情如我辈者，能忍之乎（定语后置，"……者"标志）

② 天下人之不当死而死与不愿离而离者，不可数计（定语后置，"之……者"标志）

③ 吾爱汝至（状语后置，至爱汝）

④ 称心快意，几家能彀（主谓倒装句，几家能够称心快意）

4. 固定句式

① 与使吾先死也，无宁汝先吾而死（表选择，与其……不如……）

② 则较死为苦也，将奈之何［表疑问，把（拿）……怎么办，对……怎么样］

一课一练

1.《与妻书》与《谏逐客书》同是"书"，但文体并不相同，前者是传寄亲人、吐露心声的_____，后者是随事谏诤、议论政务的_____；对象也不相同，前者是写给_____，后者是写给_____；其写作目的亦有异，前者是_____，后者是_____。

2. 下列词语中加点字的读音完全正确的一项是（　　　）

A. 称心快意（chēng）　　眷属（juàn）　　卿卿（qīng）

B. 几家能彀（gòu）　　如晤（wù）　　一恸（tòng）

C. 心不能禁（jīn）　　婉解（wǎn）　　依旁（páng）

D. 双栖（xī）　　　　　肖我（xiāo）　　　　相和（hè）

3. 解释下列加点的词语活用的现象。

① 老吾老以及人之老　　　　　　　　　　　（　　　　　）
② 称心快意，几家能彀　　　　　　　　　　（　　　　　）
③ 当亦乐牺牲吾身与汝身之福利　　　　　　（　　　　　）
④ 瓜分之日可以死　　　　　　　　　　　　（　　　　　）
⑤ 望今后有远行，必以告妾　　　　　　　　（　　　　　）
⑥ 吾平生未尝以吾所志语汝　　　　　　　　（　　　　　）
⑦ 天下人之不当死而死与不愿离而离者，不可数计（　　　　　）
⑧ 汝幸而偶我　　　　　　　　　　　　　　（　　　　　）
⑨ 卒不忍独善其身　　　　　　　　　　　　（　　　　　）
⑩ 巾短情长，所未尽者，尚有万千　　　　　（　　　　　）

4. 下列文言句式分类正确的一项是（　　　）

① 吾作此书时，尚是世中一人
② 吾居九泉之下遥闻汝哭声，当哭相和也
③ 汝幸而偶我，又何不幸而生今日之中国
④ 称心快意，几家能彀
⑤ 厅旁一室，为吾与汝双栖之所
⑥ 谁知吾卒先汝而死乎
⑦ 钟情如我辈者，能忍之乎
⑧ 则较死为苦也，将奈之何
⑨ 天下人之不当死而死与不愿离而离者，不可数计
⑩ 与使吾先死也，无宁汝先吾而死

A. ①③⑤／②⑥／④／⑦⑨／⑧⑩
B. ①④⑤／②③⑥／⑦⑧／⑨⑩
C. ①⑤／②⑥⑨／③④／⑦／⑧⑩
D. ①⑤／②③⑥／④／⑦⑨／⑧⑩

5. 翻译下列句子。

① 意映卿卿如晤，吾今以此书与汝永别矣！

② 吾自遇汝以来，常愿天下有情人都成眷属；然遍地腥云，满街狼犬，称心快意，几家能彀？

③ 语云：仁者"老吾老以及人之老，幼吾幼以及人之幼"。

④ 汝体吾此心，于啼泣之余，亦以天下人为念，当亦乐牺牲吾身与汝身之福利，为天下人谋永福也。汝其勿悲！

⑤ 初婚三四个月，适冬之望日前后，窗外疏梅筛月影，依稀掩映；吾与并肩携手，低低切切，何事不语？何情不诉？

⑥ 嗟夫！当时余心之悲，盖不能以寸管形容之。

⑦ 即可不死，而离散不相见，徒使两地眼成穿而骨化石，试问古来几曾见破镜能重圆？

⑧ 嗟夫！巾短情长，所未尽者，尚有万千，汝可以模拟得之。

能力拓展

阅读下文，回答文后问题。

《黄花岗烈士事略》序

孙　文

满清末造①，革命党人，历艰难险巇②，以坚毅不挠之精神，与民贼相搏，踬踣者屡③。死事之惨，以辛亥三月二十九日围攻两广督署之役为最。吾党菁华，付之一炬，其损失可谓大矣！然是役也，碧血横飞，浩气四塞，草木为之含悲，风云因而变色。全国久蛰之人心，乃大兴奋。怨愤所积，如怒涛排壑，不可遏抑，不半载而武昌之革命以成。则斯役之价值，直可惊天地，泣鬼神，与武昌革命之役并寿④。

顾自民国肇造⑤，变乱纷乘，黄花岗上一抔土，犹湮没于荒烟蔓草间。延至七年，始有墓碣之建修；十年，始有事略之编纂。而七十二烈士者，又或有纪载而语焉不详，或仅存姓名而无事迹，甚者且姓名不可考，如史载田横⑥事，虽以史迁之善传游侠⑦，亦不能为五百人立传，滋可痛已。

邹君海滨⑧，以所辑《黄花岗烈士事略》丐序于予。时予方以讨贼督师桂林。环顾国内，贼氛方炽，杌陧之象，视清季有加，而予三十年前所主唱之三民主义、五权宪法⑨，为诸先烈所不惜牺牲生命以争之者，其不获实行也如故。则予此行所负之责任，尤倍重于三十年前。倘国人皆以诸先烈之牺牲精神为国奋斗，助予完成此重大之责任，实现吾人理想之真正中华民国，则此一部开国血史，可传世而不朽，否则不能继述先烈遗志且光大之，而徒感慨于其遗事，斯诚后死者之羞也！余为斯序，既痛逝者，并以为国人之读兹编者勖⑩。

【注释】

① 末造：一个朝代的末期、末世，含有衰乱的意思。② 险巇：险阻崎岖，危险。③ 踬踣者屡：受过多次挫折。踬踣，跌倒，这里指遭受挫折。④ 并寿：一同永垂不朽（为后人纪念）。寿，年岁长久，永存。⑤ 肇造：开始建立。肇，始。造，建立。⑥ 田横：秦末人，齐国贵族。楚汉战争中，自立为齐王。汉朝建立后，他率五百余人逃往海岛。汉高祖刘邦要他到洛阳，被迫前往，因不愿做汉朝的臣属，在途中自杀了。那些留居海岛的五百壮士听到田横死讯，也全部自杀了。⑦ 史迁之善传游侠：史迁，指司马迁。游侠，好交游，讲义气，能替人解除危难的人。《史记·游侠列传》生动地描绘出游侠们的性格特点。⑧ 海滨：邹鲁的字。他追随孙中山革命。孙中山逝世后，他反对三大政策，成为西山会议派的人物。⑨ 三民主义、五权宪法：孙中山的革命学说。三民主义，民族主义、民权主义、民生主义。五权宪法，主张把政治分为政权和治权两种：人民有政权，政府有治权，分行政、立法、司法、考试、监察五权。⑩ 勖：勉励。

1. 孙文，中国民主革命的伟大先驱，中华民国和中国国民党的缔造者，_____主义的倡导者。旅居日本时曾化名中山樵，因而得名"_____"。1905年在日本联合华兴会、光复会等革命团体成立中国同盟会，被推为总理。林觉民1908年参加他创建的_____。

2. 本文是孙中山先生于1921年12月应邹鲁的请求为《黄花岗烈士事略》一书写的序言。从体裁上来说，属于_____，这种体裁一般是说明写书的意图、经过，或是介绍、评价书的内容。这篇序却不是就书论书，而是就书评史论世，作者写这篇序的目的是"_____"（用文中话回答）。

3. 解释下列句子中加点词。
① 顾自民国肇造　　　　　　　　（　　　　　　　）
② 全国久蛰之人心，乃大兴奋　　（　　　　　　　）
③ 吾党菁华，付之一炬　　　　　（　　　　　　　）
④ 虽以史迁之善传游侠　　　　　（　　　　　　　）
⑤ 以所辑《黄花岗烈士事略》丐序于予　（　　　　　）
⑥ 亦不能为五百人立传，滋可痛矣　（　　　　　　）

4. 翻译下列句子。
① 然是役也，碧血横飞，浩气四塞，草木为之含悲，风云因而变色。
_____

② 则斯役之价值，直可惊天地、泣鬼神，与武昌革命之役并寿。
_____

③ 环顾国内，贼氛方炽，杌陧之象，视清季有加。
_____

④ 余为斯序，既痛逝者，并以为国人之读兹编者勖。
_____

5. 下列句子没有表现孙中山深切忧愤的一项是（　　　）
A. 革命党人，历艰难险巇，以坚毅不挠之精神，与民贼相搏，踬踣者屡。
B. 顾自民国肇造，变乱纷乘，黄花岗上一抔土，犹湮没于荒烟蔓草间。
C. 倘国人皆以诸先烈之牺牲精神为国奋斗，助予完成此重大之责任，实现吾人理想之真正中华民国，则此一部开国血史，可传世而不朽。
D. 环顾国内，贼氛方炽，杌陧之象，视清季有加，而予三十年前……其不获实行也如故。

6. 本文以"痛逝者"之情和"勖国人"之理贯穿全篇,试分析这一特色。

林教头风雪山神庙

学习目标

1. 学习运用语言和行动描写塑造人物的方法。
2. 掌握景物描写对渲染气氛，烘托人物，推动情节发展和深化主题的作用。
3. 由分析林冲性格的发展变化入手，认识在封建社会中被压迫者走上反抗道路的必然性。

知人论世

一、作家作品

《水浒传》 又名《忠义水浒传》，传为施耐庵作。是中国古代第一部反映农民起义的著名白话长篇小说，是在《宣和遗事》及民间口头传说、话本、杂剧中有关水浒故事的基础上创作加工，连缀而成。小说形象地揭示了封建社会中"官逼民反"的客观规律，愤怒地揭露了朝政的腐败和官吏豪绅的罪恶，热情地歌颂了起义英雄的反抗斗争，表现了农民阶级强烈要求摆脱剥削与压迫的斗争愿望，并在客观上描述了封建社会中农民革命遭到失败的历史悲剧。

小说成功地塑造了一系列栩栩如生的人物形象，在文学史上具有极高的艺术价值。仅一百单八将中，就有三十多人具有鲜明性格，其中，始而逆来顺受、终至怒而反抗的林冲，见义勇为、粗犷豪爽的鲁智深，一往无前、矢志革命的李逵，正直刚烈、英勇无畏的武松等，均为我国文学画廊中的著名艺术形象。作者对起义英雄予以充分的肯定和热情的讴歌，特别是对一些下层社会出身的英雄，如李逵、三阮、武松、石秀等，受剥削压迫最深重，反抗性也最强，为了正义事业，赴汤蹈火在所不辞。这些朝廷的叛逆，所谓"不赦"的罪人，个个可敬可爱，光辉动人。小说对封建统治阶级的黑暗势力则尽情揭露，从最基层的郑屠、西门庆等到上层的梁中书、地方长官陆谦之流，以及他们的靠山蔡京、高俅，将他们写得丑恶不堪，和梁山英雄形成鲜明的对比。

另外，本书故事曲折动人，语言生动有力，简洁明快，以传神见长。其情节紧张，环环紧扣，如三打祝家庄、大破曾头市、三败高俅等战斗场面，绘声绘色，引人入胜。

《水浒传》有多种版本，现存有明代百回本和百二十回本，还有清代金圣叹评点的七十回本。金圣叹称《水浒传》为"六大才子书"之一，为后世英雄传奇小说楷模，续书有《后水浒传》《荡寇志》等。

施耐庵 生平事迹不详，一般认为是元末明初人。20世纪20年代，江苏兴化地区陆续发现一些有关材料，如《施耐庵墓志》《施耐庵传》等。据零星记载，传其生于元成宗元贞二年（1296），卒于明洪武三年（1370）。祖籍苏州，一说扬州。三十五岁时中进士，在钱塘（今浙江杭州）做过两年官，因与当权者不合，弃官还乡，闭门著述。又传，曾参加元末在苏州起义的张士诚军，并与其部将卞元亨友善。因生当元明之际，目睹朝政腐败，社会不平，遂作《水浒传》以抒胸中之愤。由于材料相互矛盾之处不少，这些材料的真伪问题学术界一直未有定论。《水浒传》的作者，明人说法不一，有说是施耐庵和他的学生罗贯中合作，现在大都认为是施耐庵所作。

二、创作背景

全书以北宋末年宋江所领导的农民起义为题材，以现实主义手法反映了封建社会一次农民起义从产生、发展到失败的整个过程。书中描写一百零八名英雄好汉，各自经过种种曲折道路，被逼而聚义梁山泊，"替天行道"，反抗官府，最后竟接受朝廷招安，并奉旨征剿田虎、王庆、方腊等农民起义军，终至全军瓦解。其中逼上梁山和反抗官军两部分最为精彩。作品最突出的艺术成就是对人物性格的成功刻画。

与课文有关的情节如下：《水浒传》用五回描写林冲被逼上梁山的过程。林冲原是东京八十万禁军教头，有优厚的待遇和安乐的家庭，很自然地形成一种安于现状的性格。上司高俅的儿子高衙内觊觎其妻，明目张胆地调戏他的妻子，他感到耻辱，拳头举起却不敢下手。后来，他被陆谦（陆虞候）与高衙内设下陷阱，阴谋迫害，误入白虎堂，被诬陷为"刺客"，结果含冤负屈刺配沧州。发配途中，高俅的走卒陆虞候买通解差董超、薛霸，多次谋害林冲，幸而有鲁智深、柴进等人的拔刀相助，才幸免遇害。但他还是怯于反抗，遇险野猪林时，阻止鲁智深打死解差、董超、薛霸，戴上枷锁来到沧州，希望将来能够顺利归去，与家人团聚。但高俅父子并没有因为他一再退让而饶恕他，却派陆谦从东京赶到沧州来谋杀林冲。课文就是从这里开始的。

赏析导读

1. 开头部分写林冲在沧州巧遇李小二，看似闲笔，它对塑造人物形象和安排情节发展方面有什么表达作用？

课文一开头，作者先写了李小二和小酒店。林冲被诬陷下狱，刺配沧州，"闲走间"邂逅故人李小二。这是情节的引子。作者说是"闲话"，但是，闲话不闲。

① 林冲帮助、救援过处于社会底层的李小二，说明林冲有正义感，表现其扶弱济贫、胸怀侠义的一面。

② 此时的林冲只担心"未知久后如何"，甚至还自认是"罪囚"，"恐怕玷辱"李小二夫妻两个，说明在遭受一系列凌辱迫害后，其忍辱退让的思想、性格依然没有什么变化。

③ 它虽在整个情节中属于引子部分，然而在以后的情节中却发挥了应有的作用，埋下了后面情节发展的伏线，为第二段陆谦的出现，李小二夫妻起疑、偷听，以及后文李小二感恩图报，通风报信埋下伏笔。

2. 文章第二段写陆谦和管营、差拨密谋小酒店，这对情节的发展起什么作用？

密谋小酒店，是情节的开端。写李小二的小酒店，不光是为了招待林冲，更重要的是为了引出陆谦和管营、差拨密谋的情节。这一天，李小二正在门前安排菜蔬下饭，忽见一个人闪进酒店内，随后又一人闪了进来，同本不相识的管营、差拨窃窃私语。这两个"闪"字用得很形象，把搞阴谋诡计的坏人那种鬼鬼祟祟的情态，活灵活现地反映出来了。一连四五个"只见那个官人""只见那人说道"……写得若隐若现，扑朔迷离。李小二从来人的口音判断其来自东京，又"听得差拨口里呐出一句'高太尉'三个字来"，立刻产生联想，"莫不与林教头身上有些干碍"这种联想，又恰与本文引子部分的情节形成呼应，显得顺理成章。他叫夫人到"阁子背后"偷听，以便弄明事实真相。李小二老婆偷看到以金银相赠的情形，偷听到差拨"都在我身上，好歹要结果他性命"的允诺保证，事态也就逐步明朗，线索也就逐渐显豁，预示着横祸又将降临林教头。

3. 第五段写林冲买刀寻仇，对林冲性格的塑造和情节发展有何作用？

买刀寻仇人，是情节的发展。"林冲走将入店里来"，李小二"有些要紧说话"，请林冲到里面坐下，使得林冲满腹狐疑。李小二将刚来小酒店的那人容貌——"五短身材，白净面皮，没甚髭须，约有三十余岁"和"高太尉"等只言片语告诉林冲，林冲不觉大惊道："正是陆虞候。那泼贱贼敢来这里害我！休要撞着我，只教他骨肉为泥！""大惊"之后，又不由"大怒"，显示出情绪的急剧变化，也使情节向纵深飞跃，同时又表明林冲的思想性格将有质的飞跃。说罢，林冲离开酒店，买了一把解腕尖刀，前街后巷去寻。透过这一声怒骂和持刀急寻的身影，人们明显地感觉到林冲的反抗性格向前跨进了一大步。为杀仇人而不顾自己是一个充军流放的罪囚，报仇雪恨的强烈欲望，使他将前程、生死等一切利害关系都置之度外了。这一描写，正是通往林冲性格突变道路上的一层重要台阶。铺设了这个台阶，下面林冲思想的飞跃，就更加合乎情理。

俗话说：文似看山不喜平。眼看矛盾即将激化，作者在这里故意顿了一笔，林冲当日未曾寻到。次日黎明即起，身带尖刀，"又去沧州城里城外、小街夹巷团团寻了一日"，仍不见动静。如此三五日，"不见消耗"，林冲"也自心下慢了"，怒火渐熄，表明了情节的松弛。陆谦等人在小酒店里一闪后，也消失得无影无踪。矛盾冲突的浪头起而又伏，于暗伏中积蓄力量，准备迎接更大的冲击和高峰。

4. 火烧草料场是情节的进一步发展。由四个层次组成：老军交差，市井沽酒，投宿破庙，草场失火。请加以赏析。

第三个情节由"弛"入"张"，到"第六日"渐近高潮，但高潮的形成仍然是逐渐推进的。管营支派林冲去管草料场，看似抬举，实有阴谋，弄得林冲百思不解："却不害我，倒与我好差使，正不知何意？"这是情节高潮的引线。进入隆冬季节，大雪纷飞的环境描写，为高潮的出现勾画了气象森寒的背景。

老军交差，一段话介绍草料场内外情景和手续办理的经过，其中两个细节为后文埋下伏线。一是老军的酒葫芦，一是草屋在风雪中岌岌可危。有老军酒葫芦又加之天气奇寒，这便自然过渡到市井沽酒。草屋破烂，风中倒塌，这便有投宿破庙的情节发生。林冲在草屋之内，自言自语："这屋如何过得一冬？待雪晴了，去城中唤个泥水匠来修理。"看来，他已把刀劈仇人的怒火熄灭了，想冬去春来，长久在此安身，待刑满后再回东京与妻子团聚。情节又由"张"入"弛"。

市井沽酒回来，"那两间草厅已被雪压倒了"。这在小说中是偶然的情节，然而又是林冲绝路逢生、免于死难的重要细节。于是，林冲在无处投宿的情况下，只得寄居破庙。"林冲把枪和酒葫芦放在纸堆上，将那条絮被放开，先取下毡笠子，把身上雪都抖了，把上盖白布衫脱将下来，早有五分湿了，和毡笠放供桌上。把被扯来盖了半截下身，却把葫芦冷酒提来，慢慢地吃，就将怀中牛肉下酒。"这样细致的动作描写，表明林冲此时没有任何思想准备来应付突发的事变，这是高潮前的平静，有助于情节向高潮推进，将会掀起更大的浪头。

5. 林冲怒杀仇敌，是情节的高潮。林冲的思想性格是怎样完善的？

"正吃时，只听得外面必必剥剥地爆响"，情节的高潮到来了。当林冲将要开门救火时，听见庙外脚步声和说话声。在漫天风雪和冷寂空旷的野外，又值火起，这样的脚步声和说话声，自然引起林冲的警惕。作者让林冲在庙内听，让仇人在庙外对话，这样的场面处理独具匠心。仇人对话，照应了情节的开端，让开端部分扑朔迷离的酒店密谋具体化和明朗化，揭示了事情真相。草料场被陆谦等人放火烧着了。作者借陆谦一干人自己的口，将陷害林冲的全部狠毒阴谋，在山神庙前和盘托出，小说主人公林冲和读者心头的一切疑团豁然开朗。

事到如今，林冲再也无法忍耐下去了。当他听到"拾得他一两块骨头回京，府里见太尉和衙内时，也道我们也能会干事"等话语时，草料场的一把大火，烧起了他心头的万丈怒焰；仇人间的一席对话，驱散了他胸中的软弱怯懦。旧恨新仇，一齐涌上心头，他拽开庙门，挺着花枪，大喝一声："泼贼那里去！"这山崩地裂的一声大喝中，踏过艰苦思想斗争历程的林冲，思想性格终于爆发出质的飞跃。他转变了立场，抛弃了幻想，手刃仇人，同前所依附的封建统治集团彻底决裂。这个"空有一身本事"，"屈沉在小人之下"的英雄，面貌一新地站立起来了。他那英勇的反抗性格，在这促使他思想升华的矛盾高潮中，得到了充分展现。

他声色俱厉痛斥仇人，最后剜出了仇人的心肝，解了自己的心头之恨。出自林冲口中那"杀人可恕，情理难容"八个字，淋漓尽致地表现了这受尽奸贼迫害的英雄举刀杀人行动的理直气壮，正义凛然；充分揭露了高俅、陆谦这些封建统治阶层及其走狗的卑鄙、狠毒和罪恶。

6. 雪夜上梁山是情节的结局。如何体现了一个"逼"字？

在处死三人后，林冲"提了枪，便出庙门投东去"。草料场被烧毁，又杀了陆谦等人，林冲犯下了弥天大罪，罪不容诛。他的一切退路都被彻底堵死，只剩下"上梁山"这一条路了。于是，在无情的现实教育下，他丢掉了幻想，挺起腰杆，走上了梁山农民起义的道路。

林冲从一个封建统治集团的依附者，被徽宗皇帝的宠臣太尉高俅步步紧"逼"，陷害得家破人亡，终于投奔梁山，成为农民起义的革命英雄。

技法探求

1. 文章第二、三段和倒数第二段是分别写"偷听"的文字，品评这几段文字语言个性化的特色，比较两者不同点。

第二、三段李小二夫妻的观察、窃听，写得若明若暗，启人疑窦，引人入胜。来人行动鬼鬼祟祟，二人一前一后"闪将进来"；说话偷偷摸摸："不叫，你休来"，"交头接耳"；谈话内容断断续续："高太尉"，"好歹要结果他性命"。一切迹象令人生疑："语音是东京人"，一个"军官打扮"，一个"走卒模样"，"军官打扮"的以酒肉招待，送金银，带书信……这样写，显示了谋划者的诡秘，产生强烈的悬念，给人以山雨欲来之感，推动了故事情节的发展。

倒数第二段写的是草料场起火，林冲正要开门走出山神庙救火，隔着门亲耳听到陆谦等人的谈话。这段描写没有交代说话人的姓名，只闻其声，不见其人。但由每个人说话的内容和口吻，可推知他们的不同地位、身份、姓名。差拨是为实现陆谦杀害林冲的阴谋而直接献计与执行的人。他问："这条计好么？"是为了向陆谦邀宠献媚。他说："小人直爬入墙里去，四下草堆上点了十来个火把，待走那里去！"是借交代放火经过，显示其办事精细。"便逃得性命时，烧了大军草料场也得个死罪！"更是以料想的结局为自己摆功。三言两语，勾画出一个善于巴结上司，急于邀功请赏而不惜残害无辜的无耻军吏形象。而陆谦和富安是奉高太尉和高衙内之命来沧州杀害林冲的，所以他们说"太尉特使俺两个央浼二位干这件事"，"端的亏管营、差拨两位用心！回到京师，禀过太尉，都保你二位做大官"。还要拣骨头回京邀功领赏，活画出两条狗腿子卑鄙无耻的嘴脸。

两次偷听，前次有意偷听，却若隐若现，若有若无，增加悬念，推动情节发展；后次无意来听，却全听真情，明白了遭迫害的缘由，将情节推向高潮。

2. 细读课文，具体分析林冲的形象，并谈谈作者是怎样塑造这一形象的。

林冲是东京八十万禁军教头，满身武艺，喜欢结交英雄好汉；同情下层人民，富有正义感；但满足于安康的小家庭生活，安于现状。因遭高俅父子迫害，含冤负屈被刺配沧州。但高俅父子并未就此罢休，又派陆谦赶到沧州来谋杀他。

林冲不是窝囊废。他豪侠，耿直，乐于结交江湖好汉，不甘久居人下。因此，在"忍辱退让"的性格中，也蕴藏着能"忍"也能"退"的因素。当得知陆虞候来迫害他时，始则"大惊"，继则"大怒"，买刀寻敌，说明他不是驯服的奴隶，而是忍辱的英雄。

写林冲接管草料场，是由陆谦谋害林冲到林冲杀人报仇的过渡。管营派林冲去草料场，他有怀疑："却不害我，倒与我好差使，正不知何意？"他有戒备：去时，不只是"取了包裹"，还"带了尖刀，拿了条花枪"。尽管他还想修理草屋住下，安心做罪犯，还祈求"神明庇祐"，但已从消极"忍辱"转到了积极防范。

写林冲风雪山神庙，杀敌报仇。这部分是林冲思想性格变化的转折点，是全文的高潮，也是故事的结局。在山神庙内，当偶然听得陆谦等人对话，怒火中烧，旧仇新恨，一齐涌上心头。他开庙门，挺花枪，痛快淋漓地手刃仇敌。这时思想性格终于爆发出质的飞跃，他不再"忍"，不再"退"，而是奋起反抗，同封建统治集团彻底决裂，最后上梁山，走上起义的道路。

本文描写的是林冲在被步步紧逼、走投无路的情况下，杀死了仇人，吐出了长期积压心头的怨气，走上了起义的道路。林冲的思想、性格发生了由逆来顺受、忍辱退让、委曲求全到奋起反抗的重大转变，说明了在那个黑暗的社会里官逼民反的必然性，也指出了只有反抗才是真正的出路。

本文始终把人物放在矛盾冲突中，通过人物的自身言行来刻画人物，这样，就把故事情节的发展同人物性格的刻画很好地结合起来。通过他的生活遭遇和自身性格的矛盾，写出了他的思想行为的变化和发展，所以人物形象真实性强，感染力也大。

3. 金圣叹评说此段文字："耐庵此篇独能于一幅之中，寒热间作，写雪便其寒彻骨，写火便其热照面。"本文抓住"火""雪"二字推动情节发展，刻画人物形象。试作具体分析。

文章通篇写"火"，由虚到实，牵动全篇。陆谦密谋是"火"的蕴蓄阶段，是"火烧草料场"的事前之波；差拨等人"好歹要结果他（林冲）的性命"，揭示了"火"的起因；林冲调往天王堂，"草厅""草屋""马草堆"等物点明了有利于制造"火烧"事件的环境；最后必然出现的是"火烧草料场"。

写火的目的是为了写人，人物身上没有反抗的火种，这"火"就构不成逼上梁山的情节。正是草料场的熊熊大火，燃起林冲心头怒火，跳出门外，手刃三人。反之，不是火势步步紧逼，不是最后一把"大火"，林冲的性格还很难由量变发展到质变。

文章在写火的同时处处离不开雪，赋予雪以深刻的象征意义。"彤云密布，朔风渐起，却早纷纷扬扬卷下一天大雪来。"这真实的自然环境，正是险恶的社会环境的象征。

正因为风大雪紧，天气酷寒，林冲才想到喝酒，才会在沽酒途中见到山神庙。

"那雪正下得紧"和"越下得紧"中"紧"字,明写雪,暗写紧张气氛,自然环境暗示社会环境的威逼步步加紧,暗示故事情节的发展到了高潮吃紧阶段。

正因为风雪越来越大,草厅才被雪压倒,林冲只好到山神庙安身;正是为了抵挡风雪,林冲入得山神庙,才把门掩上,并用大石头抵住;后来陆谦等人无法推开,林冲才有可能隔门听话,悉知真情,从而义无反顾地走向反抗。那雪由"紧"到"猛",这正是形势紧迫的象征。经历生死大难的考验,经历了由隐忍苟活到奋起反抗的转变,这狂风大雪正是林冲波涛汹涌的内心世界的真实写照。

总之,"火"与"雪"归结起来就是一个"逼"字,推动情节发展,完成了林冲性格从逆来顺受、委曲求全到奋起反抗、奔向梁山这一根本转变。

知识积累

一、文体知识

章回体小说 中国古典长篇小说的主要形式,它是由宋元时期的"讲史话本"发展而来的。"讲史"就是说书的艺人们讲述历代的兴亡和战争的故事。讲史一般都很长,艺人在表演时必须分为若干次才能讲完。每讲一次,就等于后来章回体小说中的一回。在每次讲说以前,艺人要用题目向听众揭示主要内容,这就是章回体小说回目的起源。章回体小说中经常出现的"话说"和"看官""若知后事如何,且听下回分解"等字样,正可以明确看出它与话本之间的继承关系。

经过长期的孕育,在明代初年出现了首批章回体小说,最早的长篇章回体小说是《三国演义》。其中大部分小说都是在民间长期流传,经过说话艺人补充内容,逐渐丰富,最后由作家加工改写而成的。明代中叶以后,章回体小说的发展更加成熟,出现了《西游记》《金瓶梅》等著名作品。由于社会生活日益丰富,这些章回体小说的故事情节更趋复杂,描写也更为细腻,它们在内容上和讲史已没有多少联系,只是在体裁上还保留着讲史的痕迹。

一课一练

1.《水浒》是我国文学史上第一部以_____为题材的优秀长篇小说。作者_____,是_____末_____初著名的_____家。课文题目"林教头风雪山神庙",交代了故事的_____、_____、_____。

2.《水浒传》是古白话小说，仍保留着宋元时期的一些口语。解释下列加点词语，注意古今差别。

① 我因恶了高太尉，生事陷害　　古义：_____　　今义：_____

② 果品酒馔只顾将来　　　　　　古义：_____　　今义：_____

③ 你不省得　　　　　　　　　　古义：_____　　今义：_____

④ 这个差使又好似天王堂　　　　古义：_____　　今义：_____

⑤ 小二换了汤，添些下饭　　　　古义：_____　　今义：_____

⑥ 休恁地说　　　　　　　　　　古义：_____　　今义：_____

3. 下列加点词语古今词义一致的一项是（　　）

A. 迤逦不想来到沧州

B. 且酌三杯，权当接风

C. 这两个人来得不尴尬

D. 好歹要结果他性命

4. 试填写在各个不同场合林冲的性格特点及变化情况。

① 在沧州遇旧时：_____

② 听说陆谦的密谋后：_____

③ 买刀寻敌三五日未得到消息时：_____

④ 接管草料场之后：_____

⑤ 在山神庙亲闻陆谦的阴谋之后：_____

⑥ 杀死富安、差拨、陆谦等人时的表现：_____

5. 对林冲被逼上梁山的原因，分析得最正确的一项是（　　）

A. 草料场被烧，已无宿身之地，只得上了梁山。

B. 杀了陆谦、富安等人，罪责难逃，不得不投奔梁山。

C. 林冲已认识到反动统治阶级的残暴本质，对它不再抱有任何幻想。

D. 是反动统治者一"逼"再"逼"，"逼"之不已的结果，也是尖锐的矛盾斗争发展的必然结果。

6. 对本文景物描写的作用分析得正确的几项是（　　）

A. 越来越紧，越来越大的风雪，已成了小说中人物活动的自然背景，烘托了人物的思想感情。

B. 通过大风雪的描写，渲染了气氛。

C. 由于风雪的变化，层层推进了故事情节的发展，从而深化了主题。

D. 自然景物的描写能给小说抹上一层神奇的色彩，从而给人留下了深刻的印象。

能力拓展

阅读下面一段选文，按要求答题。

那时正是三月尽，天气正热。智深道："天色热！"叫道人绿槐树下铺了芦席，请那许多泼皮团团坐定。大碗斟酒，大块切肉，叫众人吃得饱了，再取果子吃酒。又吃得正浓，众泼皮道："这几日见师父演力，不曾见师父家生器械，怎得师父教我们看一看也好。"智深道："说的是。"自去房内取出浑铁禅杖，头尾长五尺，重六十二斤。众人看了，尽皆吃惊，都道："两臂膊没水牛大小气力，怎使得动！"智深接过来，飕飕的使动，浑身上下，没半点儿参差。众人看了，一齐喝采。

智深正使得活泛，只见墙外一个官人看见，喝采道："端的使得好！"智深听得，收住了手看时，只见墙缺边立着一个官人。……众泼皮道："这位教师喝采，必然是好。"智深问道："那军官是谁？"众人道："这官人是八十万禁军枪棒教头林武师，名唤林冲。"智深道："何不就请来厮见？"那林教头便跳入墙来。两个就槐树下相见了，一同坐地。林教头便问道："师兄何处人氏？法讳唤做甚么？"智深道："洒家是关西鲁达的便是。只为杀的人多，情愿为僧。年幼时也曾到东京，认得令尊林提辖。"林冲大喜，就当结义智深为兄。智深道："教头今日缘何到此？"林冲答道："恰才与拙荆一同来间壁岳庙里还香愿。林冲听得使棒，看得入眼，着女使锦儿自和荆妇去庙里烧香，林冲就只此间相等，不想得遇师兄。"智深道："智深初到这里，正没相识，得这几个大哥每日相伴，如今又得教头不弃，结为弟兄，十分好了。"便叫道人再添酒来相待。

恰才饮得三杯，只见女使锦儿慌慌急急，红了脸，在墙缺边叫道："官人，休要坐地！娘子在庙中和人合口！"林冲连忙问道："在那里？"锦儿道："正在五岳楼下来，撞见了诈奸不级的，把娘子拦住了，不肯放。"林冲慌忙道："却再来望师兄，休怪，休怪！"林冲别了智深，急跳过墙缺，和锦儿径奔岳庙里来。抢到五岳楼看时，见了数个人拿着弹弓，吹筒，粘竿，都立在栏干边。胡梯上一个年小的后生，独自背立着，把林冲的娘子拦着道："你且上楼去，和你说话。"林冲娘子红了脸道："清平世界，是何道理，把良人调戏！"林冲赶到跟前，把那后生肩胛只一扳过来，喝道："调戏良人妻子，当得何罪！"恰待下拳打时，认的是本管高太尉螟蛉之子高衙内。

……

当时林冲扳将过来，却认得是本管高衙内，先自手软了。高衙内说道："林冲，干你甚事，你来多管？"原来高衙内不认得他是林冲的娘子，若还认得时，也没这场事。见林冲不动手，他发这话。众多闲汉见闹，一齐拢来劝道："教头休怪，衙内不认的，多有冲撞。"林冲怒气未消，一双眼睁着瞅那高衙内。众闲汉劝了林冲，和哄高衙内出庙上马去了。

　　林冲将引妻小并使女锦儿，也转出廊下来，只见智深提着铁禅杖，引着那二三十个破落户，大踏步抢入庙来。林冲见了，叫道："师兄，那里去？"智深道："我来帮你厮打！"林冲道："原来是本官高太尉的衙内，不认得荆妇，时间无礼。林冲本待要痛打那厮一顿，太尉面上须不好看。自古道：不怕官，只怕管。林冲不合吃着他的请受，权且让他这一次。"智深道："你却怕他本官太尉，洒家怕他甚鸟！俺若撞见那撮鸟时，且教他吃洒家三百禅杖了去。"

1. 解释下列加点的词。
① 着女使锦儿自和荆妇去庙里烧香　　（　　　　　）
② 娘子在庙中和人合口　　　　　　　（　　　　　）
③ 引着那二三十个破落户　　　　　　（　　　　　）
④ 不认得荆妇，时间无礼　　　　　　（　　　　　）
⑤ 大踏步抢入庙来　　　　　　　　　（　　　　　）
⑥ 林冲不合吃着他的请受　　　　　　（　　　　　）

2. 试析选文中林冲的性格特点，并谈谈其与课文中林冲性格发展一脉相承的关系。

3. 选文中可以看出鲁智深与林冲性格有何不同？

促　织

学习目标

1. 理解作者借前朝"治世"时的殃民故事，加以浪漫主义的幻想、虚构，来揭露"康熙盛世"的黑暗现实的创作构思。
2. 掌握本文情节曲折离奇、波澜起伏、跌宕有姿的艺术特点。
3. 学习本文人物心理描写细腻传神的特点。
4. 掌握本文重点的文言实词、虚词，注意一词多义、词类活用等现象。

知人论世

一、作家作品

蒲松龄（1640—1715），字留仙，一字剑臣，别号柳泉居士，世称聊斋先生，山东淄川（今淄博市）人。清初著名小说家。他出身于书香门第，高祖、曾祖都是秀才。在家庭和社会风气的影响下，他自幼热衷功名，童年跟父亲读书，由于勤奋颖慧而深得父亲钟爱。十九岁应童子试，以县、府、道三个第一名补博士弟子员，名震乡里。以后却屡试不第，直到七十岁后才援例取得"贡生"的头衔。

蒲松龄一生刻苦好学，穷愁潦倒。三十岁时，因"家贫不足自给"，应朋友孙蕙之请，到江苏宝应等县充任幕宾，这次远游使他亲身体验了官场生活，也收集了不少写作素材。可是"无端而代人歌哭，胡然而自为笑啼"的幕宾生活使他十分厌倦，只一年便告辞还乡。此后曾到同县乡宦毕际有家坐馆。在毕家他不仅得以浏览丰富的藏书，还结识了当时主持文坛的领袖王士禛等人，受到王士禛的赏识。以后几十年，他一直在穷乡僻壤授徒为业，七十岁始撤帐归家。

蒲松龄多才多艺，著述甚丰，因未能攀缘科举出仕，一生都在农村过着清苦的生活。在艰难时世中，他逐渐认识到像他这样出身的人难有出头之日，便把满腔悲愤都寄托在《聊斋志异》的创作中。此书写成后"人竞传写，远迩借求"，出现了"风行天下，万口传诵"的盛况。除《聊斋志异》外，蒲松龄尚存诗近千首、词百余首、文四百多篇、戏三出、俚曲十数种、杂著五本。使他誉满中外，名垂后世的当推他的文言短篇小说集《聊斋志异》。

《聊斋志异》 清代著名文言短篇小说集，是蒲松龄的代表作，也是我国古代文言短篇小说创作的高峰。"聊斋"是蒲松龄书斋的名字，"志"即"记"，"志异"是说书中作品写的是奇闻异事。这部书是在广泛搜集民间传说、野史佚闻的基础上，经过作家的艺术加工、再创作而写成的。《聊斋自志》说："集腋为裘，妄续幽冥之录；浮白载笔，仅成孤愤之书。寄托如此，亦足悲矣！"显然这部饱含作者愤世嫉俗思想感情的作品是有所为而作的。

《聊斋志异》题材广泛，内容丰富，作者在其中记录了富有神话色彩的故事、传说，以及民间轶事奇闻。内容多谈狐鬼花妖，借以展示当时的社会生活。书中不少篇章揭露了黑暗政治，鞭挞了封建帝王和贪官污吏，抨击了科举制度，同情被压迫人民，具有高度的人民性。由于时代局限，作品也夹有封建道德的成分和因果报应观点。全书共四百九十余篇，主要分为以下三类：第一类，抨击封建社会政治的黑暗，赞扬人民的反抗斗争，如《促织》《席方平》《梦狼》等均是其中的优秀篇章。第二类，揭露科举制度的弊端和罪恶，代表作有《司文郎》《王子安》等。第三类，描写爱情婚姻的篇章，在书中数量最多，写得最成功，也最有特色，《婴宁》《阿宝》《连城》《小谢》等都是脍炙人口的佳作。

在艺术上，《聊斋志异》也取得很高的成就，其想象丰富、构思奇妙、情节曲折、境界瑰丽，具有浓郁的浪漫主义特色。

二、创作背景

据《明朝小史》载："帝酷好促织之戏，遣取之江南，其价腾贵，至十数金。时枫桥一粮长，以郡督遣，觅得其最良者，用所乘骏马易之。妻妾以为骏马易虫，必异，窃视之，乃跃去。妻惧，自经死。夫归，伤其妻，且畏法，亦经焉。"作者根据这一件事，加以典型化，写成这一故事。

精译详注

宣德间，宫中尚促织之戏，岁征民间。 明朝宣德年间，宫廷中喜好斗蟋蟀的游戏,每年都要向民间征收蟋蟀。[尚:崇尚,这里有"喜好""嗜好"的意思。岁:每年,名词用作状语。征:征收,后面省略"之于"两字。]**此物故非西产;有华阴令欲媚上官,以一头进,试使斗而才,因责常供。**这东西本来不是陕西出产的;有个华阴县的县官,想要向上司献媚,拿一只蟋蟀进奉,上司试着使它角斗,它很勇猛善斗,因此责令华阴县年年供奉。[故:本来。西:这里指陕西。华阴令:华阴县县官。华阴,现在陕西华阴。阴,山之北。媚:献媚、巴结,形容词用作动词。进:进奉。才:有才能,这里指勇敢善斗,名词用作动词。责:责令,后面省略"之(华阴县令)"。]**令以责之里正。**县官又责成里长完成这个差事。[责:责令。里正:里长。里,古代基层行政组织。]**市中游侠儿得佳者笼养之,昂其直,居为奇货。**街市上那些游手好闲的人,捉到好的蟋蟀,就用笼子装着喂养它,抬高它的价钱,当作稀奇的货物储存起来(等待高价卖出)。[游侠儿:这里指游手好闲、不务正业的年轻人。笼:用笼子,名词用作状语。昂其直:抬高它的价钱。昂,使……昂贵;直,同"值",价钱。居:积、储存。]**里胥猾黠,假此科敛丁口,每责一头,辄倾数家之产。**乡里的差役狡猾奸诈,借这个名义按人头向百姓摊派费用,每次责令供应一只蟋蟀,往往使好几户人家破产。[里胥:管理乡里事务的差役。猾黠(xiá):狡猾奸诈。假:同"借"。科敛:摊派、征收。丁口:指老百姓。丁,成年男女。成年男子称丁,女子及未满十六岁男子称口。辄:往往。倾:使……倾荡。]

(第一段,"征"促织,借讲明朝宣德年间事来揭露清代现实的黑暗。这是故事情节的序幕。)

邑有成名者,操童子业,久不售。华阴县有个叫成名的,是个读书人,多年应考而未能考中秀才。[邑:旧时县的别称。操童子业:意思是正在读书准备参加秀才应考。操,从事。操……业,从事……行业。童子,童生。科举时代对还没考中秀才的读书人,不论年纪大小都称为"童生"。售:原意是将货物卖出手,引申为成功、达到,这里指考取秀才。]**为人迂讷,遂为猾胥报充里正役,百计营谋不能脱。**他为人忠厚老实,不善说话,就被刁恶的小吏报到官府,派他充当里正这一差役,他想尽办法还是摆脱不掉这个差事。[迂讷(nè):迂拙而不善于说话。讷,说话迟钝。为:被。猾胥:刁猾的小吏。百计:千方百计,想尽办法。营谋:经营谋求。脱:摆脱,后面省略"之(里正役)"。]**不终岁,薄产累尽。**不到一年,一点微薄的家产都逐渐耗尽了。[终岁:一年完结。岁,年。薄:微薄。累:积累,引申为"逐渐"。]**会征促织,成不敢敛户口,而又无所赔偿,忧闷欲**

死。正好又碰上征收蟋蟀，成名不敢按人头向百姓摊派，可是自己又没有什么钱来赔偿，忧愁苦闷，想要寻死。[会：恰巧、正好。敛户口：按人头征收费用。无所：没有什么……用来。]**妻曰："死何裨益？不如自行搜觅，冀有万一之得。"** 他的妻子说："死有什么补益呢？不如自己去搜寻，也许还有万分之一的收获（能捉到蟋蟀）呢。"[裨（bì）益：补益。裨，补助。觅：寻找。冀（jì）：希望。万一：万分之一，极言其少。得：收获。]**成然之。** 成名以为这话很对。[然：认为……是对的。意动用法。]**早出暮归，提竹筒铜丝笼，于败堵丛草处，探石发穴，靡计不施，迄无济。** 一早就出去，很晚才回家，提着竹筒、铜丝笼，在倒塌的墙脚下、荒草堆里，掏挖石头，打开土洞，什么办法都用尽了，最终还是没有成功。[竹筒铜丝笼：都是捕蟋蟀的工具。败：破败，此处有"倒塌"之意。堵：墙壁。靡（mǐ）：无、没有。施：用。迄：最终。济：成功。]**即捕得三两头，又劣弱不中于款。** 即使捉到两三只，也是又小又弱，不合规格。[即：即使。劣弱：低劣弱小。中（zhòng）于款：符合规格。中，符合、适合。款，款式、规格。]**宰严限追比，旬余，杖至百，两股间脓血流离，并虫亦不能行捉矣。** 县官严定期限，按照查验追逼交纳，十几天中，（成名）被打了上百板子，两条大腿被打得脓血淋漓，连蟋蟀也不能去捉了。[宰：本义主宰，此指邑宰，县里长官。严限：严定期限，催促完成。追比：旧时地方官限期交税、交差等，过期以杖责、监禁等方式继续追逼。旬余：十多天。一旬十日。杖：用杖打，打板子，古代的一种刑罚，名词用作动词。股：大腿。流离：同"淋漓"，双声联绵词，液体满处流淌的样子。并：连，表递进的连词。]**转侧床头，惟思自尽。** （成名）在床上翻来覆去，只想自杀。[转侧：辗转反侧。惟：只。]

（第二段，"觅"促织。成名为缴纳促织受尽苦楚。这是故事情节的开端。）

时村中来一驼背巫，能以神卜。 这时，村里来了一个驼背巫婆，能借神力占卜。[时：这时，名词用作状语。巫：以装神弄鬼替人祈祷为职业的人。女为巫，男为觋（xí）。以神卜：凭借神力占卜。卜，预测吉凶。]**成妻具资诣问。** 成名的妻子准备了礼钱到那里去求神问卜。[具：准备。资：钱财。诣：到，前往。问：问卜。]**见红女白婆，填塞门户。** 只见红装的少女和白发的老婆婆挤满门口。[红女：红装的少女。白婆：白发的老婆婆。填塞：挤满。]**入其舍，则密室垂帘，帘外设香几。** 她走进巫婆求神的房屋，就看见一间隐蔽的内室垂挂着帘子，帘外摆着香案。[密室：隐蔽的房间。几：小桌子。]**问者爇香于鼎，再拜。** 问卜的人在大香炉里点燃了香，拜了两拜。[爇（ruò）：点燃。鼎：古代青铜铸成的烹煮器

促织

物。这里指鼎式香炉。再拜：下拜两次，古代比较重的礼节。再，两次。]**巫从旁望空代祝，唇吻翕辟，不知何词。**巫婆在香案旁望着天空代人祝祷，看她嘴唇忽闭忽开，不知道在念什么词。[代祝：代人祝告。吻：嘴唇。翕（xī）辟：忽闭忽开。翕，合。辟，开。]**各各竦立以听。**那些求神问卜的人一个个都恭敬地站着听。[竦（sǒng）立：恭敬地站着。竦，恭敬的样子。以：连词，不译。]**少间，帘内掷一纸出，即道人意中事，无毫发爽。**一会儿，从帘子里掷出一张纸片，上面就说出人们心里想问的事情，没有丝毫差错。[少间：一会儿。道：说，此处是"写"的意思。毫发：毫毛和头发，形容极细微。爽：差错。]**成妻纳钱案上，焚拜如前人。**成名的妻子把钱放在香案上，像前面的人一样烧香跪拜。[纳：把……放到。后面省略一"于"字。焚拜如前人：如前人焚拜，介宾短语后置句。焚拜，烧香跪拜。]**食顷，帘动，片纸抛落。**大约一顿饭工夫，帘子一动，一张纸片抛落下来。[食顷：吃一顿饭的工夫。]**拾视之，非字而画：中绘殿阁，类兰若。后小山下，怪石乱卧，针针丛棘，青麻头伏焉。旁一蟆，若将跳舞。**拾起来一看，不是字，而是一幅画：当中画了殿阁，像寺院一样，殿阁后面的小山脚下，横躺着一些奇形怪状的石头，长着一丛丛荆棘，一只青麻头蟋蟀就伏在那里。旁边有一只癞蛤蟆，好像正要跳起来的样子。[类：像，好像……一样。兰若（rě）：梵文"阿兰若"的简称，意谓寺庙。针针：针刺密布的样子。青麻头：上品的蟋蟀名。焉：于此，兼词。]**展玩不可晓。**她展开纸片反复地看也不能明白其中的意思。[玩：玩味，反复体会、研习。晓：明白。]**然睹促织，隐中胸怀。**但是看到纸上画着蟋蟀，正好暗暗地符合自己的心事。[然：然而。睹：看。隐：暗暗地。中（zhòng）：符合。胸怀：心意，心中想的事。]**折藏之，归以示成。**就把纸片折起来藏好，回家去给成名看。[以：介词，后面省略"之"，把这个。示：给……看。]

（第三段，"卜"促织。成妻问卜，透出生机。这是故事发展的第一层次。）

成反复自念，得无教我猎虫所耶? 成名反复思索，这莫非是指点我捉蟋蟀的地方吗？[念：思考，思索。得无……耶：用于反问句中，表示带有推测语气，相当于"莫非是……吗"。教：指点。猎：捕捉。所：处所、地方，名词。]**细瞻景状，与村东大佛阁真逼似。**细看画上景物的形状，与村东的大佛阁十分相像。[瞻：看。逼似：很像。]**乃强起扶杖，执图诣寺后，有古陵蔚起。**于是就忍痛勉强起床，扶着手杖，拿着图走到寺庙后面，那里有一座古坟高高隆起。[强：勉强。执：拿着。诣：到。古陵：古坟。蔚起：高高地耸起。蔚，草木茂盛的样子，这里引申为"高大"的意思。起，隆起。］**循陵而走，见蹲石鳞鳞，俨然类画。**他沿着古坟走过去，看见一块块乱石像鱼鳞似的堆着，非常像纸上画的样子。［循：沿着，顺着。蹲石鳞鳞：一块块的石头排列着，像鱼鳞似的。俨然：宛如、好像。］**遂于蒿莱中侧听徐行，似寻针芥。**他就在野草丛中慢慢地走着，侧耳细听，像在寻找一根针、一粒芥菜籽一样。［蒿莱：野草。侧：侧耳。徐：慢慢地。芥：一种蔬菜。这里指芥菜籽，极小。］**而心目耳力俱穷，绝无踪响。**（成名）搞得筋疲力尽，耳鸣眼花，还是一点蟋蟀的踪迹声音都没有。［心目耳力：意译为全身精力。穷：尽。绝：绝对，一点点。踪响：踪迹、声响。］**冥搜未已，一癞头蟆猝然跃去。**他还在用尽心思地搜索，一只癞蛤蟆突然一跳逃走了。［冥搜：用尽心思搜索。冥，深。已：止。癞头蟆：癞蛤蟆。猝然：突然。去：离开。］**成益愕，急逐趁之，蟆入草间。**成名更加惊奇了，急忙追上去，癞蛤蟆已跳进草丛中。［益：更加。愕：惊奇。趁：追、逐。］**蹑迹披求，见有虫伏棘根。**成名跟踪上去，拨开丛草寻找，看见一只蟋蟀伏在荆棘根上。［蹑：追踪、追随。披求：披开丛草寻求。伏：后面省略"于"。棘：荆棘，一种带刺的植物。］**遽扑之，入石穴中。**他急忙扑上去捉蟋蟀，蟋蟀跳进了石缝中。［遽（jù）：马上、急忙。入：后面省略"于"。］**掭以尖草，不出；以筒水灌之，始出，状极俊健。**（成名）用尖草撩拨，蟋蟀不出来，又用竹筒取水灌进洞里，蟋蟀才出来，形状极其俊美健壮。［掭（tiàn）以尖草：用尖草撩拨，介宾短语后置句。掭，撩拨。俊健：俊美雄健。］**逐而得之。**（成名）追上去捉到了它。**审视，巨身修尾，青项金翅。**仔细看那蟋蟀，身形大，尾巴长，青色的脖项，金黄色的翅膀。［审视：仔细察看。修：长。项：脖子。］**大喜，笼归，举家庆贺，虽连城拱璧不啻也。**（成名）非常高兴，用笼子装着带回家，全家庆贺，即使价值连城的宝玉也比不上它了。［笼归：用笼子装着回家。笼，名词用作状语。举：全。虽：即使。连城：价值连城的。拱璧：大璧，美玉，极言其珍贵。啻（chì）：止。］**土于盆而养之，蟹白栗黄，备极护爱，留待限期，以塞官责。**在盆中装上土来养它，用蟹肉、栗子肉来喂养它，爱护得十分周到，留着等到了规定的期限，来应付官府交差。［土：放入土，名词用作动词。蟹白：白色的蟹肉。栗黄：黄色的栗子肉。皆指蟋蟀吃的精饲料。备：完备，周到。限期：规定的期限。以：来。塞：充抵。］

（第四段，"捕"促织。成名费尽心血捕捉到一头良种促织。这是故事发展的第二层次。）

成有子九岁，窥父不在，窃发盆。成名有个儿子，才9岁，看他父亲不在家，

促织

155

就偷偷地打开盆子看。[窥：暗中观察。窃：暗地里，偷偷地。发：打开。]**虫跃掷径出，迅不可捉。**那蟋蟀（突然）一跃，直接跳出盆去，迅速得来不及捉。[跃掷：跳跃，同义复词。径：直往，直接。]**及扑入手，已股落腹裂，斯须就毙。**等到扑入手掌，蟋蟀已经大腿掉落，肚子裂开，一会儿就死了。[及：等到。股：大腿。斯须：一刻工夫，一会儿。]**儿惧，啼告母。**孩子惧怕了，哭着告诉母亲。**母闻之，面色灰死，大骂曰："业根，死期至矣！而翁归，自与汝覆算耳！"**母亲听了，也吓得脸色灰白，像死人一样，大惊说："惹祸的东西，你的死期到了！你父亲回来，自然会跟你再算账！"[业根：祸种，惹祸的东西。业，业障，佛教用语，罪恶的意思。而翁：你的父亲。而，同"尔"，你。复：再。算：算账、追究。]**儿涕而出。**孩子哭着走开了。[涕：哭泣。去：离开。]

（第五段，"失"促织。促织被成名九岁的儿子弄死了。这是故事发展的第三层次。）

未几，成归，闻妻言，如被冰雪。没多久，成名回家了，听了妻子的话，全身像覆盖上一层冰雪一样惊恐失望。[未几：没多久。如被冰雪：好像盖上冰雪，极言惊骇、恐惧情状。被，覆盖、遭受。]**怒索儿，儿渺然不知所往。**（他）怒气冲冲地去寻找儿子，儿子却无影无踪，不知往哪里去了。[索：寻索，寻找。渺然：不见踪影的样子。所往：去的地方、去处。]**既得其尸于井，因而化怒为悲，抢呼欲绝。**后来在井里找到了儿子的尸体，因而怒气立即化为悲痛，头撞地，口呼天，悲痛得几乎要绝命。[得其尸于井：于井得其尸，介宾短语后置。抢（qiāng）呼：头撞地，口呼天。抢，碰撞。欲绝：几乎要绝命。]**夫妻向隅，茅舍无烟，相对默然，不复聊赖。**夫妻俩对着墙角哭泣，草房里的炊烟也不冒了，只是默默相对，觉得不再有一点指望了。[向隅（yú）：面对着墙角（哭泣）。隅，角落。茅舍：茅草屋。相对：互相对坐着。聊赖：依靠，指望，同义复词。]**日将暮，取儿藁葬。**天将傍晚，准备用草席子裹着儿子的尸体埋葬。[藁（gǎo）葬：用草席裹着尸体埋葬。藁，同"稿"，原意为稻、麦的杆子，此指"用草席"，名词用作状语。]**近抚之，气息惙然。**走近一摸，孩子还有一丝微弱的气息。[抚：抚摸。惙（chuò）然：气息微弱的样子。]**喜置榻上，半夜复苏。**（夫妻俩）高兴地将孩子放到床上，半夜里孩子又苏醒了。[榻：床。苏：苏醒。]**夫妻心稍慰，但蟋蟀笼虚，顾之则气断声吞，亦不敢复究儿。**夫妻俩心情稍稍宽慰了，但回头看到蟋蟀笼子空着，又急得出不了气，说不出话来，也不敢再去追究儿子。[慰：宽慰，宽心。但：只是。顾：回头看。虚：空着。气断声吞：出不来气，说不出话，形容极度悲伤。]**自昏达曙，目不交睫。**从晚上到天明，连眼睛也没有合一下。[昏：黄昏，傍晚。曙：天亮。目不交睫：眼睛也不合上。]**东曦既驾，僵卧长愁。**太阳从东方升起了，（成名）还直挺挺地躺着发愁。[东曦：太阳神东君。既驾：已经驾车出来。古代传说，太阳神乘着六条龙驾驭的车，每天从东方汤谷出发，直到西方蒙谷才休息。僵：僵硬地。]**忽闻门外虫鸣，惊起觇视，虫宛然尚在。**忽然听到门外有蟋蟀的叫声，慌忙起来窥视，那只蟋蟀依旧还在。[觇（chān）视：窥视。宛然：仿佛、好像。]**喜而捕之，一鸣辄跃去，行且速。**他高兴地去捕捉它，那蟋蟀叫一声就跳走了，跳得又非常迅速。[一鸣：叫一声。辄：就。且：又。]**覆之以掌，虚若无物；手裁举，则又超忽而跃。**（成名）用手掌去罩住它，空空的好像没有东西；手刚举起，它又远远地跳开了。[覆之以掌：以掌覆之，介宾短语后置句。覆：覆盖，引申为"罩"。裁：同"才"。超忽：形容跳得轻快而高远。]**急趋之，折过墙隅，迷其所往。**（成名）急忙快步追它，转过墙角，却又找不到，不知它跳到什么地方了。[趋：快步走。折：转过。迷：迷失。所在：在的地方。]**徘徊四顾，见虫伏壁上。**他转来转去，四面张望，看见蟋蟀趴在墙壁上。[徘徊：转来转去。]**审谛之，短小，黑赤色，顿非前物。**仔细地看它，个儿短小，黑红色，立刻觉得不是先前那只蟋蟀了。[审：仔细地。谛：看。顿：立刻、忽然。]**成以其小，劣之。**成名因为它小，认为它不好。[以：因为。劣之：以之为劣，认为它低劣。]**惟彷徨瞻顾，寻所逐者。**他只是转来转去，前后观看，寻找他追赶的那只蟋蟀。[惟：只是。彷徨：与"徘徊"同义。瞻：向前看。顾：向后看。]**壁上小虫忽跃落衿袖间。**墙壁上的蟋蟀忽然跳落在他的衣袖上。**视之，形若土狗，梅花翅，方首，长胫，意似良。**再看它，形状像土蝼蛄，梅花翅膀，方头长腿，觉得好像还不错。[土狗：蝼蛄的别名。胫：小腿。]**喜而收之。**高兴地收养了它。**将献公堂，惴惴恐不当意，思试之斗以觇之。**准备把它献给官府，但担心不合县官的心意，想先试着让它斗一下，看它到底怎么样。[献公堂：献之于公堂，把它献给官府。省略"之于"二字。惴惴（zhuì zhuì）：恐慌不安的样子。当意：合心意。当，符合。以：来，目的连词。觇（chān）：窥视，此处有观看之意。]

（第六段，"得"促织。绝望之中，促织失而复得。这是故事发展的第四层次。）

村中少年好事者驯养一虫，自名"蟹壳青"，日与子弟角，无不胜。村中有个喜欢多事的年轻人，养着一只蟋蟀，自己为它取名"蟹壳青"，每天与伙伴们的蟋蟀角斗，没有一回不获胜。[少年好事者：好事的少年，定语后置句，用"……

促织

者"作标志。好事,喜欢多事。名:命名,名词用作动词。日:天天、每天,名词作状语。子弟:年轻人。角:角斗比赛。]**欲居之以为利,而高其直,亦无售者。**他想要把它储存着来赚取钱财,便抬高它的价钱,但也没有买的人。[以:来,目的连词。为:赚取,谋取。高:使……高,抬高。售者:这里指买主。售,反训词,可译作"卖",如"久不售";也可译作"买",如本句。]**径造庐访成,视成所蓄,掩口胡卢而笑。**那年轻人直接到家里来找成名,看到成名所养的蟋蟀,只是掩着嘴从喉咙发出轻蔑的笑声。[径:直接。造庐:到家。造,到。所蓄:养的蟋蟀。蓄,养。胡卢:从喉咙发出的笑声,这里有轻蔑的意味。而:连词,连接状语和中心词。一笑。]**因出己虫,纳比笼中。**于是取出自己的蟋蟀,放进比试的笼子里。[因:于是。比笼:用以盛放准备打斗的蟋蟀的容器。比试蟋蟀的笼子。]**成视之,庞然修伟,自增惭怍,不敢与较。**成名看那蟋蟀,又长又大,自己更加惭愧,不敢和它较量。[庞然:大的样子。修:长。伟:伟岸,健美。惭怍(zuò):惭愧。与较:与之较,省略"之"。较,较量。]**少年固强之。**那年轻人坚持要较量一下。[固强之:坚持要较量较量。固,坚持、一定。强,强迫、迫使。之,指代上句的"与较"。]**顾念蓄劣物终无所用,不如拼博一笑,因合纳斗盆。**但是(成名)心想养着这样低劣的东西终究没有什么用处,还不如拼一场,换得一笑了事,因此把两只蟋蟀都放在比斗的盆里。[顾:但。念:想。无所:没有什么。拼:让它拼斗,使动用法。博:博取。因:因此。合纳:两只都放在。斗盆:斗蟋蟀的盆子。]**小虫伏不动,蠢若木鸡。**小蟋蟀伏着不动,呆笨得像只木鸡。[蠢若木鸡:形容神貌呆笨。《庄子·达生》篇说,养斗鸡的,要把斗鸡训练得镇静沉着,仿佛是木头雕的,才能够不动声色,战胜别的斗鸡。]**少年又大笑。**那年轻人又大笑。[二笑。]**试以猪鬣毛撩拨虫须,仍不动。**他试着用猪鬃撩拨它的须,小蟋蟀仍然不动。[猪鬣(liè)毛:猪颈项上稍长的毛,质硬而粗。]**少年又笑。**那年轻人又笑。[三笑。]**屡撩之,虫暴怒,直奔,遂相腾击,振奋作声。**多次撩拨它,小蟋蟀突然大怒,直接冲上去,于是相互跳着扑着斗起来,鼓起翅膀奋力鸣叫着。[屡:多次。撩:撩拨。屡:多次。暴:突然。腾:跳起来。振:鼓起翅膀。奋:鼓劲。作:发出。]**俄见小虫跃起,张尾伸须,直龁敌领。**一会儿只见小蟋蟀跳起来,张开尾巴,伸出触须,直接咬住对方的脖子。[俄:一会儿,表很短的时间。张:张开。须:触须。龁(hé):咬。领:颈项。]**少年大骇,解令休止。**那年轻人大惊,分开它们,让它们停止角斗。[解:急忙分开。令:让,使。休止:停止,同义复词。]**虫翘然矜鸣,似报主知。**小蟋蟀鼓起翅膀得意地鸣叫,好像向主人报捷。[翘然矜鸣:鼓起翅膀得意地叫。翘,举。矜,夸耀。]**成大喜。**

方共瞻玩，一鸡瞥来，径进以啄。成名大喜。正在共同观赏时，一只鸡突然看到跑来，直接向小蟋蟀啄去。［方：正在。共：共同。瞻：向上看或向前看。玩：赏玩。瞥：很快地看一眼，形容迅疾。径：直接。以：连词，不译。］**成骇立愕呼。**成名吓得站起来惊叫着。**幸啄不中，虫跃去尺有咫。**幸而没有被啄中，小蟋蟀跳开有一尺多。［中（zhòng）：正对着。尺有咫（zhǐ）：一尺多。有，同"又"。咫，八寸。］**鸡健进，逐逼之，虫已在爪下矣。**鸡又大步逼近蟋蟀，小蟋蟀已经落在鸡爪下了。［健：雄健，雄赳赳。逐：追赶。逼：迫近。］**成仓猝莫知所救，顿足失色。**成名仓猝之间不知解救的办法，急得跺脚，脸色都变了。［仓猝：匆忙。莫：不，否定副词。所救：解救的办法。顿足：跺脚。色：脸色。］**旋见鸡伸颈摆扑，临视，则虫集冠上，力叮不释。**忽而只见鸡伸长头颈，摆动着头扑打着，到跟前一看，原来小蟋蟀正停在鸡冠上，用力叮住不放。［旋：不久、随即。摆：摇摆。扑：扑打着。临：靠近。视：近看，远看为"望"。集：原意是鸟停在树上，此处是"停留"之意。力：用力，名词用作状语。］**成益惊喜，掇置笼中。**成名更加惊喜，把它捉下来放进笼中。［益：更加。掇（duō）：拾取，这里指用双手捉取蟋蟀。］

（第七段，"斗"促织。成名之子魂魄化做的促织，一路斗去，大获全胜。这是故事发展的高潮。）

翼日进宰，宰见其小，怒诃成。第二天，成名把蟋蟀献给县官，县官见它小，怒斥成名。［翼：同"翌"，第二天。诃：大声训斥。］**成述其异，宰不信。**成名讲述了小蟋蟀奇特的本领，县官不相信。［异：奇异的本领，形容词用作名词。］**试与他虫斗，虫尽靡。又试之鸡，果如成言。**就拿它试着与别的蟋蟀斗，所有的蟋蟀全被斗败了，又用鸡来试着与它斗，果然像成名说的那样。［靡：退却。这里指蟋蟀被斗败了。试之鸡：以鸡试之，介宾短语后置句，省略介词"以"。果：果然。］**乃赏成，献诸抚军。**于是就奖赏了成名，把小蟋蟀献给巡抚。［诸：之于，兼词。如在句末相当于"之乎"，如"有诸"。抚军：清朝巡抚的别称，总管一省的民政和军政。］**抚军大悦，以金笼进上，细疏其能。**巡抚非常高兴，用金笼装着进献给皇帝，并上了奏本，详细地分条陈述了它的本领。［上：指皇帝。进：献。细：详细。疏：封建时代臣子向君主陈述事情的一种公文。这里作动词用，分条陈述。］**既入宫中，举天下所贡蝴蝶、螳螂、油利挞、青丝额一切异状遍试之，无出其右者。**进了皇宫后，拿普天下贡献的蝴蝶、螳螂、油利挞、青丝额等各种有奇异本领的蟋蟀全试着与它斗，没有一只能够占它的上风。［既：……之后。异状：奇异本领。右：古时尚右，以右指较高的地位。"蝴蝶""螳螂""油利挞""青

促织

丝额"，都是上品蟋蟀的名称。]**每闻琴瑟之声，则应节而舞。**它每逢听到琴瑟的声音，就能按着节拍跳舞。[应节：按照节拍。]**益奇之。**大家更加认为它非同寻常。[奇：以……为奇，意动用法。]**上大嘉悦，诏赐抚臣名马衣缎。**皇帝十分赞赏，格外高兴，下诏书赏赐巡抚名贵马匹与锦衣绸缎。[嘉：嘉奖，赞赏。诏：皇帝传达命令，名词用作动词。]**抚军不忘所自，无何，宰以卓异闻，**巡抚不忘记这好处从哪儿来的，不久，县令凭着才能卓异而闻名，[所自：从哪儿来的。无何：没多久。卓异：才能优异。这是考核官吏政绩的评语。闻：闻名。]**宰悦，免成役。又嘱学使俾入邑庠。**县官大喜，就免去了成名的差役，并嘱咐主考官让成名中了秀才。[役：差役。嘱：嘱咐。学使：专管教育和考试的官。俾（bǐ）：使。邑庠（xiáng）：县学。邑，县。庠，学校。入邑庠，入县学，即做秀才。]**后岁余，成子精神复归，自言身化促织，轻捷善斗，今始苏耳。**过了一年多，成名的儿子精神复原了，自己说他变成了一只蟋蟀，轻捷灵敏并且善于格斗，现在才苏醒过来。[岁余：一年多。复归：还原，复原。身：自己。始：才。苏：苏醒。]**抚军亦厚赉成。**抚军也重重地奖赏了成名。[厚：重。赉（lài）：赏赐。]**不数岁，田百顷，楼阁万椽，牛羊蹄躈各千计；一出门，裘马过世家焉。**不到几年，他就有了一百多顷田，很多楼房，还有成百上千的牛羊；一出门，身穿的裘皮衣，驾着的高头骏马，都超过了世代官宦人家。[百顷：极言土地之多。万椽（chuán）：极言楼房之多。椽，放在檩上架着屋顶的木条。牛羊蹄躈（qiào）各千计：意思是牛羊各几百头。蹄躈，就是脚，古代用脚的数目来计算牲口，"千计"也就是几百头。裘：穿的皮衣。马：驾车的马。过世家：都超过世代做官的人家。焉：语气助词，不译。]

（第八段，"献"促织。因献促织，得到县令、巡抚直至皇帝的赏识，成名终于摆脱苦难，发财致富。这是故事发展的结局。）

异史氏曰："**天子偶用一物，未必不过此已忘；而奉行者即为定例。**异史氏说："皇帝偶尔使用一件东西，未必不是用过它就已忘记；然而执行的人就把它作为不变的常规。[异史氏：作者自称。《聊斋志异》里有许多怪异的故事，所以称"异史"。"异史氏曰"此类评价的文字源于司马迁的"太史公曰"。曰：评说，评论。]**加以官贪吏虐，民日贴妇卖儿，更无休止。**加上官吏贪婪暴虐，百姓天天赔上妻子卖掉儿女，更没有停止的时候。[加以：加之，加上。日：每日。贴妇：把妻子抵押出去。贴，抵押。休止：停止，同义复词。]**故天子一跬步，皆关民命，不可忽也。**所以皇帝的一举一动，都关系到百姓的生命，不可不重视啊。[跬

（kuǐ）步：半步，此处指一举一动。忽：不注意、不重视。]**独是成氏子以蠹贫，以促织富，裘马扬扬。**唯独这个成名因为官吏的侵害而贫困，又因为献蟋蟀而致富，穿上名贵的皮衣，驾着马车，意气扬扬。[独：唯独。是：这个。以蠹（dù）贫：因官吏侵害而贫穷。以，因为。蠹，蛀虫，这里用来比喻侵占百姓财物的官吏。裘：穿上裘皮衣，名词用作动词。马：驾着马车，名词用作动词。扬扬：得意、神气的样子。]**当其为里正、受扑责时，岂意其至此哉？**当他充当里正、挨打受责罚的时候，难道能想到会有今天这种境遇吗？[当：处在……时候。为：担任，做。扑：被打。责：责罚。意：意料，料想。]**天将以酬长厚者，遂使抚臣、令尹，并受促织恩荫。**天要报答忠厚的人，就连巡抚、县官也都受到蟋蟀的恩惠了。[酬（chóu）：报答、偿付。令尹：古代县的行政长官的名称。并：都。恩荫：得到恩惠，受到荫庇，意思是得到好处。]**闻之：一人飞升，仙及鸡犬。信夫！"**听人说："一人得道升天，连他的鸡犬也成仙。这话是真实的啊！"[一人飞升，仙及鸡犬：事出晋代葛洪《神仙传》，西汉淮南王刘安修炼成仙，飞升天上。他剩下的仙药让鸡犬啄食了，于是鸡犬也成了仙。后来比喻一个人发迹了，同他有关系的人都跟着得势。信夫：是真实的啊！信，真实。夫，语气助词。]

（第九段，"评"促织。是游离在故事情节之外的作者评论。揭露封建统治的罪恶和当时政治的腐败黑暗。）

促织

赏析导读

课文中主人公成名因促织而备受摧残，几乎家破人亡，又因促织而"裘马扬扬"，富敌世家。看似荒唐怪诞，却反映了皇帝荒淫无道，巡抚县令胥吏横征暴敛的罪恶现实，寄托了作者对受尽欺凌和迫害的下层人民的深切同情，表达了作者的悲愤与无奈。

全文仅一千多字，共有九个自然段，围绕促织这一线索，以"征""觅""卜""捕""失""得""斗""献""评"九字敷衍成文，情节波澜起伏，曲折跌宕。

1. 开头为什么先交代时间是"宣德间"？一、二两段在全文结构上起什么作用？

第一段，"征"促织，作者借讲明朝宣德年间事来揭露清代现实的黑暗。然后以"宫中尚促织之戏，岁征民间"一句话，讲明征收促织的起因，点出了酿成成名一家悲剧的社会背景。接着交代地点——华阴县，要在不出产促织的华阴县捉到矫健善斗的促织谈何容易，"每责一头，辄倾数家之产"，揭示了封建统治者和人民之间存在的尖锐矛盾。这是故事情节的序幕。

第二段,"觅"促织。主人公成名出场了。他为人老实善良,被恶吏派作"里正"后,不到一年,他的薄产便受连累赔空了。又逢征促织,他宁可自己赔钱挨打,也不向他人摊派,只得"自行搜觅"。每日"早出暮归","靡计不施",即使捕得三两头,也劣弱不合规格。县令严限追比,十多天就被打了上百板子,两腿间"脓血流离",连促织也不能去捉了。"转侧床头,惟思自尽。"此时矛盾已经激化到了成名濒临绝境的程度。这是故事情节的开端,矛盾的第一次激化,推动情节的发展。

2. 第三、四、五、六这四个自然段是情节的发展部分,请赏析成名感情随着促织的得失忽悲忽喜,一波三折的精彩描写。

第三段,"卜"促织。成名被逼"惟思自尽",故事如何发展呢?村中来了一个驼背巫,成妻求问,透出生机。"柳暗花明",情节于此出现转折。这是故事发展的第一层次。

第四段,"捕"促织。成名在无可奈何之时,凭着妻子问卜的一点子虚乌有的线索,就强忍疼痛,拄着拐杖,到古墓的野草乱石堆里竭尽全力搜寻,"心目耳力俱穷"。先是"侧听徐行",接着"蹑迹披求"。见到促织后始而"扑",继则"掭",再则"灌"之以水。三个动作写得井然有序,生动逼真,逼似实际生活情景,使人觉情状如在目前。

为了捕捉促织,成名简直是费尽心血。当他历尽艰辛捉到一头"巨身修尾,青项金翅"的良种促织后,真是乐不可支,"大喜,笼归,举家庆贺","备极护爱,留待限期,以塞官责"。这时激化的矛盾缓解了,故事似乎可以结束了。这是故事发展的第二层次,为情节高潮的到来做铺垫。

第五段,"失"促织。故事本来有结束的可能了,但偏偏发生意外,这头促织又被成名九岁的儿子弄死了。真是一波未平,一波又起,矛盾第二次激化到无以复加的程度,故事也到了难以发展的地步。

第六段,"得"促织。成名听说儿子不慎弄死了自己千辛万苦捉到的促织时,由短暂的欣喜陷入了极度的愤怒。他"如被冰霜","怒索儿"。哪知儿子由于惧怕父亲的责罚而投井自杀,又"化怒为悲,抢呼欲绝"。夫妻向隅而泣,连饭也不想吃了。无情的打击,把成名夫妻折磨得如果如痴。儿子气息奄奄,半夜稍有些复苏,他就"心稍慰","但蟋蟀笼虚,顾之则气断声吞,亦不敢复究儿"。

此时矛盾激化,故事发展到山穷水尽,难以进展之际。不料门外一声虫鸣,又出现了新的转机。作者运用浪漫主义手法,幻想出成名儿子之魂化成一只小促织，给成名捉住。而成名却以其小，"惴惴恐不当意"，想试着比斗一下，引起下文。此段成名情感的起落，始终徘徊在儿子的生死与促织的得失之间。心理活动描写合情合理，惟妙惟肖。

3. 第七段运用哪些手法描写小促织英勇善斗的？

第七段，"斗"促织。紧承上段末"思试之斗以觇之"，本段写成名之子魂魄化做的促织，一路斗去，大获全胜。写得跌宕起伏，饶有波澜。

小促织同"蟹壳青"斗胜一场，作者运用多层对比：其一，将少年的狂傲神态与成名的"自增惭怍"的表情对比；其二，以小促织的"蠢若木鸡"与蟹壳青的"庞然修伟"形成鲜明对比；其三，少年的三"笑"（"掩口胡卢而笑""又大笑""又笑"）与斗败后的"大骇"的前后表情对比。有此铺垫后再写小虫得胜，"翘然矜鸣"，运用欲扬先抑的手法，突出了小虫轻捷善斗的本领。

小虫获胜，读者心情也随之稍稍松弛。但乐极生悲，"一鸡瞥来"，小虫差点被鸡啄去，成名"骇立愕呼"，"顿足失色"，读者也随之大惊失色；直到"虫集冠上，力叮不释"时，方转惊为喜。这样几次反复，充分显示了小促织的超人本领。成名的一系列动作、神情描写，可见小小的促织使他的心灵得不到片刻的安宁。统治者爱好"促织之戏"，把成名这样的老实人在精神上折磨摧残到这个地步，其揭示的主旨则更为深刻。

此段是文章浪漫主义色彩表现最强烈之处，也是矛盾基本解决的段落，因此可视为全篇高潮。

4. 阅读八、九两段，谈谈本文讽刺现实的积极意义。

第八段，"献"促织。是故事的结局。作者紧承上段描写的小促织之勇，顺势写小促织进宰以后一路斗去，均获大胜，因为这是一个悲愤的魂魄，是拼命主义的化身。最后因所献促织得到县令、巡抚直至皇帝的赏识，成名终于摆脱苦难，发财致富。作者在故事结尾时写成名"入邑庠""成子精神复旧""不数岁，田百顷，楼阁万椽，牛羊蹄躈各千计；一出门，裘马过世家焉"。矛盾至此全部解决，具有极大的讽刺意味。

第九段，"评"促织。是游离在故事情节之外的作者评论。自司马迁《史记》在传记之后加上"太史公曰"的评论，以直接表明作者的观点，其后的史传散文多用这种评论形式。作者受此影响，在小说之后加了此段议论，从全篇角度看，应是作者以自己的认识作结。"天子偶用一物……加以官贪吏虐，民日贴妇卖儿，更无休止"，揭露封建统治者的罪恶和当时政治的腐败黑暗。由于最高统治者的荒淫无耻，贪官对上的阿谀奉承，"科敛丁口"，老百姓就只能落入"贴妇卖儿"、倾家荡产的悲惨命运。"故天子一跬步，皆关民命，不可忽也。"劝告统治阶级关心民命。"以蠹贫，以促织富"，具有强烈的讽刺效果。百姓的生死祸福，竟然系之于区区小虫，封建统治的腐败已到何种程度！有人把"天将以酬长厚者"说为"以因果报应来规劝人"，应予批判。这种观点虽然有点道理，但联系后文"一人飞升，仙及鸡犬"的讽刺效果来看，是不符合事实的。

"异史氏曰"直截了当地揭示出自己这一创作意图，这在古典小说中是很罕见的。《聊斋志异》起初以抄本流传，乾隆年间正式付刻时，刻印者为了避免文字牢狱之祸，特意删去"异史氏曰"中指斥天子的那几句话，就可见它明显地触犯了大忌。

全文揭示了"官贪吏虐"的黑暗现实，唤起了读者对主人公的同情和对统治阶级穷奢极欲的愤慨，取得了良好的艺术效果。

技法探求

1. 本文在情节安排方面有何精妙绝伦之处？

全文仅一千余字，但情节安排波澜起伏，生动曲折。通过促织得失这一主要线索，围绕成名一家的不幸遭遇，安排了主人公由悲到喜，由喜到悲的多次反复。每次反复，都是矛盾的一次激化。矛盾层层激化，环环紧扣，既吸引了读者，也充分揭示了作品的深刻社会意义。

全文以"宫中尚促织之戏，岁征民间"一句带出成名一家的辛酸血泪。矛盾有三次波折：① 成名为捕得蟋蟀，靡计不施，仍然交不了差，被打得"两股间脓血流离"，"转侧床头，惟思自尽"，此时矛盾激化到成名已经濒临绝境。② 但是"柳暗花明"，村中来了一个驼背巫，按她的指点，居然捕得一只像模像样的蟋蟀，故事大有结束的可能。但偏偏又发生意外，蟋蟀被成名的儿子扑死，儿子又由于惧怕父亲的责罚而投井自杀，这便使得成名从短暂的欣喜跃入极度悲哀之中，矛盾第二次激化到无以复加的程度。③ 这时作者又施展起死回生的手段，想象出成名之子化为蟋蟀，一路斗去，均获大胜的情节，矛盾得到解决。最后因所献促织得到县令、巡抚直至皇帝的赏识，成名终于解脱，发财致富。

故事情节的层层曲折，反映了主人公生活、精神上所受的层层磨难，唤起读者对主人公的层层同情和对统治阶级穷奢极欲的层层愤慨。这曲折多变的情节，深化了作品的主题。

2. 这篇小说对促织的描写细腻生动，谈谈这一特色。

促织是一种小动物，作者写捕促织，斗促织，写促织与鸡相搏，情态无不生动逼真。作者写促织的外形，大佛阁的一头，是"状极俊健""巨身修尾，青项金翅"；"蟹壳青"则"庞然修伟"；写魂化的小虫，则"形若土狗，梅花翅，方首，长胫"，可见状物的传神与精细之处。

写小虫与"蟹壳青"斗，绘声绘影。少年"视成所蓄，掩口胡卢而笑"，"小虫伏不动，蠢若木鸡。少年又大笑"，"试以猪鬣毛撩拨虫须，仍不动。少年又笑"，"俄见小虫跃起，张尾伸须，直龁敌领。少年大骇，解令休止。虫翘然矜鸣，似报主知"。少年的三"笑"（"掩口胡卢而笑""又大笑""又笑"）与斗败后的"大骇"的前后表情对比，惟妙惟肖，跃然纸上。小虫本领亦由此凸显了。

小虫貌不惊人，一"斗"惊人。两个"不动"，形若痴呆，不料这正是一种大将风度。一个"暴"字，动静陡转。"遂相腾击"四字，能表现一个连续的激烈的厮斗过程，能调动你的想象，好像这个过程的一切细节、一切情态就在眼前。"小虫跃起，张尾伸须，直龁敌领"，那奋勇搏击之状如在眼前。小虫的鸣声，一说"振奋作声"，似听得见叫声，看得见英姿，似在宣布初战告捷，似在自我鼓舞斗志，准备着最后的一搏。而最后的鸣声，是"翘然矜鸣"，叫声、形状、神气都栩栩如生，"矜"字尤其意味深长。

3. 本文在人物心理活动刻画方面有何特点？

本文人物心理活动刻画得细致入微。成名捕得小虫，起初惴惴不安，担心"不中于款"，交不了差。成名回家听到儿子扑死促织时，先是"如被冰雪"；接着"怒索儿"；等到发现儿子投井而死，又"化怒为悲""抢呼欲绝""夫妻向隅""相对默然"；后来，儿子苏醒，"夫妻心稍慰"；但是"蟋蟀笼虚"，则又"气断声吞""自昏达曙，目不交睫""僵卧长愁"。通过这些细节描写，把成名从悲到喜，从喜到悲的内心活动，刻画得活灵活现。

当村中少年持"蟹壳青"强与小虫搏斗时，他"自增惭怍"，在少年强求之下，"顾念蓄劣物终无所用，不如拼博一笑"。当小虫角逐得胜，成名这才转忧为喜，且大喜过望。不料，鸡啄小虫，"成骇立愕呼"，紧急关头，更是"仓猝莫知所救，顿足失色"，当小虫出奇制胜时，"成益惊喜"。

成名的心情变化，全因为一头促织关系着自家性命，统治者喜好"促织之戏"，使成名这样的老实人精神上受尽折磨。

4. 试析本文现实主义和浪漫主义相结合的写作特色。

蒲松龄成功地运用了现实主义和浪漫主义相结合的手法，揭露现实、讽刺现

促织

实。成名原本是个"操童子业，久不售"的人，只是因为交不上促织，而被摧残得几乎家破人亡，又是因为有了儿子魂化的促织进贡皇上，就可以突然"入邑庠"，最后有"田百顷，楼阁万椽，牛羊蹄躈各千计"。作者皮里阳秋，对当时社会的讽刺是多么辛辣。

小说中成儿魂化促织这个血淋淋的情节，是极其辛酸的一笔，它既是作者浪漫主义的独到运用，又是现实主义手法的一个妙着。整个故事情节有三大转折，中间一个是现实的，前后两个是虚幻的。中间一个转折，说明即使捉到好的促织，也容易逃掉、死掉，成名一家就因此家破人亡。皇帝只顾自己开心取乐，全不顾百姓死活。前后两个转折，求神问卜而得佳虫和儿子身化促织而轻捷善斗，这两个神鬼怪异的情节，将人间悲剧幻化成喜剧的形式，不但没有削弱对封建统治者的谴责力量，相反蕴含着更为深沉的悲哀，这里寄托了作者对成名的同情，对腐朽的封建统治的谴责。成名的入邑庠，发大财，官员的得奖赏，获升迁，完全取决于皇帝的偶一欢喜。皇帝正经事不干，一味玩小虫，这是何等荒诞。对此，作者谴责和讽刺的意味就非常辛辣了。

知识积累

一、文体知识

文言小说　指的是古代以文言记录的杂事、异闻和故事。

第一个著录了小说书目的《汉书·艺文志》说："小说家者流，盖出于稗官。街谈巷语，道听途说者之所造也。"这个说法代表了从汉至唐对文言小说的理解，不同于现代的小说概念。文言小说的作者都是知识分子或官吏；内容是不见于经典的传闻、杂说或民间故事；创作手法以或夸张，或荒诞，或离奇，或风趣为特色；形式大都是残丛小语、篇幅短小的短篇。

文言小说从汉至清，不断发展，产生了《搜神记》《世说新语》《唐代传奇》《剪灯新话》《聊斋志异》等代表作品。

二、文化常识

蟋蟀文化　斗蟋蟀，亦称"秋兴""斗促织""斗蛐蛐"，是中国民间搏戏之一，是一项古老的娱乐活动。中国蟋蟀文化历史悠久，源远流长，是中国特有的具有浓厚东方色彩的文化生活。

在两千五百多年前经孔子删定的《诗经》中，就有《蟋蟀》之篇。斗蟋蟀始于唐代，盛行于宋代。南宋在斗蟋史上是著名的时代。此时斗蟋蟀已不限于京师，也不限于贵族。市民,乃至僧尼也雅好此戏。清朝的王公贵族是在入关后才嗜斗蟋之戏的。每年秋季,京师就架设起宽大的棚场,开局赌博。在日伪侵占北京时期,北平庙会上都有出售蟋蟀的市场,摊贩少则几十,多则数百,人来人往,熙熙攘攘。

促织

古时娱乐性的斗蟋蟀,通常是在陶制或瓷制的蛐蛐罐中进行。两雄相遇,一场激战就开始了。首先猛烈振翅鸣叫,一是给自己加油鼓劲,二是要灭灭对手的威风,然后才龇牙咧嘴地开始决斗。头顶脚踢,卷动着长长的触须,不停地旋转身体,寻找有利位置,勇敢扑杀。几个回合之后,弱者垂头丧气,败下阵去,胜者仰头挺胸,趾高气扬,向主人邀功请赏。

最善斗的当属蟋蟀科的墨蛉,中国民间百姓称之为"黑头将军"。一只既能鸣又善斗的好蟋蟀,不但会成为斗蛐蛐者的荣耀,同样会成为蟋蟀王国中的王者。

三、语言知识

(一)通假字

1. 昂其直(直,同"值",价值)
2. 手裁举(裁,同"才",刚刚)
3. 取儿藁葬(藁,同"稿",用草席)
4. 翼日进宰(翼,同"翌",第二天)
5. 虫跃去尺有咫〔有,同"又",再(加上)〕
6. 而高其直(直,同"值",价钱)

(二)一词多义

1. 责
① 因责常供(动词,责令)
② 每责一头(动词,索取)
③ 当其为里正、受扑责时(动词,责罚)
④ 以塞官责(名词,差使)

2. 进
① 以一头进(动词,进献)
② 径进以啄(动词,前进)

3. 益
① 死何裨益(名词,好处)
② 益奇之(副词,更加)

4. 逼

① 鸡健进，逐逼之（动词，逼近）

② 与村东大佛阁真逼似（副词，极，非常）

5. 故

① 此物故非西产（副词，原来，本来）

② 故天子一跬步（连词，所以）

6. 然

① 然睹促织（连词，表转折，然而）

② 俨然类画（形容词词尾，……的样子）

③ 成然之（动词，认为……是对的）

7. 售

① 久不售（动词，卖，引申为考取）

② 亦无售者（动词，买，反训词）

8. 岁

① 后岁余（名词，年）

② 岁征民间（名词作状语，每年）

9. 笼

① 得佳者笼养之（名词作状语，用笼子）

② 笼归（名词用作动词，用笼子装）

10. 靡

① 靡计不施（动词，无，没有）

② 虫尽靡（动词，倒下）

11. 顾

① 顾之则气断声吞（动词，回头看）

② 徘徊四顾（动词，看，环视）

③ 顾念蓄劣物终无所用（副词，但）

12. 发

① 窃发盆（动词，打开）

② 探石发穴（动词，掏挖）

③ 无毫发爽（古长度单位，十毫为发，极言少）

13. 令

① 令以责之里正（名词，县令）

② 解令休止（动词，使，让）

14. 上

① 有华阴令欲媚上官（形容词，上级）

② 上大嘉悦（名词，皇上）

15. 强

① 乃强起扶杖（形容词，勉强）

② 少年固强之（动词，迫使）

16. 中

① 又劣弱不中于款（动词，符合，适合）

② 中绘殿阁（名词，当中）

17. 信

① 宰不信（动词，相信）

② 信夫（副词，确实）

18. 尚

① 宫中尚促织（动词，崇尚，爱好）

② 虫宛然尚在（副词，还，仍然）

（三）词类活用

1. 名词活用作动词

① 试使斗而才（有才能）

② 旬余，杖至百（用杖打）

③ 大喜，笼归（用笼子装）

④ 儿涕而出（流着泪）

⑤ 自名"蟹壳青"（命名，起名）

⑥ 细疏其能（分条陈述）

⑦ 故天子一跬步（走半步，指一举一动）

⑧ 裘马过世家焉（穿着皮衣，骑着马）

2. 名词活用作状语

① 岁征民间（每年）

② 得佳者笼养之（用笼子）

③ 早出暮归（在早上，到晚上）

④ 取儿藁葬（用草席）

⑤ 日与子弟角（每天）

促织

⑥ 力叮不释（用力）

⑦ 民日贴妇卖儿（每天）

⑧ 时村中来一驼背巫（这时）

3. 使动用法

① 昂其直（使……高，抬高）

② 辄倾数家之产（使……倾尽，竭尽）

③ 而高其直（使……高，抬高）

4. 意动用法

① 成然之（认为……是对的）

② 成以其小，劣之（认为……劣，差）

③ 益奇之（认为……奇特）

5. 形容词活用作动词

① 薄产累尽（赔尽）

② 近抚之（靠近）

③ 有华阴令欲媚上官（献媚，巴结）

④ 独是成氏子以蠹贫，以促织富（受穷，变富）

6. 形容词活用作名词

① 蟹白栗黄（白肉，黄粉）

② 成述其异（奇特的本领）

（四）特殊句式

1. 此物故非西产（判断句，非，不是）

2. 遂为猾胥报充里正役（被动句，为，被）

3. 村中少年好事者驯养一虫（定语后置，好事的少年，"者"为标志）

4. 掭以尖草（介宾短语后置，以尖草掭）

5. 问者爇香于鼎（介宾短语后置，于鼎爇香）

6. 既得其尸于井（介宾短语后置，于井得其尸）

7. 覆之以掌（介宾短语后置，以掌覆之）

8. 得无教我猎虫所耶（固定句式，得无……耶，莫非……吧）

9. 假此科敛（于）丁口（以下都是省略句）

10. （其妻）折藏之，归以（之）示成

11. 岁征（之于）民间

12. 因责（之）常供

13. （成名）转侧（于）床头
14. 成妻具资诣问（之）
15. 成妻纳钱（于）案上
16. （成名）试使（之）斗而才
17. （虫）入（于）石穴中
18. （成名）喜置（之于）榻上
19. （成名）以（之）塞官责
20. （成名）不敢与（之）较
21. （宰）又嘱学使俾（之）入邑庠
22. 天将以（之）酬长厚者

促织

一课一练

1. 下列加点字注音和解释全部正确的一项是（　　　）

A. 猾黠（xiá 狡猾）　竦立（sǒng 害怕，恐惧）　不啻（chì 但）　睒视（zhǎn 看）

B. 惭怍（zuò 惭愧）　跬步（kuǐ 半步）　迂讷（nè 语言迟钝，不善讲话）

C. 审谛（dì 仔细）　惙然（chuò 忧愁）　蹄躈（jiào 肛门）　裨益（bì 益处）

D. 科敛（liǎn 聚敛）　翕辟（xī 合）　邑庠（yàng 学校）　恩荫（yīn 荫庇）

2. 解释下列加点的词语。

① 操童子业，久不售　　　　　　（　　　　　　　　）

② 又劣弱不中于款　　　　　　　（　　　　　　　　）

③ 即道人意中事，无毫发爽　　　（　　　　　　　　）

④ 冥搜未已　　　　　　　　　　（　　　　　　　　）

⑤ 抢呼欲绝。夫妻向隅　　　　　（　　　　　　　　）

⑥ 手裁举，则又超忽而跃　　　　（　　　　　　　　）

⑦ 而高其直，亦无售者　　　　　（　　　　　　　　）

⑧ 径造庐访成，视成所蓄　　　　（　　　　　　　　）

⑨ 又嘱学使俾入邑庠　　　　　　（　　　　　　　　）

⑩ 以金笼进上，细疏其能　　　　（　　　　　　　　）

3. 下列加点字均为词类活用，选出分类正确的一项（　　　）

① 宫中尚促织之戏，岁征民间

② 市中游侠儿得佳者笼养之

171

③ 大喜，笼归

④ 虫集冠上，力叮不释

⑤ 旬余，杖至百

⑥ 成以其小，劣之

⑦ 每责一头，辄倾数家之产

⑧ 欲居之以为利，而高其直

⑨ 日将暮，取儿藁葬

⑩ 抚军大悦，以金笼进上，细疏其能

A. ①②③⑧／④⑨／⑤⑩／⑥／⑦

B. ①②④⑨／③⑤⑩／⑥／⑦⑧

C. ①③／②⑧／④⑦／⑤⑩／⑥⑨

D. ①③⑨／②⑥／⑦⑧／④⑤⑩

4. 选出下列句中"然"字的用法不同的一项（　　）

A. 成然之

B. 气息惙然

C. 俨然类画

D. 一癞头蟆猝然跃去

5. 补出下列句中省略的代词，并说明各指代什么。

① 令以责之里正　　　　　　（　　　　　　）

② 折藏之，归以示成　　　　（　　　　　　）

③ 留待期限，以塞官责　　　（　　　　　　）

④ 喜置榻上，半夜复苏　　　（　　　　　　）

⑤ 将献公堂，惴惴恐不当意　（　　　　　　）

6. 解释下列句中表示时间的词语。

① 少间，帘内掷一纸出　　　（　　　　　　）

② 食顷，帘动，片纸抛落　　（　　　　　　）

③ 斯须就毙　　　　　　　　（　　　　　　）

④ 未几，成归　　　　　　　（　　　　　　）

⑤ 俄见小虫跃起　　　　　　（　　　　　　）

⑥ 翼日进宰　　　　　　　　（　　　　　　）

⑦ 无何，宰以卓异闻　　　　（　　　　　　）

7. 翻译下列句子。
① 市中游侠儿得佳者笼养之,昂其直,居为奇货。

② 里胥猾黠,假此科敛丁口,每责一头,辄倾数家之产。

③ 会征促织,成不敢敛户口,而又无所赔偿,忧闷欲死。

④ 早出暮归,提竹筒铜丝笼,于败堵丛草处,探石发穴,靡计不施,迄无济。

⑤ 成反复自念,得无教我猎虫所耶?

⑥ 掭以尖草,不出;以筒水灌之,始出,状极俊健。

⑦ 顾念蓄劣物终无所用,不如拼博一笑,因合纳斗盆。

⑧ 不数岁,田百顷,楼阁万椽,牛羊蹄躈各千计;一出门,裘马过世家焉。

⑨ 天将以酬长厚者,遂使抚臣、令尹,并受促织恩荫。

8. 本文作者_____,字留仙,_____代_____年间杰出的文学家,他一生创作了大量文学作品,诗文词曲都有成就,尤以_____著称。他的代表作是《聊斋志异》,"聊斋"是他的_____,"志异"意为_____。"异史氏曰"是模仿司马迁"_____"对所写小说的评论。

9.《聊斋志异》起初以抄本流传,乾隆年间正式付刻时,刻印者特意删去《促织》后"异史氏曰"中指斥天子的那几句话,由此可见此段文字有何思想意义?

10. "未几，成归"至"思试之斗以觇之"的一段文字，心理活动刻画得细致入微，请加以赏析。

能力拓展

阅读下文，回答文后问题。

蒲留仙写书

　　蒲留仙先生《聊斋志异》，用笔精简，寓意处全无迹相，盖脱胎于诸子，非仅抗手于左史、龙门也。相传先生居乡里，落拓无偶，性尤怪僻，为村中童子师，食贫自给，不求于人。作此书时，每临晨携一大磁罂①，中贮苦茗，具淡巴菰②一包，置行人大道旁，下陈芦衬，坐于上，烟茗置身畔。见行道者过，必强执与语，搜奇说异，随人所知；渴则饮以茗，或奉以烟，必令畅谈乃已。偶闻一事，归而粉饰之。如是二十余寒暑，此书方告蒇③。故笔法超绝。

——清·邹弢《三借庐笔谈》

【注释】

① 罂（yīng）：大腹小口的瓶或罐子。

② 淡巴菰：烟草的旧音译名。

③ 蒇（chǎn）：完成。

1.《聊斋志异》是_____代著名的_____言_____篇小说集，作者_____，字_____，一字_____，别号_____，世称_____。"志"是_____的意思。文中左史、龙门指_____、_____，因为_____。

2. 解释下列句中加点的字。

① 用笔精简，寓意处全无迹相　　　（　　　　　　）

② 中贮苦茗，具淡巴菰一包　　　　（　　　　　　）

③ 置行人大道旁，下陈芦衬　　　　（　　　　　　）

④ 见行道者过，必强执与语　　　　（　　　　　　）

3. 选出加点词语意义与现代汉语不同的一项（　　　）

A. 用笔精简，寓意处全无迹相

B. 盖脱胎于诸子

C. 为村中童子师，食贫自给

D. 偶闻一事，归而粉饰之

4. 选出句式不同的一项（　　　）

A. 非仅抗手于左史、龙门也

B. 食贫自给，不求于人

C. 置行人大道旁

D. 渴则饮以茗

5. 翻译下列句子。

① 盖脱胎于诸子，非仅抗手于左史、龙门也。
_____

② 渴则饮以茗，或奉以烟，必令畅谈乃已。
_____

6. 由上文看来，《聊斋志异》成书的一个重要原因是什么？作者塑造了蒲松龄什么样的形象？
_____
_____
_____

促织

谏太宗十思疏

学习目标

1. 领会文中阐述的"居安思危""戒奢以俭"的深刻道理。
2. 掌握因论设喻、以喻明理的写作特色。
3. 鉴赏本文的语言风格。

知人论世

一、作家作品

魏征（580—643），字玄成，唐初杰出的政治家、史学家，巨鹿下曲阳（今在河北省境内）人。他生在隋末社会大动荡年代，少时贫苦，用功读书，曾为避乱出家做道士，后来参加李密的反隋起义军，李密失败后投降唐朝。先在隐太子（李建成）身边任职，玄武门之变后归附唐太宗李世民，任谏议大夫、检校侍中等职。

魏征敢于直言诤谏，所言多被太宗采纳。令狐德棻、孔颖达、姚思廉等奉诏修撰周、隋、梁、陈、齐各史书，由魏征总加撰定，书成，晋升为光禄大夫，封郑国公。魏征提倡"无面从退而后言"，即不要当面服从，背后又有意见；建议唐太宗在用人上要"简能""择善""知人善任"，对臣下要做到"爱而知其恶，憎而知其善"；希望太宗能广开言路，认识到"兼听则明，偏信则暗"的重要。他的意见有助于"贞观之治"的形成。

魏征病卒，唐太宗亲自写碑文，并且刻于石碑上，又对侍臣说："人以铜为镜，可以正衣冠；以古为镜，可以见兴替；以人为镜，可以知得失。魏征没，朕亡一镜矣。"可见唐太宗对他的信任。即使后来因他生前曾把所写奏疏先给史臣褚遂良阅看，然后再交给唐太宗的事情被人揭发，惹得唐太宗震怒，也只是取消公主与魏征长子婚约，令人拽倒所立碑而已。

传世作品有《隋书》的序论，《梁书》《陈书》《齐书》的总论，主编有《群书治要》，还有《魏郑公诗集》《魏郑公文集》等。

魏征的奏疏，在封建时代享有重名。《旧唐书》曾赞他"前代诤臣，一人而已"，又称他的奏疏"可为万代王者法"。他的奏疏的语言，也为人奉为典范。陆机的《文赋》指出奏疏的要求是："奏平彻以闲雅。"意思是内容要平正透彻，用语要从容得体。魏征的奏疏是完全符合这个标准的。后来的陆贽、苏东坡等人的著名奏疏，都承袭魏征奏疏的语言风格。

二、创作背景

本文是魏征在贞观十一年（637）写给唐太宗的奏章之一。唐太宗登基后，继续推行"均田法"，实施减轻赋税、休养生息的政策，使得唐朝在贞观年间发展到一个繁荣的时期，后人称之为"贞观之治"。

此时边防巩固，内外无事，唐太宗逐渐骄奢忘本，大修庙宇宫殿，广求珍宝，四处巡游，劳民伤财。魏征对此极为忧虑，他清醒地看到了繁荣昌盛的后面隐藏着危机，在贞观十一年的三月到七月，"频上四疏，以陈得失"，《谏太宗十思疏》就是其中第二疏，因此也称"论时政第二疏"。唐太宗看了猛然警醒，写了《答魏征手诏》，表示从谏改过。这篇文章被太宗置于案头，奉为座右铭。

精译详注

臣闻求木之长者，必固其根本；我听说过，要想求得树木生长得好，就必定要使它的树根稳固；［木：树木。长（zhǎng）：生长，长成。之：结构助词，用在主谓之间，取消句子独立性。以下多个"之"字用法与此相同。必：一定。固：使动用法，使……稳固。本：树根。］**欲流之远者，必浚其泉源；**要想使河水流得长远，就必定要疏通它的源头；［欲：想，想要。远：使动用法，使……流得远。浚（jùn）：疏通、深挖。泉源：即渊源，水的源头。泉，本当作"渊"，唐人避高祖李渊讳改言。］**思国之安者，必积其德义。**要想让国家太平安定，就必须要积聚自己的恩德与道义。［思：想，要想。德义：指恩德和道义。］**源不深而望流之远，根不固而求木之长，德不厚而思国之理，臣虽下愚，知其不可，而况于明哲乎！**如果水源不深却希望河水流得长远，树根不稳固却要求树木生长，恩德不深厚却想要国家安定，我虽然愚昧无知，也知道这是不可能的，更何况是陛下这样明智的人呢！[四个"而"字：前三个是转折连词，译作"却""但是"；后一个是表递进的连词。下愚：最愚昧无知，自谦之词。况：何况。明哲：明智的人，文中指唐太宗。]**人君当神器之重，居域中之大，将崇极天之峻，永保无疆之休。**国君掌握着帝王的重权，占据天地间重要的地位，就要推崇最高的皇权，永远保持政权无尽的和平美好。[人君：君王，国君。当：主持，掌握。神器：指帝位。域中：天地间。语出《老子》："道大，天大，地大，人亦大。域中有四大，而人居其一焉。"极天之峻：最高的皇权。休：喜庆，福禄。这里指政权的平和美好。]**不念居安思危，戒奢以①俭，德不处其厚，情不胜其欲，斯亦伐根以②求木茂，塞源而欲流长者也。**如果不考虑处在安逸的环境中可能发生的危险，用节俭来戒除奢侈，道德不能保持宽厚，性情不能克制欲望，这也就像是砍断树根来要求树木繁茂，堵塞源头而想要河水流得长远一样。[戒奢以俭：即"以俭戒奢"，介宾短语后置。以①，介词，用，行。胜：战胜，克制。以②：目的连词，来。斯：这。伐：砍伐。塞：堵塞。]

凡百元首，承天景命，莫不殷忧而道著，功成而德衰。历代所有的帝王，承受上天的重大使命，他们没有一个不为国家深切地忧虑而且治理成效显著的，但是大功告成之后国君的道德品行就开始衰退了。[凡百：所有的。元首：帝王。承：承受。景：大。命：使命。殷忧：深深忧虑。殷，深。道著：治理成效显著。衰：衰退。]**有善始者实繁，能克终者盖寡。**开头做得好的确实很多，但能够保持到底的大概很少。[善始者：开头做得好的人。善，好。克：能够。终：保持到底。盖：大概，表示不十分肯定的判断。]**岂取之易而守之难乎？昔取之而有余，今守之而不足，何也？**难道是取得天下容易而守住天下困难吗？过去夺取天下时力量有余，现在守卫天下却力量不足，这是为什么呢？[四个"之"：代词，指代"天下"。取：取得。]**夫在殷忧，必竭诚以待下；既得志，则纵情以傲物。**通常是处在深重的忧患之中时，国君一定竭尽诚心来对待部下，（而一旦）已经实现志向，他们就会放纵情欲，看不起别人。[夫：承接上文，表示推断原因。殷：深。竭诚：竭尽诚心。以：连词，表行为方式。待下：对待臣民。傲物：看不起别人。物，这里指自己以外的人。]**竭诚则吴越为一体，傲物则骨肉为行路。**如果竭尽诚心，那么吴国和越国（也会）结成一个整体，如果看不起别人，那么亲骨肉（也会）成为毫不相干的陌生人。[吴越：吴国和越国，春秋时两个敌对的诸侯国。为：成为，动词。骨肉：指父母兄弟子女，比喻至亲。行路：路人，毫不相干的陌生人。]**虽董之以严刑，振之以威怒，终苟免而不怀仁，貌恭而不心服。**即使用严酷的刑罚监督人民，用威风怒气威吓人民，最终人民只是苟且免于刑罚，却并不会怀念（皇上的）仁慈，表面上恭敬，心中却并不心悦诚服。[董之以严刑：即"以严刑董之"，介宾短语后置。下句结构同此。董，监督。之，人民。振：同"震"，威吓。终：最终。苟免：苟且免于刑罚。两个"而"：转折连词，但是。怀仁：怀念（皇上的）仁慈。服：服从，心悦诚服。]**怨不在大，可畏惟人；载舟覆舟，所宜深慎；奔车朽索，其可忽乎！**怨恨不在于有多大，可怕的只是民众（的力量）；水可以载舟，也可以覆舟，这是应当深切警戒慎重的；疾驰的马车却用腐烂的绳索驾驭，怎么可以疏忽大意呢！[惟：只是。人：民众。载舟覆舟：意思是人民能拥戴皇帝，也能推翻他的统治。语出《荀子·王制》："君者舟也，庶人者水也。水则载舟，水则覆舟。"宜：应当。深慎：深切戒慎。奔车：奔跑的马车。朽：腐烂。索：绳子。其……乎：表反问，怎么。忽：疏忽。]

君人者，诚能见可欲则思知足以自戒，将有作则思知止以安人，做国君的人，如果真的能够看到会引起（自己）喜好的东西，就应想到知足来告诫自己，将要大兴土木，就应想到适可而止来使百姓安宁，[可欲：能引起（自己）喜好的东西（如玉杯、象箸、旨酒、美色一类）。语出《老子》："不见可欲，使民心不乱。"下文的"知足"（知道满足）、"知止"（知道适可而止），亦出自《老子》"知足不辱""知止不殆"。作：建造，兴建，指大兴土木，营建宫殿苑囿一类事情。安人：即安民，唐人避太宗李世民讳而改"民"为"人"。]**念高危则思谦冲而自牧，惧满溢则思江海下百川，**考虑到（自己的君位）高而险就要想到不忘谦虚，加强自身的道德修养；害怕骄傲自满就应想到江海（之所以大）是居于百川之下的，[念：想，考虑。高危：高而险。谦冲：谦虚。冲，虚。自牧：加强自身的道德修养。牧：养。这里引用了《周易·谦卦》"卑以自牧"的意思。满溢：容器中的水满则溢出，指骄傲自满，听不进别人的意见。江海下百川：江海居于百川之下。意思是说要有江海容纳众水的度量，善于听取各方面的意见。下：居于……之下。]**乐盘游则思三驱以为度，忧懈怠则思慎始而敬终，**以娱乐游逸为乐，就要想到古代君王一年以三次围猎为限度；担忧政务松懈怠慢，就应想到要从始到终都谨慎，[乐：以……为乐。盘游：娱乐游逸，指从事狩猎。三驱：出自《周易·比卦》"王用三驱"，有两说，一说狩猎时让开一面，三面驱赶，以示好生之德；一说一年以三次田猎为度。敬：慎。]**虑壅蔽则思虚心以纳下，想谗邪则思正身以黜恶，**担心（耳目被）堵塞蒙蔽就应想到虚心采纳臣民的意见，想到偏信了谗言邪说，就要反思端正自身来斥退奸恶小人，[虑：担心。壅（yōng）蔽：（耳目被）堵塞、蒙蔽。纳：接纳，采纳。下：臣民。谗邪：指爱说坏话陷害别人的邪恶之人。正：使动用法，使……端正。黜（chù）：斥退。恶：奸恶小人。]**恩所加则思**

无因喜以谬赏，罚所及则思无因怒而滥刑。恩泽施加于人时，就要想到不要因为自己喜好而不恰当地奖赏；刑罚施加于人时，就要想到不要因为发怒而滥用刑罚。[加：施加。因：表原因的连词，因为。以：并列连词，相当于后文的"而"。谬赏：不恰当地奖赏。滥刑：滥施刑罚。]**总此十思，弘兹九德，简能而任之，择善而从之**，总共这"十思"，（可以）使九种美德发扬光大，选拔贤能的人而任用他们，择取好的意见而听从它们，[宏：使……光大。兹：此。九德：即九种美好品德，出自《尚书·皋陶（yáo）谟》："宽而栗（庄严），柔而立（能立事），愿（良善）而恭，乱（有治理的才能，反训词）而敬，扰（和顺）而毅，直（正直）而温，简（简易、宽大）而廉，刚而塞（充实），强而义。"简：选拔。从：听从。]**则智者尽其谋，勇者竭其力，仁者播其惠，信者效其忠**。那么聪明的人就会竭尽他们的智谋，勇敢的人就会用尽他们的力气，仁爱的人就会传播他们的恩惠，诚信的人就会奉献他们的忠心。[智者：聪明的人。尽：竭尽。其：他们的。竭：竭尽。仁者：仁爱的人。播：散播，传播。惠：恩惠。信者：诚信的人。效：奉献。]**文武争驰，在君无事，可以尽豫游之乐**，文臣武将争先恐后前来效力，国君在位没有大事烦扰，可以尽情享受出游的快乐，[文武：文臣武将。豫游：出游，游乐。帝王秋天出巡称"豫"，春天出巡为"游"。]**可以养松、乔之寿，鸣琴垂拱，不言而化**。可以颐养得像赤松子与王子乔那样长寿，皇上弹着琴垂衣拱手就能治理好天下，不用再说什么，天下人就已经都有教化了。[松、乔之寿：像仙人赤松子、王子乔那样的长寿。赤松子、王子乔，都是上古传说中的仙人。垂拱：垂衣拱手，指不必亲自处理政务。化：教化。]**何必劳神苦思，代下司职，役聪明之耳目，亏无为之大道哉！**为什么一定要（自己）耗费精神苦苦思索，代替臣下管理职事，役使自己灵敏的耳朵和明亮的眼睛，违背顺其自然就能治理好天下的大的治国方针呢！[何必：为什么一定。聪明：指耳朵、眼睛反应灵敏，即"耳聪目明"。亏：使……亏损，引申为"违背"。无为：道家思想。讲究无为而治。即顺其自然治理天下。大道：治国的方针政策。]

赏析导读

本文是魏征于贞观十一年（637）写给唐太宗的，文章提出"十思"，规劝太宗要居安思危，戒奢以俭，主旨是劝他积德行义。

1. 文章第一段是如何提出论点、阐述论点的？

文章首先设置了两个形象性和哲理性都很强的比喻："求木之长者，必固其根本；欲流之远者，必浚其泉源。"然后引出中心论点："思国之安者，必积其德义。"三句排比，前两个比喻，后一个是本体，阐明事理，浅显易懂，不容置疑。

接着以否定形式从反面申述："源不深而望流之远，根不固而求木之长，德不厚而思国之理，臣虽下愚，知其不可，而况于明哲乎！"对论题加以肯定，进一步强调论点。再接着，进一步明确指出，"人君"地位崇高，责任重大，如果"不念居安思危，戒奢以俭"，要想国家长治久安是不可能的，就如同"伐根以求木茂，塞源而欲流长"一样荒诞。这一段的结尾，照应开头，又充分利用了"木"与"水"的比喻，提出"居安思危，戒奢以俭"是保证国家长治久安的根本大计这一结论。

2. 第二段运用了什么论证方法？在全文中起什么作用？

先以一个"凡百"，囊括历史的教训。"凡百元首，承天景命……善始者始繁，克终者盖寡。"寥寥数语，就概括了历代君主能创业不能守成的普遍规律。

接下来，从创业守成、人心向背等方面论述"居安思危"的道理。作者以"岂取之易而守之难乎"设问，引出具体的分析论证，指出"殷忧"与"得志"的不同心态：殷忧，则竭诚待人；得志，则纵情傲物。而"竭诚则吴越为一体，傲物则骨肉为行路"，对人的态度不同，其结果反差强烈，言守成之君因为既得志而极易纵情傲物，丧失民心，自然得出"载舟覆舟，所宜深慎"的结论。

这段运用了正反对比的论证方法，既分析为什么要"积其德义""居安思危，戒奢以俭"，又为下文提出"十思"做铺垫。

3. 第三段紧承上文，提出"十思"——人君"积德义"的具体内容。请归纳"十思"包含对人君哪几方面的要求。

"十思"的核心内容是正己安人，但具体又有所侧重。① 严戒奢侈，不要大兴土木，劳民伤财，"将有作则思知止以安人"。② 戒骄戒躁，恪守职分，虚怀若谷，从谏如流，"念高危则思谦冲而自牧，惧满溢则思江海下百川"。③ 节制欲望，持之有度，"见可欲则思知足以自戒""乐盘游则思三驱以为度"。④ 勤勉政事，处事谨慎，"忧懈怠则思慎始而敬终"。⑤ 礼贤下士，接纳劝谏，"虑壅蔽则思虚心以纳下"。⑥ 罢黜小人，任用直臣，"想谗邪则思正身以黜恶"。⑦ 赏罚分明，处事公正，"恩所加则思无因喜以谬赏，罚所及则思无因怒而滥刑"。

"十思"就是对皇上的十条劝诫，论述了怎样才能做到"居安思危，戒奢以俭"，亦是守成之君必要的治国之术。最后顺理成章地建议皇上"简能而任之，择善而从之"，以实现"文武并用，垂拱而治"的盛世局面。全文结构严谨，逻辑严密，顺理成章，一气呵成，堪称历代谏书中的佳作。

技法探求

1. 以第一段为例，分析本文以比喻说理的艺术特色。

本文最主要的写作特色是因论设喻，以喻明理。魏征为了让唐太宗接受自己提出的"十思"，就先得把"积德义"的道理讲清楚。但光讲这个道理嫌抽象，不易使对方理解和信服，所以便借助比喻来说明道理，这是古代论说文的一个显著特点。比喻的恰当运用，可以使抽象的道理具体化，使深奥的问题通俗化。

设喻明理，贵在一个"巧"字，文中多选择那些能够最集中、最深刻、最精彩地表现本意的事例来做喻体。树木、泉源事小，其重要性固然不足以比国政，但是作者抓住树木之长必固本、江河流远必浚源这个要点，以树木的茂盛比国家的兴旺，江河的流长比国运的久远，木之根本比国之根本，流之泉源比国之泉源，这样便切合了本意，所以小事也就具有了神奇的力量。

用比喻来说明道理，可以化抽象为形象。"怨不在大，可畏惟人；载舟覆舟，所宜深慎；奔车朽索，其可忽乎！"君与民的关系很抽象，但用舟与水的关系一比，就很形象，很明白，就会令人深信不疑。用朽烂的绳索去套奔驰的马车，比喻国事非常危险，不容疏忽，形象生动，振聋发聩。设喻可以明理显而易见。

2. 唐代的奏疏，习惯上都用骈文来写，谈谈这篇奏疏这方面的语言特色。

语言方面除上面所述比喻外，多用排偶句是本文的第二个特色。例如"求木之长者，必固其根本；欲流之远者，必浚其泉源；思国之安者，必积其德义"一起组成三个排比句，对仗工整，结构严密，一气呵成，自然贴切。从语言的内部结构看，"求""欲""思"三个动词，表示出主观上的一种强烈愿望，要求做出回答，三个"必"字，斩钉截铁，不容置疑。可谓一字总断，力抵千钧，令人信服，足见用词之巧。这是第一层，为正说。紧接着是反说，"源不深而望流之远，根不固而求木之长，德不厚而思国之理"，同样是三个排比句，也仍然是三个愿望性动词，但笔下的三个"不"字，却使主客观相背离，示人以谬误，是以否定形式对论题加以肯定，进一步强调本意。此类排偶句在文中随处可见，不仅语言节奏和谐，音节流畅，形式优美，而且增强了说理能力，使被劝谏者易于接受。

再如"十思"十句，句式大致相同，构成排比，一气呵成，形式齐整，气势磅礴。

本文虽然用了许多骈偶句式，却突破了骈体的束缚，骈散语句交替运用，既有骈文的整齐华美，又有散文的自然流畅，易于诵读，文章气势充沛。如第一段中在两组排偶句后，用散句"臣虽下愚，知其不可，而况于明哲乎"给人以顿挫感。文末"何必劳神苦思，代下司职，役聪明之耳目，亏无为之大道哉"这一散句，以问句形式具警示作用，增强文章的论述力。

知识积累

一、文体知识

疏　中国古文书之一类，又称奏疏、奏议。疏，指分条陈述，作为一种文体，它是古代臣下向皇帝分条陈述自己对某事意见的一种文件，是封建社会历代臣僚向帝王进言使用文书的统称，属于上行公文。

战国以前臣僚向君主进呈文字统称上书，秦统一六国后始称为奏。奏是进上的意思。汉代臣僚上书有时也称上疏。疏是疏通的意思，引申为对问题的分析。同时分析问题的奏章也别称为疏。唐宋以后上奏文书统称奏议，多数称为奏疏。奏疏的文种名称，汉代有章、奏、表、议等，魏晋南北朝时期除沿用章、表、议等外又增加了启文；隋、唐、宋时期一般用表和状两种，宋代增加札子，是大臣上殿奏事前先期呈递的程式比较简便的文种；元代有奏、启和表章；明、清两代有题本、奏本、表、笺、启以及康熙朝后广泛使用的奏折等。

作为一种具有政治性和工具性的应用文体，奏疏有其确定的阅读对象、明确的行文目的、强烈的针对性和时效性，因而有着自己独特的文体功能和写作特点。

二、文化常识

避讳　封建时代为了维护等级制度的尊严，在说话写文章时遇到君主或尊亲的名字都不直接说出或写出，以表尊重，避免利用名字进行人身攻击，而冒犯君主或尊亲超然的地位。

《公羊传·闵公元年》说："为尊者讳，为亲者讳，为贤者讳。"这是古代避讳的一条总原则。对当代帝王及本朝历代皇帝之名进行避讳，属于当时的"国讳"或"公讳"。如在刘秀时期，秀才被改成茂才；唐代为避李世民讳，"民"写作"人"，如《谏太宗十思疏》中"将有作则思知止以安人"，《捕蛇者说》中"以俟夫观人风者得焉"；乾隆曾下诏门联中不许有"五福临门"四字，为的是避讳顺治帝福临之名。

也有避父母和祖父母之名的，是全家的"家讳"或"私讳"，如苏轼祖父名"序"，即讳"序"字，所以苏洵不写"序"字，碰到写"序"的地方，改成"引"字；苏轼也跟着不用"序"字，他以"叙"字来代替。

三、语言知识

（一）通假字

1. 振之以威怒（振，同"震"，威吓）
2. 恩所加则思无因喜以谬赏（无，同"毋"，不要）

（二）古今异义

1. 求木之长者，必固其根本（古义：树木的根。今义：指事物的本质）
2. 既得志，则纵情以傲物（古义：放纵情感，含贬义。今义：尽情）
3. 傲物则骨肉为行路（古义：路人。今义：走路）
4. 乐盘游则思三驱以为度（古义：把它当作。今义：认为）
5. 人君当神器之重（古义：帝位，国家。今义：神异的器物）
6. 承天景命（古义：大。今义：风景，风光）

（三）一词多义

1. 固

① 必固其根本（动词，使……稳固）

② 根不固而求木之长（形容词，牢固）

2. 下

① 惧满溢则思江海下百川（动词，居于……之下）

② 必竭诚以待下（名词，下面的人）

③ 臣虽下愚，知其不可（形容词，低下）

④ 虑壅蔽则思虚心以纳下（名词，臣下的意见）

3. 诚

① 诚能见可欲（连词，如果真的）

② 竭诚则吴越为一体（名词，诚心）

4. 能

① 诚能见可欲（能愿动词，能够）

② 简能而任之（名词，有能力的人）

5. 虽

① 臣虽下愚，知其不可（连词，虽然）

② 虽董之以严刑（连词，即使）

6. 而

① 源不深而望流之远（连词，表转折）

② 则思谦冲而自牧（连词，表递进）

7. 当

① 盛夏之时，当风而立（介词，对着，面对）

② 人君当神器之重（动词，掌握，主持）

8. 以

① 夫在殷忧，必竭诚以待下（来，表目的的连词）

② 将有作则思知止以安人（来，表目的的连词）

③ 虽董之以严刑（介词，用）

④ 则思无以怒而滥刑（介词，因为）

⑤ 居安思危，戒奢以俭（介词，用，行）

（四）词类活用

1. 名词用作动词

则思江海下百川（居于……之下）

2. 名词用作状语

貌恭而不心服（表面上）

3. 形容词用作名词

① 人君当神器之重（重权）

② 居域中之大（重位）

③ 想谗邪（指爱说坏话陷害别人的邪恶的小人）

④ 简能而任之，择善而从之（有才能的人；好的意见）

⑤ 则思正身以黜恶（奸恶的小人）

4. 形容词用作动词

① 智者尽其谋（竭尽）

② 则纵情以傲物（傲视）

5. 使动用法

① 必固其根本（使……稳固）

② 则思知止以安人（使……安宁）

③ 则思正身以黜恶（使……端正）

④ 弘兹九德（使……光大）

6. 意动用法

乐盘游（以……为乐）

（四）特殊句式

1. 斯亦伐根以求木茂，塞源而欲流长者也（判断句，"者也"表判断）
2. 虑壅蔽则思虚心以纳下（被动句，被堵塞）
3. 则思知足以自戒（宾语前置，警诫自己）
4. 则思谦冲而自牧（宾语前置，修养自己）
5. 戒奢以俭（介宾后置，以俭戒奢）
6. 虽董之以严刑，振之以威怒（介宾后置，以严刑董之，以威怒振之）

（五）课内成语

1. 居安思危：处于安逸的环境里，要考虑可能出现的危难和困难。
2. 载舟覆舟：老百姓可以拥戴统治者，也可以推翻统治者。
3. 垂拱而治：君王不做什么而使天下太平。
4. 择善而从：挑选其中好的采纳（或采用）。
5. 善始善终：有好的开头，也有好的结尾。
6. 奔车朽索：用朽烂的绳索去套奔驰的马车。形容事情非常危险。

一课一练

1. 选出下列加点词语的解释完全正确的一组（　　　）

   A. ① 必浚其泉源（疏通，深挖）
      ② 虽董之以严刑（懂得，知道）

   B. ① 简能而任之（选拔）
      ② 当神器之重（主持，掌握）

   C. ① 纵情以傲物（自己以外的人）
      ② 能克终者盖寡（克制）

   D. ① 夫在殷忧（深）
      ② 诚能见可欲则思知足以自戒（真心，真诚）

2. 选出加点字意义和用法相同的一项。（　　　）

   A. ① 根不固而求木之长　　② 塞源而欲流长也
   B. ① 居安思危　　② 念高危则思谦冲而自牧
   C. ① 能克终者盖寡　　② 诚能见可欲
   D. ① 择善而从之　　② 善始者实繁

3. 判断下列各分句的语意关系，然后填空。

① 思国之安者，必积其德义。

② 臣虽下愚，知其不可……

③ 虽董之以严刑，振之以威怒，终苟免而不怀仁……

④ 简能而任之，择善而从之，则智者尽其谋……

⑤ 诚能见可欲则思知足以自戒……

⑥ 有善始者实繁，能克终者盖寡。

⑦ 不念居安思危，戒奢以俭，德不处其厚，情不胜其欲，斯亦伐根以求木茂……

⑧ 竭诚则吴越为一体……

A. 假设关系_____　　B. 转折关系_____

4. 翻译下面的句子。

① 不念居安思危，戒奢以俭……斯亦伐根以求木茂，塞源而欲流长也。

_____

_____

② 有善始者实繁，能克终者盖寡。

_____

③ 怨不在大，可畏惟人；载舟覆舟，所宜深慎。

_____

④ 念高危则思谦冲而自牧，惧满溢则思江海下百川。

_____

⑤ 则智者尽其谋，勇者竭其力，仁者播其惠，信者效其忠。

_____

5. 本文作者_____是唐太宗的名臣，封号_____。课题中的"疏"是古代的一种文体，指臣子写给皇帝的_____。

6. 简要分析第二段的论述方法、内容和观点，完成下表。

层次	方法、角度	内容	观点
一	概括史实		
二		"竭诚"与"傲物"的不同表现	
三		"竭诚"与"傲物"的不同结果	
四	比喻警示		

7. 魏征在另一次上疏时曾说："存亡之所在，在节嗜欲，省游畋（tián，狩猎），息靡丽，罢不急，慎偏听，近忠厚，远便佞而已。"（《新唐书·魏征传》）

（1）联系课文第一至二段看，魏征的这一段话，反映了他怎样的政治思想？
_____

（2）魏征在这一段话中谈到关乎存亡的七个方面，其中与课文"十思"直接对应的有哪几个方面？请仿照下例一一指出。（至少指出三点）

例：节嗜欲——见可欲

① _____
② _____
③ _____

8. 谈谈这篇奏疏语言方面的特色。
_____
_____
_____
_____
_____

能力拓展

阅读下文，回答文后问题。

魏征直谏

长乐公主将出降①，上以公主皇后②所生，特爱之，敕有司资送倍于永嘉长公主③。魏征谏曰："昔汉明帝④欲封皇子，曰：'我子岂得与先帝子比？'皆令半楚、淮阳⑤。今资送公主，倍于长主⑥，得无异于明帝之意乎！"上然其言，入告皇后。

后叹曰："妾亟闻陛下称重魏征，不知其故，今观其引礼义以抑人主之情，乃知真社稷之臣也！妾与陛下结发⑦为夫妇，曲承恩礼，每言必先候颜色，不敢轻犯威严；况以人臣之疏远，乃能抗言如是，陛下不可不从也。"因请遣中使赍钱四百缗⑧、绢四百匹以赐征，且语之曰："闻公正直，乃今见之，故以相赏。公宜常秉此心，勿转移也。"

上尝罢朝，怒曰："会须杀此田舍翁⑨。"后问为谁，上曰："魏征每廷辱我。"

后退，具朝服⑩立于庭，上惊问其故。后曰："妾闻主明臣直，今魏征直，由陛下之明故也，妾敢不贺！"上乃悦。

——选自司马光《资治通鉴》

【注释】

① 出降（jiàng）：公主下嫁叫出降。② 皇后：长孙皇后，据说比较贤德。③ 永嘉长公主：唐高祖李渊的女儿，长乐公主的姑妈。④ 汉明帝：东汉明帝刘庄，是东汉光武帝刘秀的儿子。⑤ 楚、淮阳：指楚王刘英、淮阳王刘延，都是光武帝的儿子。⑥ 长主：长公主，皇帝的姐妹叫长公主。⑦ 结发：这里是结婚的意思。⑧ 中使：宫中派出去办事的宦官叫中使。缗（mín）：本是穿钱的线，古代一千文钱一串，所以一缗就是一千文钱。⑨ 田舍翁：乡下佬。⑩ 朝服：朝典大会时的正式礼服。

1. 解释下列句中加点的词语。
   ① 上然其言，入告皇后　　　　　　　　（　　　　　）
   ② 今观其引礼义以抑人主之情　　　　　（　　　　　）
   ③ 因请遣中使赍钱四百缗　　　　　　　（　　　　　）
   ④ 魏征每廷辱我　　　　　　　　　　　（　　　　　）

2. 选出加点字意义和用法判断正确的一项（　　　）
   ① 上以公主，皇后所生，特爱之
   ② 今观其引礼义以抑人主之情
   ③ 敕有司资送倍于永嘉长公主
   ④ 今资送公主，倍于长主
   A. ①与②相同，③与④不同
   B. ①与②不同，③与④不同
   C. ①与②相同，③与④相同
   D. ①与②不同，③与④相同

3. 翻译下列句子。
   ① 今资送公主，倍于长主，得无异于明帝之意乎！

   ② 妾与陛下结发为夫妇，曲承恩礼，每言必先候颜色，不敢轻犯威严。

③ 闻公正直，乃今见之，故以相赏。公宜常秉此心，勿转移也。

4. 本文塑造了魏征和长孙皇后两人的形象，你认为谁的形象更为鲜明？为什么？

附：教科书第152页"单元学习任务"第三题标点及参考译文

1. 标点

贞观十七年，太宗问谏议大夫褚遂良曰："昔舜造漆器，禹雕其俎，当时谏舜禹者十有余人。食器之间，何须苦谏？"遂良对曰："雕琢害农事，纂组伤女工。首创奢淫，危亡之渐。漆器不已，必金为之；金器不已，必玉为之。所以诤臣必谏其渐，及其满盈，无所复谏。"太宗曰："卿言是矣。朕所为事，若有不当，或在其渐，或已将终，皆宜进谏。比见前史，或有人臣谏事，遂答云'业已为之'，或道'业已许之'，竟不为停改。此则危亡之祸，可反手而待也。"

贞观初，太宗从容谓侍臣曰："周武平纣之乱，以有天下；秦皇因周之衰，遂吞六国。其得天下不殊，祚运长短若此之相悬也？"尚书右仆射萧瑀进曰："纣为无道，天下苦之，故八百诸侯不期而会。周室微，六国无罪，秦氏专任智力，蚕食诸侯。平定虽同，人情则异。"太宗曰："不然，周既克殷，务弘仁义；秦既得志，专行诈力。非但取之有异，抑亦守之不同。祚之修短，意在兹乎！"

2. 参考译文

贞观十七年，唐太宗问谏议大夫褚遂良说："从前虞舜制作漆器，夏禹雕饰祭器，当时劝谏舜和禹的有十多人。饮食器皿之间的小事，何必苦苦地劝谏？"褚遂良回答说："做精雕细琢的活计会妨害农耕之事，编织五颜六色的彩带会妨碍妇女的纺织、刺绣、缝纫等正常工作。首次开创奢侈淫逸事端，就是危亡的苗头（征兆）。有了漆器不知足，必然要用黄金来做；有了金器还不知足，必然要用玉石来做。这就是谏诤之臣必须在事情的开端就进谏的原因，等到（奢侈淫逸的事）已做了很多，再劝谏也没有什么作用了。"太宗说："您讲得很对，我所做的事情，如果有不恰当的，或者是在刚开始做，或者是将要做完，都应当（及时）进谏。近来我翻阅前朝史书的记载，有时有臣下进谏，君主就回答说'已经做了'，或者说'已经同意做了'，终究不肯停止改正（错误）。这样下去，那么，危亡的灾祸在翻一下手的时间就会到来。"

贞观元年，唐太宗从容地对身边的大臣们说："周武王平定了商纣王之乱，取得了天下；秦始皇趁周王室衰微之际，就吞并了六国。他们取得天下没有什么不同，为什么国运长短如此悬殊呢？"尚书右仆射萧瑀回答说："商纣王做暴虐无道的事，天下的人都痛恨他，所以八百诸侯不约而同地来（与周武王）会师（讨伐纣王）。周朝虽然衰微，六国无罪，秦国完全是倚仗智谋暴力，像蚕吃桑叶一样，逐渐吞并诸侯的。虽然同是平定天下，人们对待他们的态度却不一样。"太宗说："这样的说法不对，周灭殷以后，努力推行仁义；秦国达到目的以后，却一味地施行欺诈和暴力，它们不仅在取得天下的方式上有差别，而且守护天下的方式也不相同。国运有长有短的原因，大概就在这里吧！"

答司马谏议书

学习目标

1. 学习王安石不惧困难、勇往直前、锐意改革、勇于进取的精神。
2. 掌握驳论文的写作方法。
3. 学习本文简明、刚健的语言风格。

知人论世

一、作家作品

王安石（1021—1086） 字介甫，号半山。抚州临川（今江西抚州市）人。北宋著名的政治家、文学家，唐宋八大家之一。宋仁宗庆历二年（1042）进士。他在一生从政、治学的道路上，坚忍不拔、直道前行。

王安石在政治上主张改革弊政，宋仁宗嘉祐三年（1058）曾上万言书，提出变法主张，要求改变"积贫积弱"局面，推行富国强兵政策，抑制大官僚地主的兼并，强化统治力量。仁宗没有采纳。到了宋神宗熙宁二年（1069），他被任命为宰相，发动了一次政治改良运动，以整顿财政为中心，改革官僚机构，推行一套新法。由于保守派的反对，加上他用人不当，新法未能顺利推行。熙宁七年（1074）辞职，次年再出任宰相，熙宁九年（1076），因保守势力强大，被迫再次辞职，退居江宁（今南京），次年封舒国公，元丰二年（1079）改封荆，故称王荆公。他的变法虽没有成功，但他那种力图变革的精神，还是应予肯定的。列宁称他为"中国十一世纪时的改革家"。

王安石在文学上也是个革新派，他反对北宋初年浮靡的文风，重视文章的社会意义,主张作文应"有补于世",认为"适用亦不必巧且华"。他的诗文颇多揭露时弊、反映社会矛盾之作,体现了他的政治主张和抱负。其散文结构严密,语言简练,说理透辟,笔力雄健,风格雄健峭拔,在唐宋八大家中独树一帜。其诗歌内容充实,题材广阔,具有现实主义精神,清末梁启超誉为"开有宋一代诗风"。其诗或议论政事,反映民生疾苦;或借古喻今,抒发政治抱负。风格简劲刚健。晚年所作写景抒情小诗《泊船瓜洲》等,则显得雅丽精工,意境高远。其词作不多,著名的《桂枝香·金陵怀古》(登临送目)借古抒怀,风格高峻,一洗五代旧习,开豪放词派的先声。存世作品有《临川集》《临川集拾遗》《临川先生歌曲》等。

二、创作背景

王安石所处的北宋,广大农民丧失土地,处于水深火热之中,因此纷纷起义反抗。北方的辽和西北的西夏,也不断向北宋发动掠夺战争,阶级矛盾和民族矛盾日益加剧。王安石出身于小官僚地主家庭,青少年时期广泛地接触到当时的社会现实,觉察到一些国贫兵弱的政治问题。熙宁元年(1068年),新即位的宋神宗问王安石:"当今治国之道,当以何为先?"王安石答:"以择术为始。"熙宁二年(1069)二月,王安石开始推行新法,采取一系列改革措施。

熙宁三年(1070),司马光给王安石写了三封长信——《与王介甫书》,责难王安石变法的诸多弊端。他还列举实施新法"侵官""生事""征利""拒谏""致怨"等弊端,要求王安石废弃新法,恢复旧制。王安石则写了《答司马谏议书》回复。后来两人完全决裂,司马光跟皇帝辞职,隐居洛阳专心撰写《资治通鉴》。

司马光(1019—1086),字君实,陕州夏县(今属山西)人,当时任翰林学士。他是北宋著名史学家,编撰有《资治通鉴》。神宗用王安石行新法,他竭力反对。元丰八年(1085),哲宗即位,高太皇太后听政,召他主国政。次年为相,废除新法。为相八个月病死,追封温国公。

精译详注

某启:昨日蒙教,窃以为与君实游处相好之日久,安石请启:昨日承蒙您来信指教,我私下认为与君实您交往相好的日子很久了,[某:自称,草稿中用以代指本人名字。启:写信说明事情。蒙教:承蒙指教。这里指接到来信。窃:私,私下,私自。这里用作谦词。君实:司马光的字。古人写信称对方的字以示尊敬。游处:同游共处,即同事交往的意思。]**而议事每不合,所操之术多异故**

也。但是议论起政事来意见常常不一致，（这是因为我们）所持的政治主张和方法大多不同的缘故啊。[操：持，使用。术：方法，主张。]**虽欲强聒，终必不蒙见察，**即使想要（对您）勉强唠叨几句（强作解说），恐怕终究也必定（是）不能承望被（您）理解，[虽：即使，表假设。强聒（guō）：硬在耳边唠叨，强作解说。强，硬，勉强。聒，语声嘈杂。蒙：承蒙，承望。见察：被理解。一说宾语前置，考察我（的意见）。见，我。察，考察，审察。]**故略上报，不复一一自辨。**所以（我）只是简单地给您写了封回信，不再一一为自己辩解了。[略：简略，简单。上报：向上汇报，书信中表示客气的语言，即"给您写回信"。此处指王安石接到司马光第一封来信后的简答。辨：同"辩"，辩解。]**重念蒙君实视遇厚，于反覆不宜卤莽，故今具道所以，冀君实或见恕也。**我又考虑，承蒙君实您对我看重，待我恩厚，在书信往来上不应该粗疏草率，所以现在详细地说出我这样做的原委，希望您或许能够宽恕我吧。[重（chóng）念：再三想想。视遇厚：看重的意思。视遇，看待。反覆：指书信往来。卤莽：简慢无礼。具道：详细说明。所以：原委。冀（jì）：希望。恕：宽恕，原谅。]

  盖儒者所争，尤在于名实，名实已明，而天下之理得矣。有学问的读书人所争论的问题，特别注重于名义和实际（是否相符）。如果名义和实际的关系已经明确了，那么天下的大道理也就清晰了。[盖：发语词，表议论，不译。儒者：这里泛指一般封建士大夫。名实：名义和实际。]**今君实所以见教者，以为侵官、生事、征利、拒谏，以致天下怨谤也。**现在君实您用来指教我的，是认为我（推行新法）侵夺了官吏们的职权，制造了事端，争夺了百姓的财利，拒绝接受朝中不同的意见，因而招致天下人的怨恨和非议。[所以：用来……的（事）。见教：指教我，宾语前置。侵官、生事、征利、拒谏：这是司马光给王安石的信里的话。意思是说，王安石变法，添设新官，侵夺原来官吏的职权；派人到各地方推行新法，生事扰民；设法生财，与民争利；朝中有反对的意见，拒不接受。征，求。致：招致。怨谤（bàng）：怨恨，非议。]**某则以谓受命于人主，议法度而修之于朝廷，以授之于有司，不为侵官；**我却认为从皇帝那里接受命令，议订法令制度，又在朝廷上修正（决定），把它交给负有专责的官吏（去执行），（这）不能算是侵夺官吏职权；[以谓：以为认为。前三句都是介宾短语（"于……"）后置句。人主：皇帝。这里指宋神宗赵顼（xū）。议法度：讨论、审定国家的法令制度。修：修订。有司：有关主管负责的官员。]**举先王之政，以兴利除弊，不为生事；**实行古代贤明君主的政策，用它来兴办有利的事业、消除弊病，（这）不能算是制造事端；[举：推行。以：来，表目的关系的连词。生事：制造事端。]**为天下理财，**

不为征利；辟邪说，难壬人，不为拒谏。为天下治理整顿财政，（这）不能算是（与百姓）争夺财利；抨击不正确的言论，驳斥巧辩的坏人，（这）不能算是拒绝接受（他人的）规劝。[辟邪说：驳斥错误的言论。辟，驳斥，排除。难（nàn）：责难。壬（rén）人：佞人，指巧辩谄媚之人。谏：规劝。] **至于怨诽之多，则固前知其如此也。**至于（社会上对我的）那么多的怨恨和非议，那是我本来早就料到它会这样的。[怨诽之多：很多的怨恨和诽谤，"之"标志定语后置。固：本来。前：预先。]

人习于苟且非一日，士大夫多以不恤国事、同俗自媚于众为善，人们习惯于苟且偷安、得过且过（已）不是一天（的事）了，士大夫们多数把不顾国家大事、附和世俗（的见解），向众人献媚讨好当作美德，[苟且：得过且过，没有长远打算。恤（xù）：关心。同俗：指附和世俗的见解。自媚于众：向众人献媚讨好。] **上乃欲变此，而某不量敌之众寡，欲出力助上以抗之，则众何为而不汹汹然？**皇上却想要改变这种不良风气，而我又不估量反对者的多少，想拿出（自己）力量来帮助皇上来抵制这股势力，那么那些士大夫们又怎么会不大吵大闹呢？[上：皇上。乃：却。抗：抵制，斗争。之：代词，指上文所说的"士大夫"。众：指上文所说的"士大夫"。汹汹然：吵闹、叫嚷的样子。] **盘庚之迁，胥怨者民也，非特朝廷士大夫而已；**盘庚迁都（的时候），连老百姓都抱怨啊，（并）不只是朝廷上的士大夫（反对）而已；[盘庚：商朝中期的一个君主。商朝原来建都在黄河以北的奄（今山东曲阜），常有水灾。为了摆脱政治上的困境和自然灾害，盘庚即位后，决定迁都到殷（今河南安阳西北）。这一决定曾遭到全国上下的怨恨反对。后来，盘庚发表文告说服了他们，完成了迁都计划。事见《尚书·盘庚》。胥（xū）怨：相怨，指百姓对上位者的怨恨。特：只是。] **盘庚不为怨者故改其度①，度②义而后动，是而不见可悔故也。**盘庚不因为有人怨恨的缘故就改变他原来的计划，（这是他）考虑到（迁都）是合理的，然后坚决行动，认为对就看不出有什么值得后悔的缘故啊。[度①（dù）：计划。度（duó）义：考虑是合理的。度②，考虑，这里用作动词。是：这里用作意动，意谓认为做得对。可：值得。] **如君实责我以①在位久，未能助上大有为，以②膏泽斯民，则某知罪矣；**如果君实您责备我，是因为（我）在位任职很久，没能帮助皇上干一番大事业，来造福这些老百姓，那么我承认（自己是）有罪的；[以①：因为，表原因的连词。以②：来，表目的的连词。膏泽：用作动词，施加恩惠。膏，油。泽，雨露。] **如曰今日当一切不事事，守前所为而已，则非某之所敢知。**如果说现在应当什么事都不去做，墨守前人的成规旧法就是了，那就不是我所敢领教的了。[一切不事事：什么事都不做。

事事，做事。前一"事"字是动词，后一"事"字是名词。守前所为：墨守前人的做法。所敢知：愿意领教的。知，领教。］

无由会晤，不任区区向往之至！ 没有机会（与您）会面，表达不尽对您仰慕之极的诚恳之情！［不任区区向往之至：意谓私心不胜仰慕。这是旧时写信的客套语。不任，不胜，说不尽，形容情意的深重。区区，这里是诚恳的意思。向往，仰慕。］

赏析导读

本文是一篇用书信形式写的颇有特色的驳论文。全文虽然只有三百多字，但它概括了深刻的政治历史内容，具有强烈的艺术感染力量，突出地表现了王安石推行新法的坚定态度。

1. 第一段是阐明写这封信的原因和目的，在语言上有何特点？

因为是书信，语言贵委婉含蓄。开篇的"某启""昨日蒙教""窃"都是古人书信中礼貌性的套语；接着提到与司马光"游处相好之日久"，感情色彩很浓，顿宕一笔；然后急转直下，"而议事每不合，所操之术多异故也"，乍露峥嵘，笔锋犀利，直接点明二人政治上不投合的原因所在是政见不同。开篇第一句话里显出高度的概括力，亮出了分歧的焦点所在。语言柔中寓刚，不伤感情，观点鲜明，态度坦率。

第二、三句也写得曲折有致。王安石明知司马光见解坚定，不会轻易改变政治观点，所以说"虽欲强聒"，一定得不到"见察"；因此只作简单答复，不再一一自辩。这有点居高临下的味道，反正你不听我的辩解，我多说也没用。第三句笔锋又一转：经过仔细考虑，承蒙您司马光一向很看重我王安石，书信往来，不宜鲁莽草率，所以今天详细地说明我这样做的道理，希望您予以谅解。了不得的"拗相公"（司马光语），这两句话写得委婉别致，绵中藏针，显示出思维缜密，冷静沉着。

首段交代因为两人之间政见上有分歧，所以写信表明自己的立场和态度。

2. 这是一篇用书信形式写的驳论文，作者是怎样驳斥司马光来信中观点的？

第二段是全文驳斥的重点部分，作者在辩驳之前，先高屋建瓴地提出一个最重要的原则问题——名实问题。以"名实已明，而天下之理得矣"为论证的立足点，分别对保守派谬论进行驳斥，表明自己坚持变法的立场。

接着摆靶子，引用司马光在来信中指责王安石实行变法是"侵官、生事、征利、拒谏，以致天下怨谤"这些责难，作为驳斥的反面论点。

先驳"侵官"。作者不去牵涉实行新法是否侵夺了政府有关机构的某些权力这些具体现象，而是大处着眼，指出决定进行变法是"受命于人主"，出于皇帝的意旨；新法的制定是"议法度而修之于朝廷"，经过朝廷的认真讨论而订立；然后再"授之于有司"，交付具体主管部门去执行。这一"受"、一"议"、一"授"，将新法从决策、制定到推行的全过程置于完全名正言顺、合理合法的基础上，"侵官"之说便不攻自破。

次驳"生事"。"举先王之政"是理论根据，"兴利除弊"是根本目的。这样的"事"，上合先王之道，下利国家百姓，自然不是"生事扰民"。

再驳"征利"。只用"为天下理财"一句已足。因为问题不在于是否征利，而在于为谁征利。根本出发点正确，"征利"的责难也就站不住脚。

然后驳"拒谏"。只有拒绝正确的批评，文过饰非才叫拒谏，因此，"辟邪说，难壬（佞）人"便与拒谏风马牛不相及。

最后讲到"怨诽之多"，却不再从正面反驳，仅用"固前知其如此"一语带过，大有对此不屑一顾的轻蔑意味，并由此引出下面一段议论。

这一段，从回答对方的责难这个角度说，是辩解，是"守"；但由于作者抓住问题的实质，从大处高处着眼，这种辩解就绝非单纯的招架防守，而是守中有攻。例如在驳斥司马光所列举的罪责的同时，也反过来间接指责了对方违忤"人主"旨意、"先王"之政，不为天下兴利除弊的错误。特别是"辟邪说，难壬人"的说法，更毫不客气地将对方置于壬人邪说代言人的难堪境地。

3. 第二段的辩论仅是论战中的"守"，作者在第三段中是如何"反守为攻"，置论敌于死地的？

第三段紧接着上段末的"怨诽之多"，作者对"怨诽"的来历做了一针见血的分析。先指出：人们习惯于苟且偷安已非一日，朝廷士大夫多以不忧国事、附和流俗、讨好众人为处世的美德。这里尖锐地揭示出保守派的精神面貌和思想实质，正为下文皇帝的"欲变此"和自己的"助上抗之"提供了合理的依据。接着用"众何为而不汹汹然"的反问句，振聋发聩，说明保守势力的反对势在必然。

接下来，作者举了盘庚迁都的历史事例，说明反对者之多并不表明措施有错误，只要"度义而后动"，确认自己做的是对的，就没有任何退缩后悔的必要。盘庚之迁，连百姓都反对，尚且未能使他改变计划，那么当前实行变法只遭到朝廷士大夫中保守势力的反对，就更无退缩之理了。这是用历史上改革的事例说明当前所进行的变法的合理与正义性，表明自己不为怨诽之多而改变决心的坚定态度。

"度义而后动，是而不见可悔"，可以说是王安石的行事准则，也是历史上一切改革家刚毅果决精神的一种概括。

书信写到这里，似乎话已说尽。作者却欲擒故纵，先让开一步，说如果对方是责备自己在位日久，没有能帮助皇帝干出一番大事，施惠于民，那么自己是知罪的。这虽非本篇正意，却是由衷之言。紧接着又反转过去，正面表明态度："如曰今日当一切不事事，守前所为而已，则非某之所敢知。"委婉的口吻中蕴含着锐利的锋芒，一语点破以司马光为代表的保守派的思想实质，直刺对方要害，使其原形毕露，无言以对。

技法探求

1. 谈谈本文语言方面的特色。

（1）文字精练、简朴、劲健。

司马光给王安石的原信长达三千多字，而这封复信的字数，只有其十分之一左右。但内容毫不单薄，把复杂的事件、深刻的道理，表述得清清楚楚，真正达到了语约义丰、以一当十的程度。如在第二段驳斥对方的责难时，先立下辩论的前提，确定名称与实质是否相符为"儒者"争议是非的标准。然后循名责实，处处主动，只用了四个"不为"连珠式的否定句，就驳倒了对方诬陷自己的"四大罪状"。

（2）措辞委婉，笔力雄健。

本文首段语言柔中寓刚，委婉别致，绵中藏针，思维缜密。参见"赏析导读"第1题。其末段"如君实责我以在位久……则非某之所敢知"诸句，犹如战术上的以退为进，起到提顿蓄势的作用，使文章委婉多姿，跌宕有致。

王安石和司马光政见虽势不两立，但这并不妨碍他们两人之间书信交往上的私人友谊。从这个角度来说，这样的开头和结尾，该不是王安石的有意作伪，而是一种委婉措辞的表现。

（3）多用修辞，气势磅礴。

如第二段在驳斥"侵官、生事、征利、拒谏""四大罪状"时，连用四句排比驳斥对方，势如破竹，无可阻挡。第三段用反语问句"欲出力助上以抗之，则众何为而不汹汹然？"气势盛大，铿锵有力，振聋发聩，说明保守势力的反对势在必然。强调坚持改革的决心不可动摇。

2. 分析本文在论证结构和方法方面的艺术特点。

（1）条理清晰，重点突出。

首段说明回信的原因，指出分歧的实质；接着，就来信的责难，归纳要点，一一严加驳斥；最后，引用史实证明自己坚持改革事业的正义性。几百字的论辩有条有理，层次分明。

在具体行文过程中，有详有略，重点突出。在驳斥对方的责难时，先立下辩论的前提，确定名称与实质是否相符为"儒者"争议是非的标准。然后循名责实，处处主动，只用了四个连珠式的否定句，就驳倒了对方诬陷自己的"四大罪状"。因为名实一明，是非即晓，无须多说。而对于所谓"怨诽"，容易蛊惑人心，欺骗舆论，不是以剖析名实问题所能奏效的，所以批驳得就比较详细，或从正面，或从反面，或从侧面加以透辟分析。立论有据，言之成理，层层推进，步步深入，使人折服，又置论敌于死地。

（2）驳论方法多种多样。

本文的论证方式是驳论，其反驳的方法是多种多样的。或直接反驳，如"为天下理财，不为征利"；或举出根据进行反驳，如"某则以谓受命于人主，议法度而修之于朝廷，以授之于有司，不为侵官"，举出了有利的根据，说明不是自己独出心裁，而是受命于皇帝，是朝廷议过的法度，是合理合法的；或列举史实进行反驳，如"盘庚之迁，胥怨者民也，非特朝廷士大夫而已；盘庚不为怨者故改其度，度义而后动，是而不见可悔故也"，以历史上曾有过的如何对待怨诽的事实为表率，表示自己不以流言蜚语而动，既委婉地反驳了怨诽之多的责备，又表达了自己变法的坚强决心。言简意赅，反驳有力。

知识积累

一、文体知识

书 古代的一种文体。一种是公文，可以记叙，也可以议论。战国以前臣下奏谏陈词，都用上"书"的名称。著名的书有李斯的《谏逐客书》。还有一种书就是信，这种"书"即是信函，如手书、家书等。古人的信函又叫"尺牍"，或曰"信札"，是一种应用性文体，多记事陈情。尺牍文学功能多种多样：可以叙事抒情，如司马迁的《报任安书》、林觉民的《与妻书》；也可以写景，如吴均的《与朱元思书》、陶弘景的《答谢中书书》；可以写私人化的事件和感情，如嵇康的《与山巨源绝交书》；也可以讨论政治，发表政见，如王安石的《答司马谏议书》；

也可以讨论文学见解，如白居易的《与元九书》；还可以进谒显贵，勉励后学，形成别具特色的书牍文传统。书信已不仅是一种应用文体，已发展为书信体散文。

到了清代，郑板桥有16封家书传世。至于现当代，一些作家，如鲁迅《两地书》、冰心《寄小读者》以及傅雷《傅雷家书》等，都是书信名篇。

二、文学文化常识

王安石与司马光 司马光比王安石大两岁，同样都是21岁中进士，同样是勤奋刻苦，满腹经纶，克己奉公，治政有方。在王安石成为宰相前，二人关系要好，所谓"与君实游处相好之日久"虽是客套，却也是事实。不过，两人的性格同中有异，相同点是都固执己见，互称为"司马牛"和"拗相公"。不同的是王安石激进，进取，创新；而司马光沉稳、老练、守旧。当王安石位居宰相，提出了一系列尖锐的改革方案后，两人分歧越来越大，甚至经常在朝堂之上大吵起来。

王安石在宋神宗的支持下，大力推行新法。原来的好友竟分别成了改革派和保守派的代表人物，成了真正的政治对手。等王安石被罢相，司马光被起用后，新法几乎全被废除。1086年，王安石忧愤而死，半年后，司马光也因病去世。

两人虽然是政敌，互相打压，但是，两人的私德都心正意诚，光明磊落；两人对自己要求都很严格，都不喜饮酒，不纳妾，戒奢华。正因为品行修养接近，两人对对方都始终保持着一种敬意。虽然政见不同，但两人都没有结党营私，致对方于死地。王安石去世后，有人想趁机诋毁王安石，司马光却说：不可毁之太过。

司马光在《与王介甫书》中说："然光与介甫趣向虽殊，大归则同。介甫方欲得位以行其道，泽天下之民；光方欲辞位以行其志，救天下之民；此所谓和而不同者也。"王安石在《答司马谏议书》中也提到："窃以为与君实游处相好之日久，而议事每不合，所操之术多异故也。"古人云"君子和而不同"，两人虽然斗了半辈子，但确实可称得上是古代仁人君子的代表。

三、语言知识

（一）通假字

1. 不复一一自辨（辨，同"辩"，辩解）
2. 故今具道所以（具，同"俱"，详细地）

（二）古今异义

1. 窃以为与君实游处相好之日久（古义：私意，私下，谦词。今义：偷窃）
2. 虽欲强聒（古义：即使，表假设。今义：表转折的连词）
3. 不复一一自辨（古义：再，又。今义：往复，重复）
4. 故今具道所以（古义：原因，……的原因。今义：表因果关系的结果的

连词）

5. 不任区区向往之至（古义：小，用作自称的谦辞。今义：数量极少，极小）

6. 非特朝廷士大夫而已（古义：只是。今义：特殊）

（三）一词多义

1. 度

① 盘庚不为怨者故改其度（名词，计划）

② 度义而后动（动词，考虑）

2. 故

① 所操之术多异故也（名词，缘故）

② 故今具道所以（名词，所以）

3. 为

① 未能助上大有为（名词，作为）

② 为天下理财（介词，替）

③ 不为征利（判断词，是）

4. 而

① 名实已明，而天下之理得矣（连词，表示承接关系，于是）

② 与君实游处相好之日久，而议事每不合（连词，表示转折关系，然而）

③ 议法度而修之于朝廷（连词，表并列关系，并且）

④ 是而不见可悔故也（连词，表示承接关系，就）

（四）词类活用

1. 未能助上大有为，以膏泽斯民（名词用作动词，施加恩惠）

2. 如曰今日当一切不事事（名词用作动词，做）

3. 辟邪说，难壬人，不为拒谏（形容词用作动词，责难）

4. 同俗自媚于众为善（形容词用作动词，讨好，献媚）

5. 以兴利除弊，不为生事（形容词用作名词，有利的事，弊病）

（五）特殊句式

1. 某则以谓受命于人主，议法度而修之于朝廷，以授之于有司（三句都是介宾短语"于……"后置句）

2. 同俗自媚于众为善（介宾短语"于……"后置句）

3. 如君实责我以在位久（介宾短语"以……"后置句）

4. 则众何为而不汹汹然（宾语前置句，为何）

5. 终必不蒙见察［宾语前置句，考察我（的意见）］

6. 冀君实或见恕也（宾语前置句，谅解我）

7. 今君实所以见教者（宾语前置句，指教我）

（六）课内成语

兴利除弊：兴办有利的事业、消除弊病。

一课一练

1. 选出加点字解释有误的一组（　　）

A. ① 窃以为与君实游处（交往）相好之日久

② 故今具（详细）道所以，冀（希望）君实或见恕也

B. ① 以授之于有司（主管部门），不为侵（侵犯）官

② 举（举荐）先王之政，以兴利除弊

C. ① 辟（驳斥）邪说，难（责难）壬人，不为拒谏

② 人习于苟且（得过且过）非一日

D. ① 是而不见可悔（值得反悔）故也

② 未能助上大有为，以膏泽（施加恩泽）斯民

2. 选出加点字意义和用法相同的一项（　　）

A. ① 虽欲强聒，终必不蒙见察　② 冀君实或见恕也

B. ① 所操之术多异故也　② 终必不蒙见察，故略上报

C. ① 盘庚不为怨者故改其度　② 度义而后动

D. ① 以致天下怨谤也　② 至于怨诽之多

3. 翻译下列句子。

① 盘庚不为怨者故改其度，度义而后动，是而不见可悔故也。

_____

_____

② 如曰今日当一切不事事，守前所为而已，则非某之所敢知。

_____

_____

4. 第二段中作者以"_____"为论证的立足点，然后将司马光指责王安石实行变法的长篇大论归纳为_____五个要点，摆出下文要逐一批驳的观点。

5. 第三段中"上乃欲变此"的"此"指代的内容是_____

_____。作者列举"_____"的史实，借古论今，是为了证明自己变法的正确性。"_____"，既强调了自己变法的正确性，也表达了坚持变法的决心。

6. 王安石了解民间疾苦，自己也一生简朴，即使是政治上的反对派也挑不出他品质上的半点毛病。他施行变法时，曾立言"三不足"："天变不足畏，祖宗不足法，人言不足恤。"翻阅相关资料，结合课文，就"人言不足恤"谈谈自己的看法。

_____
_____
_____
_____
_____

能力拓展

阅读王安石《同学一首别子固》，回答文后问题。

江之南有贤人焉，字子固①，非今所谓贤人者，予慕而友之。淮之南有贤人焉，字正之②，非今所谓贤人者，予慕而友之。二贤人者，足未尝相过也，口未尝相语也，辞币未尝相接也。其师若友，岂尽同哉？予考其言行，其不相似者何其少也！曰：学圣人而已矣。学圣人，则其师若友，必学圣人者。圣人之言行，岂有二哉？其相似也适然。

予在淮南，为正之道子固，正之不予疑也。还江南，为子固道正之，子固亦以为然。予又知所谓贤人者，既相似又相信不疑也。

子固作《怀友》一首遗余，其大略欲相扳③以至乎中庸而后已。正之盖亦尝云尔。夫安驱徐行，辅中庸之庭而造于其室，舍二贤人者而谁哉？予昔非敢自必其有至也，亦愿从事于左右焉尔，辅而进之其可也。

噫！官有守，私有系，会合不可以常也。作《同学》一首别子固，以相警，且相慰云。

【注释】
① 子固：曾巩（1019—1083），字子固，南丰（今属江西）人。② 正之：孙侔，字正之，

一字少述,吴兴(今浙江湖州)人。刘敞荐以为扬州州学教授,辞不赴。③ 扳:援引。

1. 王安石,字_____,晚年号_____,_____(朝代)政治家、文学家。散文方面,属"_____"之一,有文集《_____》。

2. 解释下列加点的词语。
① 非今所谓贤人者,予慕而友之　　　(　　　　　)
② 足未尝相过也　　　　　　　　　　(　　　　　)
③ 予考其言行,其不相似者何其少也　(　　　　　)
④ 子固作《怀友》一首遗余　　　　　(　　　　　)

3. 选出下列句中"相"字意义和用法与其他三项不相同的一项(　　)
A. 口未尝相语也
B. 其相似也适然
C. 既相似又相信不疑也
D. 洛阳亲友如相问,一片冰心在玉壶

4. 选出意义和用法不相同的一项(　　)
A. ① 辞币未尝相接也　　　② 既至匈奴,置币于单于
B. ① 其相似也适然　　　　② 始适还家门
C. ① 子固亦以为然　　　　② 匈奴以为神
D. ① 辅中庸之庭而造于其室　② 登峰造极

5. 翻译下列句子。
① 为正之道子固,正之不予疑也。
_____

② 子固作《怀友》一首遗余,其大略欲相扳以至乎中庸而后已。
_____

6. 本文题为"同学一首别子固",其中的"同学"是全文主旨,"同学"的含义是什么?本文是怎样论述这一主旨的?
_____
_____
_____
_____

7. 本文是一篇赠别友人的文章，试分析其构思方面的特色。

阿房宫赋

学习目标

1. 领会作者写作意图，通过阿房宫的兴修和毁灭，揭示秦朝迅速灭亡的原因在于"仁义不施"，借此讽喻现实。

2. 学习本文抓住事物特征，展开丰富想象，运用比喻、夸张手法来铺叙事物的写作方法。

知人论世

一、作家作品

杜牧（803—约852）字牧之，号樊川居士，京兆万年（今陕西省西安市东）人，是晚唐著名的诗人和散文家。他出身官僚世族，唐宰相杜佑之孙。二十六岁中进士，先在宣州、扬州等地方官署中当幕僚，回京后任监察御史，后出任黄州、池州、睦州等州刺史，晚年入朝，做中书舍人，直至逝世。

杜牧生活在社会危机四伏的晚唐时期。他从青年时代起就有经邦济世的远大抱负，希望恢复昔日唐帝国繁荣和昌盛的局面，喜欢议论政治、军旅之事，曾注曹操所定《孙子兵法》十三篇，人称其有"王佐之才"。他在文学上有比较进步的见解，认为"凡为文以意为主，以气为辅，以辞采章句为之兵卫"，文章应为事而作，不应无病呻吟。因此他的不少诗文能反映当时的社会现实，揭露封建统治者的荒淫无耻。

杜牧作品中诗歌最著名，他与同时代的另一杰出诗人李商隐齐名，并称"小李杜"。诗歌豪爽清丽，自成风格。七言绝句尤为后人传诵。

二、创作背景

《阿房宫赋》选自《樊川文集》，作于宝历元年（825），当时杜牧23岁。宝历是唐敬宗李湛的年号（825—826）。李湛即位时才十六岁，善击球，喜手搏，往往于深夜自捕狐狸，耽于玩乐，且贪好声色，大修宫室。曾有在长安和洛阳兴修宫殿的庞大计划，后因平卢、成德节度使借口"以兵匠助修东都"，想乘机窃取洛阳，李湛才不得不放弃兴修宫室的打算。对于晚唐社会的黑暗现实，杜牧深怀忧虑，目睹李湛的荒政误国，杜牧在《上知己文章启》中说："宝历大起宫室，广声色，故作《阿房宫赋》。"这篇赋借写阿房宫的兴建和毁灭，揭露秦朝统治者的穷奢极欲，并借古讽今，阐述了天下兴亡的道理。希望唐朝统治者不要只图自己奢侈享乐，滥用民力，以至重蹈覆辙。但杜牧的忠告并不能使统治者改弦更张。两年以后，李湛被杀；又过了半个世纪，在黄巢起义的沉重打击下，唐王朝终于同秦王朝一样归于灭亡。这一结局正是杜牧在《阿房宫赋》中早就预言了的。

精译详注

六王毕，四海一，蜀山兀，阿房出。 六国灭亡，天下统一了，蜀地的山林被砍得光秃秃的，阿房宫出现了。[六王：韩、赵、魏、楚、燕、齐六国的国王，即指六国。四海：《说苑·辨物篇》："八荒之内有四海，四海之内有九州。"故以四海指全中国。毕：完结，指为秦国所灭。一：统一，数词用作动词。蜀：本为周代诸侯国名，此指四川。兀：光秃。这里形容山上树木已被砍伐净尽。出：出现，意思是建成。]**覆压三百余里，隔离天日。**（庞大的建筑群）覆盖了三百多里地，（楼阁高耸）遮天蔽日。[覆压：覆盖。三百余里：指从渭南到咸阳，覆盖了三百多里地，形容宫殿楼阁接连不断，占地极广。隔离天日：遮蔽了天日。这是形容宫殿楼阁的高大。]**骊山北构而西折，直走咸阳。**（阿房宫）从骊山北边修建起，折而向西，一直通到咸阳。[骊山：在今西安东南临潼区。北：北边，名词用作状语。构：架木做屋，译为"建筑"。西：向西，名词用作状语。折：转折，意谓改变方向。走：趋向。咸阳：秦都城。古咸阳在骊山西北。]**二川溶溶，流入宫墙。** 渭水和樊川两条河流，滔滔地流入宫墙。[二川：指渭水和樊川。渭水发源于甘肃，流经陕西宝鸡、咸阳、临潼、华阴等地，在朝邑县汇入黄河。樊川发源于秦岭，是潏（yuè）水的支流。溶溶：河水缓流的样子。]**五步一楼，十步一阁；廊腰缦回，檐牙高啄；各抱地势，钩心斗角。** 隔五步有一座楼台，隔十步有一座亭阁；连接高大建筑物的走廊，好像人的腰部萦绕曲折，（突起的）屋檐翘起像鸟嘴向上啄物；楼阁各随地势的高低向背而建筑，有的屋角如钩，都与中心区相连，有的屋角相向，好像兵戈相斗。[廊腰：连接高大建筑物的走廊，好像人的腰部。缦：萦绕。回：曲折。檐牙：屋檐突起，犹如牙齿。高啄：(屋檐像鸟嘴)向上啄物。各抱地势：这是写楼阁各随地势的高下向背而建筑的状态。抱，保有，据有。钩心：指各种建筑物都向中心区攒聚。斗角：指屋角互相对峙，好像兵戈相斗。] **盘盘焉，囷囷焉，蜂房水涡，矗不知其几千万落。**盘旋地，曲折地，像蜂房，像水涡，高高地耸立着不知它们有几千万座。[盘盘：盘旋的样子。囷囷(qūn qūn)：曲折回旋的样子。焉：……的样子，形容词词尾。蜂房：像蜂房。水涡：像水涡。楼阁依山而筑，所以说像蜂房，像水涡。矗：形容建筑物高高耸立的样子。落：相当于"座"或者"所"。] **长桥卧波，未云何龙？**长长的大桥横卧在水面上，没有云彩怎么出现了龙？[长桥：阿房宫横跨渭水，建有长桥。卧波：卧于波上，省略介词"于"。未云何龙：《周易·乾卦》有"云从龙"的话，所以人们认为有龙就应该有云。这是用故作疑问的话，形容长桥似龙。龙，出现龙，名词用作动词。] **复道行空，不霁何虹？**楼阁间架在空中的上下两层的通道，横空跨行，不是雨后初晴，怎么会出现彩虹？[复道：在楼阁之间架在空中的通道。因上下都有通道，所以叫复道。行空：行于空，省略介词"于"。霁：雨后天晴。虹：出现彩虹，名词用作动词。] **高低冥迷，不知西东。**楼阁高高低低，令人分辨不清南北西东。[冥迷：分辨不清。西东：东南西北。] **歌台暖响，春光融融；舞殿冷袖，风雨凄凄。**人们在歌台上唱歌，歌乐声响起来，好像充满暖意，又如同春光那样融和；人们在殿中舞蹈，舞袖飘拂，好像带来寒气，如同风雨交加那样凄冷。[暖响：即"响暖"，歌乐声响好像充满着暖意。响，名词，指歌乐声响。融融：和乐。舞殿：在殿中舞蹈。冷袖：即"袖冷"，舞袖飘拂，好像带来寒气。风雨凄凄：如同风雨交加那样凄冷。] **一日之内，一宫之间，而气候不齐。**一天之内，同一座宫殿中，让人感到气候不一样。[齐：整齐，一样。]

　　妃嫔媵嫱，王子皇孙，辞楼下殿，辇来于秦。六国的宫妃，诸侯们的女儿、孙女，辞别了自己国家的宫殿楼阁，乘辇车来到秦国。[妃嫔(pín)媵(yìng)嫱(qiáng)：统指六国王侯的宫妃。她们各有等级，妃的等级比嫔、嫱高。媵，陪嫁的人。王子皇孙：指六国王侯的女儿、孙女。辞：辞别。楼：(六国的)楼阁宫殿。辇：君王及后妃所乘的车。这里是乘辇车，名词用作状语。] **朝歌夜弦，为秦宫人。**她们日夜弹唱，成了秦国的宫人。[朝：在早晨，名词用作状语。"夜"用法同此。歌：唱歌，名词用作动词。弦：弹奏音乐，名词用作动词。] **明星荧荧，开妆镜也；绿云扰扰，梳晓鬟也；渭流涨腻，弃脂水也；烟斜雾横，焚椒兰也。(光如)明星闪亮,原来是宫人们打开了梳妆台的镜子;绿云缭绕,原来是早晨宫人们在梳理环形的发结;渭水涨起了一层油腻,原来是宫人们泼掉的洗脸的脂粉残水;烟雾弥漫,原来是宫人们点燃了椒兰这类香料。[四个分句皆是因果判断句,可译为"为什么……,原来是……"。荧荧:明亮的样子。绿云:浓黑而有光彩的云。扰扰:缭绕的样子。鬟:古代妇女梳的环形的发结。腻:脂膏,此处指含有胭脂、香粉的洗脸的"脂水"。椒兰:两种香料植物,焚烧以熏衣物。]**雷霆乍惊,宫车过也;辘辘远听,杳不知其所之也。**雷声忽然震响,原来是皇上的宫车驰过,车声越听越远,无影无声,不知它驶向哪儿去了。[乍:突然,忽然。辘辘:车行的声音。远听:(车声)越听越远。杳:深远,此处引申为无声无影的样子。之:到,动词。]**一肌一容,尽态极妍,缦立远视,而望幸焉。有不见者,三十六年。**宫人们任何一部分肌肤,任何一种姿容,都妩媚娇妍极了,她们久立远望,盼望着皇上驾临,得到皇上宠爱。可是有的宫人三十六年从未见过皇上的身影。[肌:肌肤。容:姿容。态:指姿态的美好。妍:美丽。缦立:久立。缦,同"慢"。幸:封建时代皇帝到某处,叫"幸"。妃、嫔受皇帝宠爱,叫"得幸"。三十六年:秦始皇在位共三十六年。秦始皇二十六年(前221)统一中国,到三十七年(前210)死,做了十二年皇帝,这里说三十六年,是举其在位年数,形容时间长。]**燕赵之收藏,韩魏之经营,齐楚之精英,几世几年,剽掠其①人,倚叠如山。一旦不能有,输来其②间。**燕国赵国收藏的珠玉珍宝,韩国魏国聚敛的金银异宝,齐国楚国的瑰宝奇珍,多少代,多少年,从本国的老百姓那里抢来,堆积得像山一样。一旦国家灭亡不能再占有,全都运到了阿房宫中。[收藏:指收藏的金玉珍宝等物,动词用作名词。下文的"经营"意义与用法相同。精英:也指金玉珠宝等物。前三个排比句是互文的修辞手法。剽(piāo)掠:抢劫、掠夺。人:民。唐朝避唐太宗李世民讳,改民为人。下文"人亦念其家""六国各爱其人""秦复爱六国之人"的"人",与此相同。倚叠:堆叠。输:运送。其①:代词,代指六国;其②:代词,代指阿房宫。]**鼎铛玉石,金块珠砾,弃掷逦迤,秦人视之,亦不甚惜。**(于是,)秦人把宝鼎看作铁锅,把美玉看作石头,把黄金看作土块,把珍珠看作石子,随地丢弃,秦人看见了这些,也不觉得很可惜。[鼎:把宝鼎,名词用作状语。下文中"玉""金""珠"用法同此。铛(chēng):看作铁锅,名词用作动词。下文中"石""块""砾"用法同此。铛,平底的浅锅。砾:碎石。逦迤(lǐ yǐ):连续不断。这里有"连接着""到处都是"的意思。]

　　嗟乎!一人之心,千万人之心也。唉,一个人的心思,也是千万人的心思。[判断句。意即人同此心,心同此理。]**秦爱纷奢,人亦念其家。**秦始皇喜爱豪华奢侈，老百姓也都顾念自己的家。[纷奢：繁华奢侈。念：顾念。]**奈何取之尽锱铢，用之如泥沙？**为什么搜刮老百姓，一分一厘也要掠夺净尽，使用它却像使用泥沙一样呢？[奈何：为什么。之：代指财物。锱铢（zī zhū）：古代重量单位，一锱等于六铢，一铢约等于后来一两的二十四分之一。锱、铢连用，极言其细微。]**使负栋之柱，多于南亩之农夫；**使阿房宫里承担栋梁的柱子，比农田里的农夫还要多；[负：承担。栋：栋梁。南亩：泛指田野。于：介词，比。下文中多个"于"字用法同此。]**架梁之椽，多于机上之工女；**架在屋梁上的椽子，比织布机上的女工还要多；[梁：屋梁。椽：放在檩上架着屋顶的木条。机：织布机。]**钉头磷磷，多于在庾之粟粒；**建筑物上钉头密密麻麻，比粮仓里的谷粒还要多；[磷磷：水中石头突立的样子。这里形容突出的钉头。庾（yǔ）：露天的谷仓，这里泛指粮仓。]**瓦缝参差，多于周身之帛缕；**长长短短，密密排列的瓦缝，比全身衣服上的丝缕还要多；[参差：长短不齐。周：全。帛缕：丝线。]**直栏横槛，多于九土之城郭；**直的栏杆，横的门槛，比全国的城郭还要多；[槛：栏杆。九土：九州，指全国。城郭：泛指城池。城，内城。郭，外城。]**管弦呕哑，多于市人之言语。**管弦乐的嘈杂声，比闹市里的人声还要多。[管弦：管乐和弦乐，泛指各种音乐声。呕哑（ōu yā）：声音嘈杂。]**使天下之人，不敢言而敢怒。**使全国的老百姓，不敢讲话表示反对，只敢在心里憋满愤怒。[将"敢怒而不敢言"倒置，为下文"戍卒叫，函谷举"作辅垫。]**独夫之心，日益骄固。**暴君秦始皇的心，一天比一天更加骄横顽固。[独夫：失去人心而极端孤立的统治者。这里指秦始皇。日：一天比一天。益：更加。固：顽固。]**戍卒叫，函谷举，楚人一炬，可怜焦土！**待到陈胜、吴广率领起义的戍卒一声呐喊，函谷关被刘邦攻下了，项羽放了一把大火，可惜阿房宫化成了一片焦土！[戍卒叫：指陈涉、吴广起义。叫，呐喊。函谷举：刘邦于公元前206年率军先入咸阳，推翻秦朝统治，并派兵守函谷关。举，被攻拔、攻占。楚人一炬：指项羽也于公元前206年入咸阳，并焚烧秦的宫殿，大火三月不灭。]

　　呜呼！灭六国者六国也，非秦也；族秦者秦也，非天下也。唉！灭掉六国的是六国自己，并不是秦国；灭掉秦朝的是秦统治者自己，并不是天下的老百姓。[族：使……灭族，名词用作动词。天下：天下的百姓。]**嗟乎！使六国各爱其人，则足以拒秦；使秦复爱六国之人，则递三世可至万世而为君，谁得而族灭也？**唉！如果六国的诸侯各自爱自己的老百姓，那么就有足够的力量抵御秦国；如果秦统治者在统一六国以后，同样能爱六国的老百姓，那么就可以从二世传递到三世直至万世一直当皇帝，谁能够把他们灭族呢？[使：如果。其：代指六国。拒：

抵御。递：传递，顺着次序传下去。君：皇帝。得：能够。]**秦人不暇自哀，而后人①哀之；后人②哀之而不鉴之，亦使后人③而复哀后人④也。**秦国的统治者来不及为自己的灭亡哀叹，但是后代人哀叹他们；后代人哀叹他们却不能以他们为借鉴，也就会使更后面的人再哀叹那后人了。[不暇：来不及。自哀：哀叹自己，即"哀自"，宾语前置。鉴：以……为鉴，意动用法。鉴，镜子。四个"后人"：①秦以后的人，②④暗指当时统治者，③指唐以后的人。]

赏析导读

　　《阿房宫赋》明显地分成前后两部分，前部分铺排描写，后部分议论开掘。其描写阿房宫的文字占全篇接近三分之二，但作者表述重点却是后面的议论部分。

　　1. 首段中按什么顺序描写了阿房宫的建筑之雄伟壮丽？"歌台"以下数句，描写了什么内容，有何表达效果？

　　全赋开头，"六王毕，四海一"交代了秦朝统一天下、阿房宫兴建的历史背景；"蜀山兀，阿房出"写阿房宫用材之多，反衬其规模之大。

　　接着先以粗笔勾勒，"覆压"以下六句，总写阿房宫宏伟壮丽："覆压三百余里"，言其占地之广；"隔离天日"，状其楼阁之高；"骊山"四句，写其依山傍水，气势非凡。放眼望去，但见宫殿楼阁，自骊山以至咸阳，中经渭水樊川，鳞次栉比，连绵不断，广厦高耸，遮天蔽日。

　　再以工笔重彩，精描细绘："五步"以下六句是细部描写，重楼叠阁、长廊高檐，不计其数，斗角飞檐，造型美丽。后四句是鸟瞰之景：远远望去，这众多的楼阁，依山而筑，形似蜂房，宛如水涡，难以确数其多少。"长桥"六句，作者又把我们的目光引向阿房宫的奇特之处，把水上长桥，想象为卧波的长龙；把沟通相邻楼阁的复道，想象为横空的彩虹。这组生动形象的比喻映衬了宫宇之宏伟、楼阁之高大。作者把景物写在真幻虚实之间，从远近、高低、点面、一般与奇特等角度，多方面展现了阿房宫壮伟的景色。

　　"歌台"以下七句，则写建筑内部歌舞繁盛的气氛。"春光融融"和"风雨凄凄"运用通感手法，歌舞本来是听觉、视觉感受，作者却以春光之暖和风雨之冷的触觉感受来形容，把抽象的感觉具体化了，给人以生动形象之感。这里描写歌台舞殿的作乐之地，使文章很自然地向后面的描写作乐之人过渡，为下文美女充盈宫室做铺垫。

　　综上，作者由远及近，由外及里逐一介绍了阿房宫的奇观。叙述中时有前后照应之妙笔，时有贴切生动之比喻，时有动态描写；再加上大量对偶排比句式的运用，使文句音节铿锵，兼有音韵之美。因此，寥寥一百几十个字，阿房宫之丰姿盛态就显现于读者眼前。

2. 第二自然段，作者同样以铺排夸张之笔，着力写阿房宫的美女珍宝之多。试作赏析。

开头六句，首先交代了这些宫人的来源。秦始皇统一天下后，尽掳六国嫔妃以为己有，置之阿房宫中。接着"明星"以下十二句写得更为脍炙人口：忽然间群星闪耀，原来是宫女们打开了梳妆镜；为什么绿云缭绕，原来是宫人们早晨在梳理头发；渭水涨起了一层油腻，原来是宫人们泼掉的洗脸的脂粉残水；烟雾弥漫，原来是宫人们点燃了椒兰这类香料。宫女为了得到皇帝的宠幸，每天都精心地梳洗打扮，但"有不见者，三十六年"。宫人们越是尽态极妍而仍无望得幸，越反映出秦始皇的骄奢淫逸。

不仅如此，天下的财物，也任其享用。"燕赵之收藏"三句互文见义，写六国统治者苦心经营，大肆掠夺，"一旦不能有，输来其间"，何其可悲。而秦始皇对于这些掠自六国的财物却"鼎铛玉石，金块珠砾"，竟堆积如山，到处丢弃，全不爱惜。此处以六国之可悲反衬秦之强暴侈靡，以六国之覆灭为下文秦之灭亡做铺垫。

3. 为什么说三、四段是全文表述的重点？试作具体分析。

前两段铺排描写，为后部分议论全文主旨做铺垫。第三自然段以"嗟乎"一叹词，转入对秦王朝短命以终的议论，写秦始皇穷奢极欲招致国家灭亡、宫室焚毁的结果。

"一人之心"四句以人之常情、物之常理论说，令人信服。"取之尽锱铢，用之如泥沙"承接上文，以问句形式对秦代统治者予以强烈的谴责。接着连用六个"多于"，兼用排比和夸张手法，句式整齐，气势强烈，有力地揭露了秦始皇贪婪、奢侈的本性。"不敢言而敢怒"是敢怒而不敢言的倒装，意在强调"敢怒"，为下文"戍卒叫，函谷举"张本；"独夫之心，日益骄固"再做蓄势，使秦的灭亡水到渠成。"楚人一炬，可怜焦土"，一度威震四海的秦王朝在农民起义的冲击下土崩瓦解，迅速灭亡，覆压三百余里的阿房宫，也在一场烈火之中化为灰烬。阿房宫成为秦始皇骄奢淫逸的历史见证。

最后一段，以"呜呼"开头，总结秦亡教训，联系现实，进一步抒发感慨。作者由秦之亡，想到六国之亡，两者灭亡的共同原因是不爱人民，不施仁政。继而又想到后来多少朝代的兴亡盛衰，"秦人不暇自哀，而后人哀之，后人哀之而不鉴之，亦使后人而复哀后人也"。作者层层推进，最终将笔锋转向当代统治者，希望统治者汲取历史教训，爱惜民财、民力，讽谏之意，十分明显。

4. 本文在艺术构思和材料的裁剪上有何特色？

本文具有精巧的艺术构思。作者在第一、二两段铺陈描写阿房宫的壮伟和美女珍宝众多，是为了与后一部分"可怜焦土"的悲惨结局形成鲜明而强烈的对比，使人们面对这种成败哀乐的转瞬变化感到震惊，得到启迪。

在对材料的裁剪上，作者很好地处理了详略的关系。文章开头交代阿房宫产生的历史条件和地理位置，只用了"六王毕"以下十二个字，用笔精练、气度超凡。写到秦末农民起义军推翻秦王朝统治、火烧咸阳的历史大事，也只用了"戍卒叫"以下十四个字。而阿房宫的建筑和美女珍宝，作者却写得不厌其详，因为作者正是要人们从这一部分的铺陈描写中，看到秦王朝的灭亡是咎由自取，使后文"族秦者，秦也，非天下也"顺理成章。前部分写得气氛愈足，气势愈盛，就愈能突出秦王朝的奢侈荒淫，后文的抒情就愈有力，论断就愈能说服人，讽刺的意义也就愈强烈。这种注意反面蓄势以期形成强烈对比的艺术处理，取得了很好的艺术效果。正如《古文观止》的篇末总评说："前幅极写阿房之瑰丽，不是羡慕其奢华，正以见骄横敛怨之至，而民不堪命也，便伏有不爱六国之人意在。"

赋是介于诗歌与散文之间的一种文体，语言多骈偶整饰。这篇文章语言骈散结合，具有赋的特点。前半主要是骈体，但中间亦有散句；末段则纯为散文，读来既整饬铿锵，又错落有致，无一般辞赋晦涩呆板之病。除此之外，文中夸张、比喻、排比等修辞手法的运用，也使文章增色不少。

技法探求

1. 课文是从哪三个方面，怎样描写阿房宫的？这样描写对表达中心有什么作用？

课文以铺陈之笔从三个方面来描写阿房宫：其一，写阿房宫建筑之奇。先展开广阔而高峻之全貌，进而细绘宫中楼、阁、廊、檐、长桥复道、歌台舞殿之奇丽。其二，写阿房宫美女之众。写美女来历，状其梳洗，言其美貌，诉其哀怨，绘声绘色，倍加渲染。其三，写阿房宫珍宝之富。先写六国剽掠，倚叠如山；再写秦人弃掷，视若瓦砾。这些描写用墨如泼，淋漓兴会，极尽铺陈夸张之能事，充分体现了赋体的特色。

然而铺陈阿房宫规模大、宫室多、美女众、珍宝富并非作者作赋的目的。透过楼台殿阁、脂粉金玉这一画面，作者旨在说明秦统治者之奢侈腐化已到了无以复加的地步。而为维持这种奢侈生活所进行的横征暴敛，正是导致秦王朝覆亡的根本原因。可见，文章前面所进行的动人描绘乃是为后面的正义宏论张本，为篇末归结秦灭亡的历史教训，讽喻现实，提供了坚实的基础。

2. 文中运用了哪些修辞手法？有何表达作用？

本文通过丰富的想象，借助于比喻、通感、夸张、排比等多种修辞手法，突出描绘阿房宫的雄伟壮丽。

作者运用各种贴切生动的比喻造成鲜明生动的具体形象。如"长桥卧波，未云何龙？复道行空，不霁何虹？"把长桥和复道比成是天上的龙和彩虹，形象贴切，而且使这座宝殿灵宫显得更加壮丽和神奇。

"歌台暖响，春光融融；舞殿冷袖，风雨凄凄"，运用通感手法写歌舞繁盛的气氛。气氛只是一种抽象的感觉，文字是难以描摹的，作者却用"温暖的春光""凄冷的风雨"，把抽象的感觉具体化了。歌舞本来是听觉、视觉形象，作者却以"暖""冷"等表示触觉感受的词语来形容，使人想见歌舞之纷繁变化。

写秦朝的穷奢极欲，运用排比、夸张的手法，一连用了六个"比"："负栋之柱，多于南亩之农夫……多于市人之言语"，极度的夸张，有力地揭露了秦始皇掠夺天下财富的贪婪；排比的句式，加强语势，一气贯注，突出了作者的愤慨之情。

3. 本文以赋名篇，谈谈其赋体语言方面的特色。

其一，语言精练。如"六王毕，四海一，蜀山兀，阿房出"中，前两句写秦灭六国，统一中国，是修建阿房宫的历史背景；后两句写阿房宫用材之多，反衬其规模宏大。仅仅用了十二个字含蓄地点明全文宗旨。又如"戍卒叫，函谷举，楚人一炬，可怜焦土"仅用十四个字，就概述了秦国灭亡的历史，"叫""举""炬"三个动词，短促相连，生动地表现了秦末农民革命运动风起云涌和摧枯拉朽、势不可挡的声威。"可怜焦土"四字正好和上面的铺陈描写形成鲜明的对比。

其二，骈散结合，整齐之中富有变化。骈文讲求句式的工整对仗；散文则讲求语句流畅、平易，以错综变化为美。本文将两种句法结合起来。一方面大量采用四字句，而且大都为对偶句，如"五步一楼，十步一阁；廊腰缦回，檐牙高啄；各抱地势，钩心斗角"，句式工整，两两相对，读来抑扬铿锵。在一连数句排偶之后，间以一句散文化句式，比如"明星荧荧，开妆镜也；绿云扰扰，梳晓鬟也……辘辘远听，杳不知其所之也"；"一肌一容，尽态极妍，缦立远视，而望幸焉。有不见者，三十六年"。这样，句法有奇有偶，文气有缓有急，于工整中兼以参差错落，读来令人觉得在回环往复之中有收有放，格调别致，有一唱三叹的意味。

知识积累

一、文体知识

文赋 是赋体的一类。"文"指古文。即相对骈文而言的用古文写的赋，也即相对俳赋而言的不拘骈偶的赋。就是以赋的结构、古文语言所写作的韵文。

作为赋的一类变体，文赋是唐宋古文运动的产物。中唐韩愈、柳宗元倡导古文运动，在复古口号下改革了骈偶语言。他们的赋作直接继承发展先秦两汉古赋传统，像韩愈《进学解》、柳宗元《答问》等，既保持主客答难的赋的结构，又用比较整饬而不拘对偶的古文语言，实质便是文赋。文赋始于唐，典型作品是杜牧的《阿房宫赋》。

北宋以欧阳修为代表的古文运动，使文赋这一赋体发展得更为成熟而富有特色。其代表作即欧阳修《秋声赋》和苏轼前、后《赤壁赋》。从体裁形式看，《秋声赋》和《赤壁赋》都还保持"设论"一类汉赋的体制，既有主客答难的结构形式，又吸取韩愈《进学解》的叙事性质，但扩大了叙事部分，增加了写景抒情部分，融写景、抒情、叙事、议论于一体，用相当整饬的古文语言写作铿锵和谐的韵文。

二、文学文化常识

阿房宫 被誉为"天下第一宫"，是中国历史上第一个统一的多民族中央集权制国家——秦帝国修建的新朝宫。位于今陕西省西安市西咸新区，始建于秦始皇三十五年（前212），现存面积约15平方千米。

阿房宫与万里长城、秦始皇陵、秦直道并称为"秦始皇的四大工程"，它们是中国首次统一的标志性建筑，也是华夏民族开始形成的实物标识。秦始皇为修建阿房宫前后役用人数达70万左右。

1956年，阿房宫遗址被陕西省列为省级文物保护单位。

1961年3月4日，阿房宫遗址被国务院公布为第一批全国重点文物保护单位。

考古发掘表明，阿房宫只建成了其中的前殿地基。

二、语言知识

（一）通假字

缦立远视，而望幸焉（缦，同"慢"，长久）

（二）古今异义

1. 各抱地势，钩心斗角（古：指宫室结构的参差错落，精巧工致。今：比喻用尽心机，明争暗斗）

2. 一宫之间，而气候不齐［古义：指天气（雨雪阴晴）的意思。今义：指一个地区的气象概况］

3. 可怜焦土（古义：可惜。今义：怜悯）

4. 明星荧荧，开妆镜也（古：明亮的星光。今：指行业中做出成绩，出名的人）

5. 韩魏之经营（古：指金玉珠宝等物。今：指筹划管理或组织活动）

6. 齐楚之精英（古：指金玉珠宝等物。今：指优秀人才）

7. 蠹不知其几千万落（古义：座，所，量词。今义：下降，衰败）

8. 直走咸阳（古义：跑，通达，趋向。今义：步行）

（三）一词多义

1. 一

① 六王毕，四海一（统一，动词）

② 楚人一炬，可怜焦土（表数字，数词）

③ 一肌一容（全，任何一种，形容词）

④ 上食埃土，下饮黄泉，用心一也（专一，动词）

2. 爱

① 秦爱纷奢，人亦念其家（喜爱，动词）

② 使秦复爱六国之人（爱护，动词）

③ 百姓皆以王为爱也（吝惜，形容词）

3. 缦

① 廊腰缦回（动词，萦绕）

② 缦立远视（形容词，同"慢"，久长）

4. 尽

① 一肌一容，尽态极妍（副词，达到顶点）

② 奈何取之尽锱铢（动词，取尽）

5. 焉

① 盘盘焉，囷囷焉（形容词词尾，相当于"然"，……的样子）

② 缦立远视，而望幸焉（句末语气词，不译）

6. 而

① 骊山北构而西折（连词，表承接）

② 缦立远视，而望幸焉（连词，表承接）

③ 秦人不暇自哀，而后人哀之（连词，表转折）

④ 一日之内，一宫之间，而气候不齐（连词，表转折）

⑤ 使天下之人，不敢言而敢怒（连词，表转折）

⑥ 后人哀之而不鉴之（连词，表转折）

（四）词类活用

1. 名词用作动词

① 长桥卧波，未云何龙（出现龙）

② 复道行空，不霁何虹（出现彩虹）

③ 蜂房水涡，矗不知其几千万落（像蜂房；像水涡）

④ 朝歌夜弦（唱歌；奏乐）

⑤ 鼎铛玉石（当作铁锅；当作石头）

⑥ 金块珠砾（当作土块；当作石子）

2. 名词用作状语

① 辇来于秦（乘辇车）

② 骊山北构而西折（向北；向西）

③ 鼎铛玉石（把宝鼎；把美玉）

④ 金块珠砾（把黄金；把珍珠）

3. 数词用作动词

六王毕，四海一（统一）

4. 动词用作名词

燕赵之收藏，韩魏之经营（皆指金玉珠宝之物）

5. 形容词用作名词

齐楚之精英（金玉珍宝之物）

6. 意动用法

后人哀之而不鉴之（以……为鉴）

7. 使动用法

族秦者秦也（使……灭族，杀死一族的人）

（五）特殊句式

1. 灭六国者六国也，非秦也；族秦者秦也，非天下也（……者……也，判断句）

2. 一人之心，千万人之心也（……也，判断句）

3. 明星荧荧，开妆镜也（……也，判断句）

4. 戍卒叫，函谷举（被动句，被攻举）

5. 使负栋之柱，多于南亩之农夫（介词结构后置，比……多）

6. 秦人不暇自哀（自哀：哀叹自己，宾语前置）

7. 长桥卧（于）波，未云何龙？复道行（于）空，不霁何虹？（省略句，省略介词）

8. 几世几年，剽掠（于）其人（省略句，省略介词）

9. 谁得而族灭（秦国）也（省略句，省宾语"秦国"）

（六）课内成语

1. 钩心斗角：指宫室结构的参差错落，精巧工致。钩心，指各种建筑物都与中心区相连。斗角，指屋角互相对峙。如今指各自用尽心机互相排挤。

2. 尽态极妍：容貌姿态美丽娇艳到极点。

3. 敢怒而不敢言：内心愤怒但不敢说出来。

一课一练

1. 理解性默写。

① "_____，_____"极言阿房宫占地之广，状其楼阁之高。

② "_____，_____；_____，_____"以人们的主观感受写宫内歌舞盛况，为下文美女充盈宫室预作铺垫。

③ 用倒置式的暗喻，以璀璨晶亮的明星来比喻纷纷打开的妆镜，既贴切又形象的语句是："_____，_____。""_____，_____"这个对偶句描写了秦人对从六国剽掠而来的珍宝不知珍惜，生活极度奢侈。

④ "_____，_____。"说明人都追求幸福快乐，挂念家小，对秦统治者进行抨击。写挥霍无度，将剥削来的钱财像泥沙一样

的浪废掉的语句是："_____，_____？"

⑤ 用排比句渲染阿房宫的繁华奢靡，其中把阿房宫所奏之乐与市井言语进行对比的句子是："_____，_____。"

⑥ 文章末段总结，六国和秦国的灭亡都是由于不修自身，咎由自取，怨不得别人的语句是："_____！_____，_____；_____，_____。"

⑦ 要吸取历史教训，不要让历史重演，如果不能够吸取教训终将重蹈覆辙的语句是："_____，_____；_____，_____。"

⑧ "_____，_____，_____，_____！"被后人誉为相当于一篇《过秦论》。

2. 选出下列加点字注音正确的一组（　　）

A. 廊腰缦（màn）回　不霁（jí）何虹　剽（piāo）掠　参差（cēn cī）

B. 辘辘（lù）远听　焚椒（jiāo）兰　妃嫔媵嫱（pín yìng qiáng）

C. 尽态极妍（yán）　鼎铛（dāng）玉石　迤逦（lǐ yǐ）　锱铢（zī zhū）

D. 架梁之椽（zhuàn）　直栏横槛（jiàn）　呕哑（ōu yā）　囷囷（qūn）焉

3. 解释下列句中加点的词语。

① 蜀山兀，阿房出　　　　　（　　　　　）

② 骊山北构而西折，直走咸阳　（　　　　　）

③ 廊腰缦回，檐牙高啄　　　（　　　　　）

④ 各抱地势，钩心斗角　　　（　　　　　）

⑤ 几世几年，剽掠其人　　　（　　　　　）

⑥ 独夫之心，日益骄固　　　（　　　　　）

⑦ 戍卒叫，函谷举　　　　　（　　　　　）

⑧ 族秦者秦也　　　　　　　（　　　　　）

4. 选出词类活用现象归类正确的一项（　　　）

① 六王毕，四海一

② 骊山北构而西折

③ 辞楼下殿，辇来于秦

④ 朝歌夜弦，为秦宫人

⑤ 楚人一炬，可怜焦土

⑥ 燕赵之收藏

⑦ 鼎铛玉石，金块珠砾

⑧ 鼎铛玉石，金块珠砾

⑨ 族秦者秦也

⑩ 后人哀之而不鉴之

A. ①⑤／②③／④⑧⑨／⑥／⑦⑩

B. ①／②③⑦／④⑤⑧／⑥／⑨／⑩

C. ①／②⑦／④⑤⑧／③⑥／⑨／⑩

D. ①⑤／②③／④⑧⑨／⑥⑦／⑩

5. 找出下面句中表示被动的两项（　　）

A. 戍卒叫，函谷举

B. 灭六国者六国也，非秦也

C. 缦立远视，而望幸焉

D. 多于南亩之农夫

6. 下列句子中"之"字的意义和用法归类正确的一项是（　　）

① 使天下之人，不敢言而敢怒

② 取之尽锱铢

③ 架梁之椽

④ 周身之帛缕

⑤ 杳不知其所之也

⑥ 燕赵之收藏

⑦ 秦人视之，亦不甚惜

⑧ 后人哀之而不鉴之

A. ①③④／②⑦⑧／⑤⑥

B. ①③⑥／②④⑦⑧／⑤

C. ①③④⑥／②⑦⑧／⑤

D. ①④⑥／②③⑦⑧／⑤

7. 翻译下列句子。

① 五步一楼，十步一阁；廊腰缦回，檐牙高啄；各抱地势，钩心斗角。

② 歌台暖响，春光融融；舞殿冷袖，风雨凄凄。

③ 明星荧荧，开妆镜也；绿云扰扰，梳晓鬟也；渭流涨腻，弃脂水也；烟斜雾横，焚椒兰也。

④ 鼎铛玉石，金块珠砾，弃掷逦迤，秦人视之，亦不甚惜。

⑤ 戍卒叫，函谷举，楚人一炬，可怜焦土！

⑥ 秦人不暇自哀，而后人哀之；后人哀之而不鉴之，亦使后人而复哀后人也。

8. 课文选自《_____》，作者_____，字_____，号_____，诗歌方面"_____"诗体成就最高，与晚唐诗人_____合称"_____"。

9. 文赋始于唐，典型作品是杜牧的《阿房宫赋》，谈谈本文语言方面的特色。

能力拓展

阅读下文，回答文后问题。

渔　父①

屈原既放，游于江潭，行吟泽畔，颜色憔悴，形容枯槁。渔父见而问之曰："子非三闾大夫与②？何故至于斯？"屈原曰："举世皆浊我独清，众人皆醉我独醒，是以见放。"

渔父曰："圣人不凝滞于物③，而能与世推移。世人皆浊，何不淈④其泥而扬其波？众人皆醉，何不餔其糟而歠其醨⑤？何故深思高举，自令放为？"

屈原曰："吾闻之：新沐者必弹冠，新浴者必振衣。安能以身之察察，受物之汶汶者乎⑥？宁赴湘流，葬于江鱼之腹中。安能以皓皓之白，而蒙世俗之尘埃乎？"

渔父莞尔而笑，鼓枻⑦而去。歌曰："沧浪之水清兮，可以濯吾缨；沧浪之水浊兮，可以濯吾足。"遂去，不复与言。

【注释】

① 关于本文作者，汉王逸《楚辞章句》说是屈原，今人多持异议，认为本篇是楚人怀念屈原的作品。父（fǔ）：对从事某种行业之人的通称。② 三闾大夫：楚官名，负责掌管王族屈、景、昭三姓的事务。③ 凝滞：板结不解为凝，停留不前为滞；引申为拘守、执着之意。④ 淈（gǔ）：蚀，在文中意为使之浊，即搅混、扰乱之意。⑤ 餔（bū）：吃。糟：酒滓。歠（chuò）：饮。醨（lí）：通"醨"，薄酒。⑥ 察察：清洁的样子。汶（mén）汶：昏暗不明的样子。此处指蒙受污垢玷辱。⑦ 鼓枻（yì）：叩击船舷。一说摇动船桨。枻：船旁板。

1. 解释下列句中加点的词语，并选出加点字与现代汉语意义相同的一项（　　）

　　A. 颜色憔悴，形容枯槁　　　（　　　　　）
　　B. 而能与世推移　　　　　　（　　　　　）
　　C. 何故深思高举　　　　　　（　　　　　）
　　D. 渔父莞尔而笑　　　　　　（　　　　　）

2. 解释下列句中加点的字。

　① 新沐者必弹冠　　　　　　（　　　　　）
　② 新浴者必振衣　　　　　　（　　　　　）
　③ 而蒙世俗之尘埃乎　　　　（　　　　　）
　④ 沧浪之水清兮，可以濯吾缨（　　　　　）

3. 翻译下列句子。

① 举世皆浊我独清，众人皆醉我独醒，是以见放。

② 安能以身之察察，受物之汶汶者乎？

4. 这篇文章以屈原遭到放逐为背景，通过对话形式，歌颂了屈原志向高洁、不随流俗、忠贞为国、至死不渝的崇高品格。请分析本文的对比艺术。

5. 本文语言方面有何特色？

六 国 论

学习目标

1. 学习本文的论证结构，体会严密的逻辑性。
2. 掌握例证、引证、对比论证的论证方法。
3. 学习本文简练有力的语言风格。
4. 掌握本文的写作意图。

知人论世

一、作家作品

苏洵（1009年5月22日—1066年5月21日）字明允，号老泉。眉州眉山（今四川眉山市）人，北宋文学家。"唐宋八大家"之一，与其子苏轼、苏辙合称"三苏"。相传他27岁才发愤读书，屡次考试皆不中，愤而尽烧其所著文章，闭门攻读，于是精通六经、诸子百家，下笔即数千言。

嘉祐初年（1056），苏洵带二子进京应试，谒见翰林学士欧阳修。欧阳修很赞赏他的文章，认为可与刘向、贾谊相媲美，于是向朝廷推荐苏洵，苏洵文名因而大盛。嘉祐二年（1057），苏轼、苏辙同榜应试及第，轰动京师。嘉祐六年（1061），通过翰林学士欧阳修推荐，苏洵被任命为秘书省校书郎、霸州文安县主簿。治平三年（1066），病逝于京师，时年58岁。死后追赠光禄寺丞。

苏洵善于议论，以史论策论见长，其《权书》《衡论》《几策》等纵谈古今形势及治国用兵之道，笔力雄健，语言畅达。

二、创作背景

《六国论》是嘉祐三年（1058）苏洵献给宋仁宗的《权书》十篇中的一篇。宋朝承晚唐五代颓弱之局面，一直未能像汉唐那样彻底地统一中国。面对北方辽、西夏的侵扰和威胁，宋王朝采取的基本政策是守内虚外，买静求安。苏洵时代，宋向辽每岁输银二十万两，绢三十万匹，向西夏每岁输银七万两，绢十五万匹，茶三万斤，而且，输赂有增无已。巨大的代价虽能买得一时的苟且之安，战争的危险却依然存在，加之外输增多，内赋随之加重，社会危机日益深化，宋王朝处在内外交困之中。

苏洵这篇文章，并非一般的史学论文，而是借评论六国的破灭，提出对敌斗争应该注意的问题，批评宋王朝屈辱求安的外交路线，具有鲜明的现实针对性。

精译详注

六国破灭，非兵不利，战不善，弊在赂秦。 六国被灭亡，不是武器不锋利，仗打得不好，它的弊病在于贿赂秦国。[兵：武器。弊：弊病。赂：贿赂。这里指向秦割地求和。] **赂秦而力亏，破灭之道也。** 拿土地贿赂秦国，自己的力量就亏损了，这就是灭亡的原因。[道：道路，引申为原因。] **或曰：六国互丧，率赂秦耶？** 有人说：六国彼此都相继灭亡，全都是贿赂秦国的原因吗？[或曰：有人说。这是设问。下句的"曰"是对设问的回答。或，无定代词。互丧：彼此（都）灭亡。互，交互，相继。率：全都，一概。] **曰：不赂者以赂者丧。** 回答是：不贿赂秦国的国家因为贿赂秦国的国家而灭亡。[以：因为。丧：丧灭，灭亡。] **盖失强援，不能独完。** 因为是失去了强有力的援助，就不能单独保全自己。[盖：承接上文，表示原因，有"因为"的意思。完：保全，形容词用作动词。] **故曰：弊在赂秦也。** 所以说：弊病在于贿赂秦国。

秦以攻取之外，小则获邑，大则得城。 秦国凭攻战的方法取得土地以外，小的则得到邑镇，大的就得到城池。[以：用、凭。攻取：攻战（的方法）取得。] **较秦之所得，与战胜而得者，其实百倍；** 比较秦国受贿得到的土地，和作战胜利而得到的土地，它的（受贿所得）实际数目要多出百倍；[较：比较。秦之所得：秦国（靠贿赂）得到的（土地）。以下几句省略情况与此同。其实：它的实际情况。] **诸侯之所亡，与战败而亡者，其实亦百倍。** 而诸侯国因赂秦失去的土地，和战败而失去的土地（相比较），它的（因赂秦所失土地的）实际数目也多出百倍。**则秦之所大欲，诸侯之所大患，固不在战矣。** 那么，秦国最大的贪欲，诸侯国最大的忧患,根本都不在战争了。[固:本来,根本。]**思厥先祖父,暴霜露,斩荆棘,以有尺寸之地。**想他们去世的祖辈父辈,冒着风霜雨露,披荆斩棘,才得到很少的土地。[思:想。厥:他们的,这里相当于"其"。先:对去世的尊长的敬称。祖父:泛指祖辈、父辈。暴(pù)霜露:暴露在霜露之中。意思是冒着霜露。暴,同"曝",显露,暴露。和下文的"斩荆棘……之地"连起来,形容创业的艰苦。以:才。尺寸之地:形容很少的土地。]**子孙视之不甚惜,举以予人,如弃草芥。**后代子孙看待这些土地很不爱惜,拿土地来送给别人,如同丢弃小草一般。[视:看待,对待。甚:很。举以予人:拿它(土地)来送给别人。以,来,连词。草芥:形容微不足道,不觉得可惜的样子。]**今日割五城,明日割十城,然后得一夕安寝。**今天割让五座城池,明天割让十座城池,然后才得到一夜的安稳睡眠。[割:割让。一夕:一夜。安寝:睡安稳觉。]**起视四境,而秦兵又至矣。**(第二天)起来看看四方边境,秦兵却又已打来了。**然则诸侯之地有限,暴秦之欲无厌,奉之弥繁,侵之愈急。**既然这样,那么诸侯各国的土地是有限的,残暴的秦国的贪欲是没有满足的,送给他的越多,被侵犯得也愈厉害。[厌:同"餍",满足。奉之弥繁,侵之愈急:前一个"之"指秦,后一个"之"指赂秦的各国。弥、愈,都是更加的意思。]**故不战而强弱胜负已判矣。**所以,不用打仗,谁强、谁弱、谁胜、谁负就已经判别得清清楚楚了。[而:但是,转折连词。判:确定、断定。]**至于颠覆,理固宜然。**达到六国被灭亡的结局,从道理上说本来应该这样。[至于:表示由于上文所说的情况,引出下文的结果。相当于现代汉语的"以致""以至于"。颠覆:被灭亡。理:从道理上说,名词用作状语。固:本来。宜然:应当这样。]**古人云:"以地事秦,犹抱薪救火,薪不尽,火不灭。"此言得之。**古人说:"用土地来侍奉秦国,如同抱着柴禾去救火,柴禾不断,火就不灭。"这话说对了。[以地事秦……火不灭:语见《史记·魏世家》和《战国策·魏策》。事,侍奉。犹,如同。此言得之:得,适宜、得当。之,指上面说的道理。]

　　齐人未尝赂秦,终继五国迁灭,何哉?齐国人不曾贿赂秦国,最终也随着五国之后灭亡了,为什么呢?[终:最终。继:接着,随着。迁灭:灭亡。迁,改变的意思。何:为什么。]**与嬴而不助五国也。**是由于结交秦国而不帮助五国的缘故啊。[与:亲附、亲近,动词。嬴:秦王的姓,指秦国。]**五国既丧,齐亦不免矣。**五国已经灭亡,齐国也就不能幸免了。[既:已经。免:避免(灭亡)。]**燕赵之君,始有远略,能守其土,义不赂秦。**燕赵两国的国君,起初还有长远的打算,能够守住他们的土地,坚守正义而不去贿赂秦国。[始:起初。这句里的"始"与下文"至丹"的"至","洎(jì)牧"的"洎","用武而不终"的"不终",互相呼应。远略：长远的谋略。] **是故燕虽小国而后亡，斯用兵之效也。** 因此，燕国虽是小国却后来才灭亡，这是用兵的效果啊。[是故：因此。效：效果。] **至丹以荆卿为计，始速祸焉。** 到了燕太子丹用派荆轲刺杀秦王作为（对付秦国的）计策，才招致了灾祸。[史载荆轲刺秦王未成，秦王大怒，发兵灭燕。荆卿：荆轲，战国时著名刺客，即下文提到的"刺客"。始：才，副词。速：招致。] **赵尝五战于秦，二败而三胜。** 赵国曾经五次与秦国作战，两次败了，三次胜了。**后秦击赵者再，李牧连却之。** 后来秦国两次攻打赵国，大将李牧连续击退了秦军。[李牧：赵国的良将，曾几次打退秦军。公元前229年，秦将王翦攻赵，李牧率兵抵抗。赵王中了秦的反间计，杀李牧。第二年，王翦破赵军，虏赵王，灭了赵国。下文的"良将"指李牧。] **洎牧以谗诛，邯郸为郡，惜其用武而不终也。** 等到李牧因为别人的谗言而被杀，赵国的都城邯郸就成了秦国的一个郡，可惜赵国用武力抗秦不能坚持到最后。[洎（jì）：及、等到。以：因为。诛：被杀。邯郸为郡：意谓赵国被灭亡。终：坚持到最后。] **且燕赵处秦革灭殆尽之际，可谓智力孤危，战败而亡，诚不得已。** 况且，燕国和赵国正处在秦国把其他国家差不多消灭完的时候，可以说是智谋穷竭，力量单薄，因作战失败而灭亡，实在是不得已的事情。[且：况且。革灭：消灭。革，除去。殆：将近，副词。智力：智慧力量。孤危：力量单薄。诚：实在，副词。不得已：无可奈何，没有办法。] **向使三国各爱其地，齐人勿附于秦，刺客不行，良将犹在，** 当初假使三国（韩、魏、楚）各自能爱惜他们的国土，齐国人不依附于秦国，燕国的刺客不去刺杀秦王，良将李牧还在，[向使：当初假使。三国：韩、魏、楚三国，这三国都曾经割地赂秦。附：依附。刺客：指上文的"荆轲"。良将：指上文的"李牧"。犹：仍然。] **则胜负之数，存亡之理，当与秦相较，或未易量。** 那么胜败存亡的命运，如果与秦国相较量，或许不是轻易可以估量的。[数：天数、命运。理：与"数"同义。当：同"倘"，如果。较：较量。或：或许，副词。易：轻易。量：估量。]

  呜呼！以赂秦之地封天下之谋臣，以事秦之心礼天下之奇才，并力西向，则吾恐秦人食之不得下咽也。 唉！如果六国用贿赂秦国的土地封给天下的谋臣，用侍奉秦国的诚心来礼遇天下的奇才，合力向西抗秦，那么我想恐怕秦国人吃饭也咽不下去了。[事：侍奉，名词用作动词。礼：礼遇，以礼相待。西向：向西进军。秦在六国的西方，意谓合力抗秦。咽：咽喉。] **悲夫！有如此之势，而为秦人积威之所劫，日削月割，以趋于亡。** 可悲啊！有这样好的形势，却被秦国人积久的威势所胁迫，一天天割地，一月月割地，以致走向灭亡。[夫：表感叹的语气词。为……所：表示被动。积威：积久而成的威势。劫：胁迫、挟持。日、月：

一天天、一月月，名词用作状语。］**为①国者无使为②积威之所劫哉！**治理国家的人不要让自己被别人积久的威势所胁迫啊！［为①：读 wéi，治理，动词。为②：读 wèi，介词，与"所"配合，表被动。无：不要。使：后面省略"之"（自己）。］

夫六国与秦皆诸侯，其势弱于秦，而犹有可以不赂而胜①之②势。六国和秦国都是诸侯国，他们的势力比秦国小，但还有可以凭借不贿赂而能战胜秦国的趋势。［夫：发语词，表示要议论。弱于秦：比秦弱，介宾短语后置。于，比。可以：可以凭借。之①：代词，代秦国。之②：助词，的。］**苟以天下之大，下而从六国破亡之故事，是又在六国下矣。**如果凭着这么大的一个国家，降低身份反而跟着走六国破亡的老路，这就又在六国之下了。［苟：如果。以：凭着。天下之大：（这么）大的天下，定语后置句。下：降低身份。从：跟随。故事：旧事、前例；意译为走……老路。是：这。］

赏析导读

全文分五个自然段。作者紧紧抓住"弊在赂秦"这一中心，从赂者，不赂者两方面论证它们的"灭国"之弊。运用正反对比论证、引用论证、假言推理等方法，使论述严而有序，语言简练有力，具有战国策士雄辩的气势。最后总结历史教训，委婉而又深刻地表现对现实的讽谏。

1. 第一段是怎样提出全文中心论点的？对下文论述有何作用？

首段开门见山，从正反两面提出全文的中心论点。首先提出六国破灭的原因是"弊在赂秦"，接着提出第一个分论点："赂秦而力亏，破灭之道也。"但六国并非都是赂秦而亡，真正赂秦的只有韩、魏、楚等国。所以，下文紧接着以"或曰"矫正了论点的不严密性，同时提出了第二个分论点："不赂者以赂者丧。盖失强援，不能独完。"深化了自己的观点。因此首段从"赂"与"不赂"两方面提出了两个分论点，统摄下文第二、三段。

2. 第二段主要运用了哪些论证方法加强了文章的说服力？

第二段论述第一个分论点："赂秦而力亏，破灭之道也。"先把秦和六国战争之得失与战争之外由于贿赂的得失相比较，指出得失"固不在战"，即论点中的"非兵不利，战不善"之意。

接着将"先祖父，暴霜露，斩荆棘，以有尺寸之地"与"子孙视之不甚惜，举以予人，如弃草芥"作对比。作者再以极为形象化的语言，描述了六国割地求安的"赂秦"情景。寥寥数语，祖宗创业之艰难，子孙败家之容易，栩栩如在目前，在对比之中作者表达了自己的惋惜之情和批评态度。

作者在描述中指出，六国之地有限，暴秦之欲无厌，割地只能诱欲而不能弭祸，进而引用战国策士之言"以地事秦，犹抱薪救火，薪不尽，火不灭"说明自己的观点——"赂秦而力亏，破灭之道也"。

3. 第二段把韩、魏、楚三国放在一起论述，第三段为何将齐、燕、赵分开论述？

韩、魏、楚三国同为贿赂土地而亡，有其共同性，所以放在一起论述。齐、燕、赵同是非赂秦之国，但其破灭原因各不相同：齐"与嬴而不助五国"，燕"以荆卿为计"，赵"用武而不终"，所以将其分开论述。但是它们相同的是，非"战不善"，而是赂者助秦大势，大势所趋，不得不然。这就正面论证了"不赂者以赂者丧。盖失强援，不能独完"这个分论点。

接着作者以设想之辞，"向使三国各爱其地，齐人勿附于秦，刺客不行，良将犹在"，从反面加以论证，假设六国不是如此，则"与秦相较，或未易量"，庶几能避免破灭。这是对二、三两段的小结，这种正反说理的方法，使论说更具力量。

4. 最后两段在全文中有何重要作用？

第四段，总结历史教训，抒发感慨。假若六国能重用谋臣，礼贤下士，团结一致，那么秦人就会寝食不安。然而六国终于屈服在秦国的强大威势面前，这一历史教训是惨痛的。作者从历史教训中得出这样的结论："为国者无使为积威之所劫哉！"在对历史的感叹中表达了对现实的深沉思考。

第五段，直接针对现实发表自己见解。作者将宋王朝与六国作比较：六国弱于秦，尚且有"不赂而胜之之势"；宋王朝拥有天下，却重蹈六国覆辙，贿赂辽、西夏，这就连六国也不如了。在历史教训与现实情况的比照中，含蓄而又尖锐地批评了宋王朝的对外政策。

考察史实，苏洵对六国破灭原因的论述，并不十分全面和准确，但是就借古喻今的现实针对性来说，作者意在以古鉴今，讽谏朝廷对辽、西夏岁输银绢，屈辱妥协，是富有现实意义的。可见他的眼光敏锐、识见深远。

技法探求

1. 分析本文的论证结构，体会论证严密的逻辑性。

课文开门见山提出中心论点："六国破灭"，"弊在赂秦"。接着紧扣中心论点，把它分为两个分论点：一是"赂秦而力亏，破灭之道也"，一是"不赂者以赂者丧。盖失强援，不能独完"。这为后面二、三段的阐述论证分别确立起中心。第二段从赂的方面论述分论点一，第三段从不赂的方面论述分论点二，四、五两段针对前文论述总结历史教训，抒发现实感慨。全文逻辑严密，条理清晰。文章首段提出论点和分论点，为全文举纲张目，使整个论证层次明晰，结构严谨。论证方法灵活多变。

2. 文中运用了哪些论证方法？它们对论述主旨有什么作用？

对比法。例如，用攻战中秦之所得、诸侯之所失与赂秦中秦之所得、诸侯之所失进行对比，说明秦国最大的希望不在战争而在接受贿赂，六国最大的祸害不在战争而在赂秦。

类比法。例如，将六国和秦的关系与宋王朝与辽、西夏的关系进行类比，指出如果宋王朝因贿赂而被吞灭，那实在是连六国都不如。这些有力地支持了中心论点。

例证法。例如，课文举出齐"与嬴而不助五国"，燕"以荆卿为计"，赵"用武而不终"的史实，来证明"不赂者以赂者丧。盖失强援，不能独完"的观点，很有说服力。

引证法。例如，引用古人"以地事秦，犹抱薪救火，薪不尽，火不灭"这一形象的比喻，说明"赂秦而力亏，破灭之道也"，说理形象，发人深省。

3. 试析本文语言方面的特色。

本文是一篇典范的议论文，论述语言简洁明快、逻辑严密、准确精当。疏密有致、洗练有力的语言增加了文章的论辩色彩。例如"故不战而强弱胜负已判矣。至于颠覆，理固宜然"，语言简朴，语意坚定。

句式上看，本文语言整散结合，以散句为主，间用对偶句、排比句；句式多变，丰富多彩，交相辉映。有正面说，有反面说，有直接说，有隐含说，相映成趣，具有战国策士雄辩的气势。

修辞上看，文章运用对比、夸张、比喻、引用等手法，具有叙事简明、形象生动的特点。

知识积累

一、文体知识

论 一种议论文文体，按韵书："论者，议也。"《昭明文选》所载："论有两体，一曰史论，乃史臣于传末作议论，以断其人之善恶，若司马迁之论项籍、商鞅是也；二曰论，则学士大夫议论古今时世人物，或评经史之言，正其讹谬。"我们这里所介绍的是"政"，即"政论"，如《过秦论》《六国论》等。

"政论"是论辩类论说文，包括哲学论文、政治论文、史论、文论等。先秦诸子书，通常都以政治、哲学为主，一般都可认为是哲学论文、政治论文集。单篇论文则以贾谊《过秦论》为最早。论辩类或者是发表自己的主张，阐明一个道理，如《过秦论》《六国论》，属"论"；或者是辨别事理的是非，驳斥别人的言论，如《论衡》《神灭论》则是"辨"（亦称"辩"）。

二、语言知识

（一）通假字

1. 暴霜露，斩荆棘（暴，同"曝"，显露，暴露）
2. 暴秦之欲无厌（厌，同"餍"，满足）
3. 当与秦相较（当，同"倘"，如果）
4. 为国者无使为积威之所劫哉（无，同"毋"，不要）

（二）一词多义

1. 暴
① 暴霜露，斩荆棘（动词，显露，暴露）
② 暴秦之欲无厌（形容词，凶暴，残酷）

2. 事
① 以地事秦，犹抱薪救火（动词，侍奉）
② 下而从六国破亡之故事（名词，事情）

3. 犹
① 以地事秦，犹抱薪救火（动词，像，好像）
② 犹有可以不赂而胜之之势（副词，仍然，还）

4. 始
① 始有远略（名词，起初）
② 始速祸焉（副词，才）

5. 亡
① 诸侯之所亡，与战败而亡者（动词，失去土地）
② 是故燕虽小国而后亡（动词，灭亡）
③ 追亡逐北，伏尸百万（名词，逃亡的人）

6. 或
① 或曰：六国互丧，率赂秦耶（代词，有人）

② 当与秦相较，或未易量（副词，或许）

7. 以

① 秦以攻取之外（介词，用，凭）

② 以有尺寸之地（副词，才）

③ 举以予人（表目的连词，来）

④ 以地事秦（介词，用）

⑤ 苟以天下之大（介词，凭借）

8. 之

① 以有尺寸之地（结构助词，的）

② 诸侯之地有限，暴秦之欲无厌（结构助词，的）

③ 子孙视之不甚惜（代词，土地）

④ 奉之弥繁，侵之愈急（代词，前"之"指奉秦之物，后"之"指赂秦各国）

⑤ 此言得之（代词，指代上面的道理）

（三）古今异义

1. 其实亦百倍（古义：那实际情况。今义：副词，表示所说的是实际情况）

2. 思厥先祖父（古义：祖辈、父辈。今义：爷爷）

3. 至于颠覆，理固宜然（古义：以致，以至于。今义：表示另提一事）

4. 可谓智力孤危（古义：智谋和力量。今义：指人理解并解决问题的能力）

5. 犹有可以不赂而胜之之势（古义：可以凭借。今义：表示可能、能够）

6. 下而从六国破亡之故事（古义：旧事，前例。今义：用来讲述的真实或虚构的事）

7. 始速祸焉（古义：招致。今义：速度）

8. 刺客不行（古义：不到……地方去。今义：不可以）

（四）词类活用

1. 以地事秦（名词用作动词，侍奉）

2. 义不赂秦（名词用作动词，坚持正义）

3. 以事秦之心礼天下之奇才（名词用作动词，侍奉；礼遇）

4. 则吾恐秦人食之不得下咽也（名词用作动词，吞下）

5. 日削月割（名词用作状语，一天天地，一月月地）

6. 至于颠覆，理固宜然（名词用作状语，按理来说）

7. 李牧连却之（使动用法，使……退却）

8. 惜其用武而不终也（形容词作动词，坚持到底）

9. 不能独完（形容词作动词，完好保全）

10. 小则获邑，大则得城（形容词作名词，小的方面，大的方面）

11. 下而从六国破亡之故事（名词用作动词，降低身份）

（五）特殊句式

1. 与嬴而不助五国也（判断句，……也）

2. 是故燕虽小国而后亡，斯用兵之效也（判断句，……也）

3. 赵尝五战于秦（介宾结构后置，同秦战）

4. 其势弱于秦（介宾结构后置，比秦弱）

5. 而为秦人积威之所劫（被动句，为……所）

6. 洎牧以谗诛（被动句，被杀）

7. 苟以天下之大（定语后置，这么大的天下）

8. 举（之）以予人（省略句）

一课一练

1. 苏洵，字_____，号_____，眉州_____人，北宋文学家。"_____"之一，与其子_____、_____合称"_____"。本文选自《_____》

2. 理解性默写。

① 本文的中心论点是："_____。"

② 文中"_____"，描写祖辈创业艰难。

③ 说明齐国灭亡原因的句子是"_____"，说明燕国灭亡原因的句子是"_____"。

④ 本文借古讽今，"悲夫！有如此之势，而为秦人积威之所劫，日削月割，以趋于亡。_____"，用六国破灭的教训讽刺北宋赂辽。

⑤ 本文结尾指出"_____"，点明借古讽今，告诫北宋统治者要汲取历史教训的主旨。

⑥ 文中引用古人"_____"这一形象的比喻,说明"赂秦而力亏,破灭之道也",说理形象,发人深省。

⑦ "向使_____",作者提出4个假设条件,表达了苏洵对齐、燕、赵三国灭亡的遗憾之情。

3. 解释下列句中加点的字。

① 六国互丧,率赂秦耶　　　　　　　（　　　　　　）

② 暴秦之欲无厌　　　　　　　　　　（　　　　　　）

③ 故不战而强弱胜负已判矣　　　　　（　　　　　　）

④ 与嬴而不助五国也　　　　　　　　（　　　　　　）

⑤ 至丹以荆卿为计,始速祸焉　　　　（　　　　　　）

⑥ 则胜负之数,存亡之理　　　　　　（　　　　　　）

⑦ 为国者无使为积威之所劫哉　　　　（　　　　　　）

4. 解释下列各句中加点的词的古义及今义

① 诸侯之所亡,与战败而亡者,其实亦百倍　（　　　　　　）

② 思厥先祖父　　　　　　　　　　　　　　（　　　　　　）

③ 至于颠覆,理固宜然　　　　　　　　　　（　　　　　　）

④ 燕赵处秦革灭殆尽之际,可谓智力孤危　　（　　　　　　）

⑤ 六国破亡之故事　　　　　　　　　　　　（　　　　　　）

5. 选出意义和用法相同的一组（　　　　）

A. ① 呼尔而与之　　② 夫六国与秦皆诸侯

B. ① 诸侯之所亡　　② 秦无亡矢遗镞之费

C. ① 当与秦相较　　② 相见恨晚

D. ① 礼天下之奇才　② 乃设九宾礼于廷

6. 选出句式不同于其他的一项（　　　　）

A. 为国者无使为积威之所劫哉

B. 洎牧以谗诛

C. 赵尝五战于秦

D. 卒感焉

7. 翻译下列句子。

① 六国破灭，非兵不利，战不善，弊在赂秦。

② 思厥先祖父，暴霜露，斩荆棘，以有尺寸之地。

③ 古人云："以地事秦，犹抱薪救火，薪不尽，火不灭。"此言得之。

④ 呜呼！以赂秦之地封天下之谋臣，以事秦之心礼天下之奇才，并力西向，则吾恐秦人食之不得下咽也。

⑤ 为国者无使为积威之所劫哉！

⑥ 苟以天下之大，下而从六国破亡之故事，是又在六国下矣。

8.《阿房宫赋》《六国论》，这两篇文章尽管写作的时代不同，作者各异，但在写作目的和表现手法上却有许多相似之处，请做具体分析。

9. 简述《六国论》与《阿房宫赋》语言方面的不同特色。

能力拓展

阅读下文，回答文后问题。

六国论①

苏 辙

　　夫秦之所与诸侯争天下者，不在齐、楚、燕、赵也，而在韩、魏之郊②；诸侯之所与秦争天下者，不在齐、楚、燕、赵也，而在韩、魏之野。秦之有韩、魏，譬如人之有腹心之疾也。韩、魏塞秦之冲③，而蔽山东之诸侯，故夫天下之所重者，莫如韩、魏也。昔者范雎④用于秦而收韩，商鞅用于秦而收魏。昭王未得韩、魏之心，而出兵以攻齐之刚、寿⑤，而范雎以为忧，然则秦之所忌者可以见矣！

　　秦之用兵于燕、赵，秦之危事也。越韩过魏而攻人之国都，燕、赵拒之于前，而韩、魏乘之于后，此危道也。而秦之攻燕、赵，未尝有韩、魏之忧，则韩、魏之附秦故也。夫韩、魏，诸侯之障⑥，而使秦人得出入于其间，此岂知天下之势耶？委⑦区区之韩、魏以当强虎狼之秦，彼安得不折⑧而入于秦哉？韩、魏折而入于秦，然后秦人得通其兵于东诸侯，而使天下遍受其祸。

　　夫韩、魏不能独当秦，而天下之诸侯藉之以蔽其西，故莫如厚韩亲魏以摈秦。秦人不敢逾韩、魏以窥齐、楚、燕、赵之国，而齐、楚、燕、赵之国因得以自完于其间矣。以四无事之国佐当寇之韩、魏，使韩、魏无东顾之忧，而为天下出身以当秦兵；以二国委秦，而四国休息于内以阴助其急。若此可以应夫无穷，彼秦者将何为哉？不知出此，而乃贪疆场尺寸之利，背盟败约以自相屠灭。秦兵未出，而天下诸侯已自困矣。至使秦人得伺其隙以取其国，可不悲哉！

【注释】

① 选自苏辙《栾城集》，有删节。② 郊：与下句的"野"均指国土。周制，距都城五十里为近郊，百里为远郊，后以"郊"泛指城外、野外。③ 冲：交通要道。④ 范雎（jū）：战国时魏人，后入秦为相。⑤ 刚、寿：在现在山东的宁阳、郓城附近。⑥ 障：屏障。⑦ 委：舍弃。⑧ 折：屈服。

1. 解释下列加点的词语。

① 韩、魏塞秦之冲，而蔽山东之诸侯　　（　　　　　　　）

② 然则秦之所忌者可见矣　　　　　　　（　　　　　　　）

③ 委区区之韩、魏，以当强虎狼之秦　　（　　　　　　　）

④ 韩、魏折而入于秦　　　　　　　　　（　　　　　　　）

2. 选出下列各组句子中加点字意义和用法与例句相同的一项。

① 例句：夫秦之所与诸侯争天下者（　　）

A. 与嬴而不助五国也

B. 夫六国与秦皆诸侯

C. 则与斗卮酒

D. 吾王庶几无疾病与

② 例句：昔者范雎用于秦而收韩（　　）

A. 燕、赵拒之于前，而韩、魏乘之于后

B. 然后秦人得通其兵于东诸侯

C. 而四国休息于内以阴助其急

D. 臣诚恐见欺于王而负赵

3. 解释下列句中加点词语，注意古今异义现象。

① 委区区之韩、魏以当虎狼之强秦　　（　　　　　　　）

② 而为天下出身以当秦兵　　　　　　（　　　　　　　）

③ 而蔽山东之诸侯　　　　　　　　　（　　　　　　　）

④ 而四国休息于内以阴助其急　　　　（　　　　　　　）

4. 指出句式不同于其他的一项（　　　）

A. 为国者无使为积威之所劫哉

B. 而齐、楚、燕、赵之国因得以自完于其间矣

C. 予羁縻不得还

D. 商鞅用于秦而收魏

5. 翻译下列句子。

① 韩、魏折而入于秦，然后秦人得通其兵于东诸侯，而使天下遍受其祸。

_____

② 以二国委秦，而四国休息于内以阴助其急。

_____

六国论

237

6. 苏洵与苏辙这两篇同题文章,他们对六国破灭的原因有什么不同见解?两文写作目的有何不同?

古诗词诵读

登岳阳楼

诵读与译文

昔闻／洞庭／水，　从前只听说洞庭湖波澜壮阔，
今上／岳阳／楼。　今日终于如愿登上这岳阳楼。
吴楚／东南／坼，　湖波浩瀚像把吴楚东南分隔，
乾坤／日夜／浮。　天地像在湖中日夜出入漂浮。
亲朋／无／一字，　没有得到亲朋故旧一字音信，
老病／有／孤舟。　年老体弱之身仅有一叶孤舟。
戎马／关山／北，　关山以北战争烽火仍未止息，
凭轩／涕泗／流。　凭栏远望忧国忧民老泪横流。

诗文赏析

　　杜甫在逝世前一年（768），离开夔州（今重庆奉节）乘船沿江而下，由江陵、公安一路漂泊，来到岳阳。此时国家多灾多难，个人境遇异常坎坷，加上疾病缠身，亲友音信断绝，一条小船成了诗人唯一的栖身之所。诗人登上神往已久的岳阳楼，壮阔雄伟的湖山，潦倒穷愁的身世，万方多难的时势，一齐奔向诗人眼底，涌入诗人心头。

　　首联诗人就巧妙地运用"昔闻""今上"的对比句，虚实交错，表明早闻洞庭盛名，到暮年方才目睹名湖的喜悦。先写"洞庭水"，再写"岳阳楼"，突出这个"水"字，为下文写洞庭之"水"蓄势。

　　颔联"吴楚东南坼，乾坤日夜浮"，着力写洞庭之"水"的浩瀚无边。诗人站在岳阳楼上，极目眺望，只见洞庭湖汪洋万顷，好像把处于它东方的吴和南方的楚这片广大的原野，一下子分裂成为两块。"坼"富有动态感，仿佛湖水在延伸，

大地被切割开。"乾坤"即天地，天地万物仿佛日日夜夜都在洞庭湖水上浮动漂游。"浮"字也有动态感，仿佛整个苍穹都被湖水托起，而湖水荡动则引起万物的运动。这两句境界雄浑壮阔，极写"水"的宽阔无际和割裂大地、浮动乾坤的伟力。

　　颈联情感急转直下，由眼前壮阔之景，转而直抒个人身世之痛。"亲朋无一字"，多年漂泊西南，亲朋的音信早已断绝。"老病"，诗人57岁，本已是迟暮之年，加上患肺病及风痹症，左臂偏枯，右耳已聋，靠饮药维持生命；这个"病"字，绝非无病呻吟。前两句是远望，水天相接，联想到吴楚和乾坤；这两句是近看，看到了孤舟。诗人已无家可归，"孤舟"是唯一寄身之所（一年后也死在这条小船上，死后七日，人们才知晓），他不禁触景伤怀，联想到自己的身世、遭遇和处境：既老又病，漂流湖湘，以舟为家，前途茫茫，湖面浩渺，何处安身？更加重了身世的孤危感。

　　尾联抒写国家动荡不安，自己报国无门的哀伤。"戎马关山北"，诗人从洞庭湖向长安望去，联想到吐蕃入侵，战火燃烧，长安受到威胁，国家不得安宁。"凭轩涕泗流"，是说杜甫倚靠岳阳楼的窗户，想着国家所处的形势，禁不住老泪纵横了。"致君尧舜上"是诗人宏大的政治抱负，而今国势日去，自己既老且病，看来这抱负宏愿将付诸东流，诗人面对其情其景，怎能不涕泗滂沱！

　　全诗首联叙事，颔联写景，颈联抒情，尾联明志。诗人从大处着笔，吐纳天地，悲壮苍凉，催人泪下；虽抒写个人身世之忧愁，更心系国家安危之命运；时间上抚当今、追往昔，空间上包吴楚、越关山。其身世之悲、国家之忧，与浩浩茫茫之洞庭水势融合无间，形成沉雄悲壮、博大深远的意境。前人称之为盛唐五律第一，此非虚评。

　　诗人娴熟地运用映衬、对比和用典、对仗等手法，驾驭文字出神入化。如颔联写得极为开阔雄壮，而紧接的颈联则写得极为狭小黯淡。天地如此广阔，诗人的处境却狭窄到这种地步，前后对比映衬，使人倍觉辛酸。在用典上，"东南坼"，本是从《史记·赵世家》中"地坼东南"一语浓缩而来；"日夜浮"，或是化用曹操《观沧海》中"日月之行，若出其中；星汉灿烂，若出其里"的诗句。这些典故，有力地帮助了全诗意境的开拓。诗人运用对仗也十分自如，信手拈来，从"昔"到"今"，由"闻"而"上"，对得那样流畅自然，天衣无缝，正验证其"晚节渐于诗律细"（杜甫《遣闷戏呈路十九曹长》）之说。

桂枝香·金陵怀古

诵读与译文

登临 / 送目，正 / 故国 / 晚秋，　　我登上城楼放眼眺望，故都金陵正是深秋时候，
天气 / 初肃。　　　　　　　　　　天气刚变得清凉爽飒。
千里 / 澄江 / 似练，翠峰 / 如簇。　千里澄江宛如一条白练，青翠山峰犹如一束束箭簇。
归帆 / 去棹 / 残阳里，　　　　　　帆船在如火的夕阳里往来穿梭，
背 / 西风，酒旗 / 斜矗。　　　　　西风起处，斜插的酒旗在街头扬出。
彩舟 / 云淡，星河 / 鹭起，　　　　画船如同在白云中浮游，白鹭好像在银河里飞舞，
画图 / 难足。　　　　　　　　　　这清丽的景色丹青妙笔也难把它描画完足。

念 / 往昔，繁华 / 竞逐，　　　　　遥想当年，金陵故都奢侈豪华争相追逐，
叹 / 门外 / 楼头，悲恨 / 相续。　　可叹朱雀门外结绮阁楼，六朝君主亡国悲恨相续。
千古 / 凭高 / 对此，谩嗟 / 荣辱。　自古多少人在此凭栏，枉自感叹兴亡的荣耀和耻辱。
六朝 / 旧事 / 随 / 流水，　　　　　六朝旧事已随东流之水渐渐消逝，
但 / 寒烟 / 衰草 / 凝绿。　　　　　只有那惨淡寒烟中衰萎的野草还凝聚着点点苍绿。
至今 / 商女，　　　　　　　　　　时至今日，商女们还不知亡国的悲恨，
时时 / 犹唱，后庭 / 遗曲。　　　　仍然时时地歌唱那《后庭花》五代遗曲。

诗文赏析

　　这首词是王安石罢相后退居金陵的登高怀古之作。在对金陵景物的赞美和历史兴亡的感喟中，寄托了作者对当时朝政的担忧和对国家政治大事的关切。上片写金陵之景，下片写怀古之情。

　　词以"登临送目"四字领起，表明以下所写为登高所见。"正故国晚秋，天气初肃"点明了地点是六朝故都，季节是"晚秋"；"初肃"，瑟瑟秋风，万物凋零，呼应"晚秋"。此两句交代了创作的环境，渲染了"悲秋"的氛围，为下片的抒发

怀古之情张本。

　　"千里澄江似练，翠峰如簇"，映入眼帘的是晚秋季节特有的白练般清澈的江水和连绵不断翠绿的山峰。登高远望方可纵目千里，"千里"二字，上承首句"登临送目"，下启"澄江似练，翠峰如簇"的全景扫描，景象开阔高远。

　　"归帆去棹残阳里，背西风，酒旗斜矗"，残阳如血，帆船穿梭，西风乍起，酒旗招展。"残阳"点出时下是黄昏时分，"西风"是秋天景物特点，"酒旗""归帆"暗写行旅匆匆。由纯自然的景物写到人的活动，由静景写到动景，白色的归帆，火红的残阳，五彩的酒幡，画面生动活泼。

　　"彩舟云淡，星河鹭起"，画船如同在淡云中浮游，白鹭好像在银河里飞舞。"彩舟""星河"，色彩对比鲜明；"云淡""鹭起"，动静相生。随着归帆渐渐远去，水天已融为一体，这金陵秋景真是如诗似画，令人陶醉。这诗画般的江天景色使诗人极为赞赏，连画图也难以完美描述，因此总赞一句"画图难足"，结束上阕。

　　换头之后，词的下阕抒登临所感，作者的笔锋一转，切入怀古的题旨。用"念往昔"三字拉开了时空的距离，由登临所见自然过渡到登临所想。"繁华竞逐"，指出六朝的统治者竞相过着奢侈荒淫的生活，涵盖千古兴亡的故事，揭露六朝古都的繁华表面掩盖着纸醉金迷的堕落。紧接着一声叹息，"叹门外楼头，悲恨相续"，化用杜牧的《台城曲》："门外韩擒虎，楼头张丽华"的语意，写敌军已兵临城下，陈后主还拥着一群嫔妃在寻欢作乐。在金陵建都的六朝帝王，争奇斗胜地穷奢极欲，演出一幕幕触目惊心的亡国悲剧。诗人在这里表现了政治家深邃的思想和雄伟的气概。

　　"千古凭高对此，谩嗟荣辱"，千古以来，有多少人在此凭栏怀古，枉自感叹兴亡的荣耀和耻辱。凭吊古迹，追述往事，不仅批判了六朝亡国之君的荒淫误国，也批判了吊古的文人骚客空叹兴亡。"六朝旧事随流水，但寒烟衰草凝绿"，六朝旧事随着流水一样消逝，只有那惨淡寒烟中衰萎的野草还凝聚着点点苍绿。作者借衰秋惨淡之景，抒怀古伤今之情，情景交融，出神入化。

　　"至今商女，时时犹唱，后庭遗曲"，可悲的是，至今还听到那些歌女，仍吟唱着《玉树后庭花》这样的亡国遗曲。"商女"歌唱，是谁在欣赏呢？词人含蓄地讽刺了那些不顾国家兴亡，还沉溺于享乐的达官贵人们。词人由所见到所闻，由视觉描写转化为听觉描写，融化了杜牧的《泊秦淮》中"商女不知亡国恨，隔江犹唱后庭花"的诗意，抒发了诗人深沉的感慨。

　　作为政治家的王安石，在北宋这积贫积弱的现实面前，汲取历史教训，在政治上锐意改革，实行变法，富国强兵，避免统治者奢华靡费导致国力衰竭，重蹈六朝覆辙。面对此景此情，抒发了这种感慨，这是积极进步的。然而作者此时改革失败，再次罢相，其中又多了一份对国事的担忧情怀，面对历史和现实，词人表达出深深的忧虑和沉重的叹息，使这首词又增添了历史的厚重感。

　　此外，词人多处用典，贴切自然。"千里澄江似练"化用谢朓《晚登三山还望京邑》诗句："余霞散成绮，澄江静如练。""星河鹭起"用的是李白《登金陵凤凰台》"三山半落青天外，二水中分白鹭洲"诗意。"叹门外楼头，悲恨相续"用的是隋灭陈的典故，杜牧《台城曲》曾咏此事："门外韩擒虎，楼头张丽华。"结句化用杜牧《泊秦淮》诗句，但赋予了它更为深刻、精辟的思想内容。词人反复用典，给人以尺幅千里，余味不尽之情致，体现了雄奇高古、沉郁悲壮的风格。

念奴娇·过洞庭

诵读与译文

洞庭 / 青草，近 / 中秋，	洞庭湖与青草湖紧紧相连，浩瀚无垠，临近中秋的时候，
更无 / 一点 / 风色。	更是没有一点风色。
玉鉴 / 琼田 / 三万顷，	月光下三万顷的洞庭湖水像镜子般平静，如美玉般皎洁，
着我 / 扁舟 / 一叶。	载着我轻快的小舟一叶。
素月 / 分辉，明河 / 共影，	明月的光辉分洒在两个湖面上，银河的影像在碧波中徘徊，
表里 / 俱澄澈。	整个天水上上下下全都清莹澄澈。
悠然 / 心会，	那种美妙细微的感受，与我悠游自在的内心相合，
妙处 / 难与君说。	其中的妙处难以与您一一解说。
应念 / 岭海 / 经年，	应思量在岭外一年的官场生活，
孤光 / 自照，	皎洁的月光本就在照耀陪伴，
肝肺 / 皆冰雪。	自己的心胸品格全部像冰雪一样明洁。
短发 / 萧骚 / 襟袖冷，	如今我，正披着稀疏的短发，寒风吹入襟袖，

稳泛／沧浪／空阔。	平静地稳坐着小船，泛舟在这沧浪旷海之间。
尽挹／西江，细斟／北斗，	让我舀尽西江之水，细细地斟在北斗星做成的酒勺中，
万象／为宾客。	请天地万物统统来做我的宾客，
扣舷／独啸，	尽情地拍打着我的船舷，独自放声高歌啊，
不知／今夕／何夕！	怎能记得此时是何年何月！

诗文赏析

孟浩然的"气蒸云梦泽，波撼岳阳城"，杜甫的"吴楚东南坼，乾坤日夜浮"都是写洞庭湖的宏伟壮阔。而张孝祥的这首词却写出了另一种境界，抒发了特殊的情怀。

词的上阕写洞庭月夜之景，着力描绘一种迷人的意境。"洞庭青草，近中秋，更无一点风色。"开头三句点明地点、时间，给我们展现了一个静谧、开阔的画面，描绘了秋高气爽、玉宇澄清的景色，是纵目洞庭总的印象。"更无一点风色"，极言洞庭湖上万里无云，水波不兴。

接着以"玉鉴琼田"比喻中秋月夜湖面的平静、澄澈，形容湖水的明净光洁。"三万顷"，说明湖面的广阔。词人在三万顷的湖面上，驾着一叶扁舟，陶醉于大自然的美景中，颇有自然造化全都供我所用的意味，有力地烘托出词人的豪迈气概。

"素月分辉"，皎洁的月亮把它们的光辉倾泻入湖中，好像素月把自己的光辉分了一些给湖水。"明河共影"，天上的银河投影到湖中，碧粼粼的细浪中映照着星河的倒影。这两句明点月华星辉，暗写波光水色，表现了上下通明的境地，仿佛是一片琉璃世界。"表里俱澄澈"，月亮、银河，天穹和湖面之间，一片空明澄澈。从天空到湖水都是透明的，没有一丝儿污浊。这是表里如一的美，是光洁透明的美，这已不仅仅是写月夜的洞庭，还寄寓了深意，是自己心迹的写照："我就是一个光明磊落，坦坦荡荡，言行一致，表里如一的男子汉、大丈夫。"这使我们联想到王昌龄"一片冰心在玉壶"的高尚情操。"悠然心会，妙处难与君说。"词人面对此情此景，感到前所未有的恬淡与安宁，在月光的爱抚下，在湖波的摇篮里，找到了最好的休憩和归宿之所。这种妙处当然难与外人说了。"表里俱澄澈"这一句是全词的主旨所在。要想真正理解这种境界，还须了解其写作背景。

张孝祥是南宋爱国词人，绍兴二十四年（1154）进士第一。为政清廉，胸怀磊落，因赞助张浚北伐被罢职。1165年出任静江府（治所在广西桂林）知府，第二年遭受谗言，被罢官北归，途经洞庭湖，写下这首词。可见此时的"悠然"是经历了世道的坎坷艰险之后，获得超脱的一种精神境界。词人是用皎洁的洞庭月色来表现自己皎洁情操的。

下阕在写景的基础上抒情，写自己内心的澄澈。其中有受屈罢官的愤懑，也有陶醉美景、宠辱皆忘的旷达。"应念岭海经年"点明自己在"岭海"为官一年，遭受谗言，罢官而归，"孤光自照"，以孤月为伴，引清光相照，表现了既不为人所了解，也无须别人了解的孤高心境。"肝肺皆冰雪"，冰雪都是洁白晶莹的东西，用来比喻自己襟怀的坦荡。正好回应上阕的"表里俱澄澈"，表明自己的人格、品行是极为高洁的，让这轮孤月的寒光来洞察自己的纯洁肺腑吧。

"短发萧骚襟袖冷，稳泛沧浪空阔。"这两句又转回来写当前。萧骚，形容头发的稀疏短少，好像秋天的草木。结合后面的"冷"字来体会，不免带有几分被免职后的萧条与冷落。尽管头发稀疏，两袖清风，"我"且稳稳泛舟游于洞庭湖上，可见词人的坦荡胸襟。

"尽挹西江，细斟北斗，万象为宾客。"这三句境界开阔，气势雄浑，想象奇特，真可谓神来之笔，是全词感情的高潮。所饮的是万里长江之水，用来斟酒的工具是天上的北斗星，招待的宾客是宇宙万象，作者已把富贵功名、宠辱得失抛到九霄云外，完全融在大自然之中了。最后用"扣舷独啸，不知今夕何夕"结尾，词人完全陶醉在湖光月色之中，达到了物我两忘的境界。作者的高洁人格、高尚气节以及高远襟怀都融化在一片皎洁莹白的月光湖影之中了。

这首词，通篇景中见情，笔势雄奇，境界空阔，表现了作者的洒脱胸襟，显示了作者的高尚品质。词中所创造的独特意境，体现了天人合一的理念。诵读这首词，想象其中恢宏的意境，可以体会词人高洁的人格。

游园【皂罗袍】

诵读与译文

原来／姹紫／嫣红／开遍，　　原来这繁花似锦、万紫千红，迷人的春花开遍，
似／这般／都／付与／断井／颓垣。　像这样的美景可惜都付予了破败的断井颓垣。

良辰／美景／奈何／天，	面对这宝贵的时光，美好的春景，却无可奈何。
赏心／乐事／谁家／院！	令人欢心愉快的事究竟会落在谁家的庭院！
朝飞／暮卷，	雕梁画栋，飞阁流丹，朝夕万变。
云霞／翠轩；	碧瓦亭台，如云霞一般灿烂绚丽；
雨丝／风片，	和煦的春风，带着蒙蒙细雨，
烟波／画船——	烟波浩渺的春水中荡漾着多彩的画船——
锦屏人／忒看的／这／韶光／贱！	只有像我这样被阻隔在深闺中的女子，才辜负了大自然这美好的春天！

诗文赏析

《牡丹亭》又名《还魂记》，是明代剧作家汤显祖的代表作，与《紫钗记》《南柯记》《邯郸记》并称为"临川四梦"。《牡丹亭》是汤显祖剧作中成就最高的作品，他说："一生四梦，得意处唯在《牡丹》。"全剧共五十五出，这段曲词出自第十出《惊梦》。

【皂罗袍】是《游园》的核心曲词，是《牡丹亭》中最有名的一支曲子，历久传唱不衰。描写的是杜丽娘游览自己家后花园的感受，唱出了主人公在春色感召下所产生的心灵震颤。

"原来姹紫嫣红开遍"，春和景明，万象更新，深闭幽闺的少女乍进后园，只见繁花似锦，万紫千红，满园春光，艳丽眩目，强烈地冲击着她的视觉感受，叩开了她封闭已久的心扉。杜丽娘春心动荡，情绪为之一"惊"。然而，使她更为惊异的是，转身看到的"断井颓垣"的衰败景象。这断裂的井栏、残破的垣墙与"姹紫嫣红"的春景形成鲜明的对比。这"姹紫嫣红"的美景，不就是她美丽青春的象征吗？这"断井颓垣"的衰败景象不正是她那冷若冰霜的封建家庭的写照吗？"原来""都付与"连接两幅对比强烈的画面，强调万紫千红与破井断墙相伴，无人欣赏。春色如许艳丽，开启了主人公的视野，使之充满了诧异和惊喜，接踵而来的对青春即将匆匆逝去的联想，震撼了少女的心灵，使之充满了惊惧和无奈。其中夹杂着深深的忧伤，自己的人生春天也同样多姿多彩，然而却无一位郎君走进她的心房。

"良辰美景奈何天，赏心乐事谁家院"。良辰美景空自流逝，女主人公心花初放又紧锁眉头，感到惊异和惋惜，包蕴痛苦和无奈。这两句话出自谢灵运语"天下良辰美景，赏心乐事，四者难并"，突出了良辰美景与赏心乐事之间的矛盾，指出杜丽娘黯然神伤的心情与艳丽春光间的不协调，春天的生机强化了她黯然伤感的情怀。现实的苦闷，青春的觉醒使得她对外部世界充满了无限向往。可见其在封建礼教的重压下，已意识到生命的困境，正萌动着青春的觉醒。《牡丹亭》中此段之前有杜丽娘读《诗经·关雎》的描写，正是其男女相悦的情节唤醒了她的青春意识。"谁家"即哪一家，在这个灭绝人性的封建高压下，哪一家还有"赏心乐事"啊！可见主人公已由青春意识的觉醒上升为满腔的悲愤。

然而此时杜丽娘心中并非纯粹的悲观愤懑，当情绪跌入低谷之后，她仍没有忘怀"良辰美景""赏心乐事"的追寻。她继续流连于"朝飞暮卷，云霞翠轩"——雕梁画栋、飞阁流丹、碧瓦亭台，如云霞一般灿烂绚丽；仍然徜徉于"雨丝风片，烟波画船"——和煦的春风，带着蒙蒙细雨，烟波浩渺的春水中荡漾着多彩的画船。美好的事物始终深深蕴藏于少女的心灵深处，可见主人公内心充满着期待，充满着追逐个性解放的渴望。这为下一段奇遇柳梦梅，为情而死，又为情而生的故事做了铺垫。

最后女主人公深情感叹："锦屏人忒看的这韶光贱！"我这深闺中女子真是太辜负了这大好的春光呀！这是春心的萌动，更是追求美好生活和自由人生的觉醒。"锦屏人"指幽禁在深闺中的女子，即杜丽娘自指。杜丽娘在想象中把眼光从自己家的深宅大院转向了外面的世界，那世界是自由自在的，人们在涂金错采的游船中赏春游玩，直到把三春看尽。杜丽娘怨悔自己以前都不知道春光如此可贵，让它白白地流逝了，自怨自悔中包含着对不容许她享受春光之人的不满。这样，杜丽娘就把矛头直接指向了封建礼教的代表——父母，具有深刻的现实意义。

此曲将人物感情的抒发和园中景色的描写交织在一起，映衬了主人公对景自怜的伤感，表达了从喜乐到苦痛的情绪流变。全曲抒情、写景及刻画人物的心理活动，无不细腻生动，真切感人，流动着优雅的韵律之美。通过杜丽娘对春光的欣赏和叹惜，透露了她爱情受压抑的苦闷，对自由的追求。

这支曲子表现了杜丽娘游园恨晚、青春寂寞的悔怨，抒发了对美好青春被禁锢、被扼杀的叹息。进而控诉了封建礼教和封建观念对少女青春的无情摧残。杜丽娘作为一个刚刚觉醒的少女，感叹春光易逝，哀伤自身寂寞，渴望自由幸福的生活，强烈要求身心解放，这折射出明中后期要求个性解放的时代精神，对后世具有深远的影响。在《红楼梦》第二十三回"西厢记妙词通戏语，牡丹亭艳曲警芳心"中，就写到林黛玉读【皂罗袍】这首曲时，联想到自己的遭遇处境而无限感伤的情节。曹雪芹在回目上将《牡丹亭》《西厢记》并列，可见《牡丹亭》对其的影响。

参考答案

子路、曾皙、冉有、公西华侍坐

一课一练

1. 孔子弟子及再传弟子 孔子及其弟子言行 语录 论语·先进 文学

2. ① 以吾一日长乎尔 毋吾以也 居则曰 不吾知也 如或知尔 则何以哉 ② 比及三年 可使有勇 且知方也 求也为之 比及三年 可使足民 端章甫 愿为小相焉 ③ 为国以礼 其言不让 赤也为之小 孰能为之大 ④ 浴乎沂 风乎舞雩 咏而归 吾与点也 ⑤ 子路率尔而对曰 如其礼乐 以俟君子 非曰能之 愿学焉

3. B〔A. 哂（shěn） C. 莫（mù） D. 稀，应为"希"〕

4. ① 陪侍 ② 轻率 ③ 夹 ④ 微笑 ⑤ 等候 ⑥ 谦让 ⑦ 才能

5. ① 端：穿上礼服，名词用作动词。（端，古代用整幅布做的礼服） 章甫：戴上礼帽。名词用作动词。（章甫，古代礼帽，用布制） ② 鼓：演奏，名词用作动词。 希：同"稀"，稀疏。通假字。 ③ 冠：行加冠礼，名词用作动词。 ④ 莫：同"暮"。通假字。 ⑤ 风：吹风，名词用作动词。 ⑥ 与：同"欤"。通假字。

6. A. ① 道理 ② 方圆，纵横 B. ① 如果 ② 或者 C. ① 呢，语气助词 ② 于，在，介词 D. ① 赞成，动词 ② 同"欤"，语气助词 E. ① 治理 ② 做 F. ① ……的样子，形容词词尾 ② 你，代词

7. ① 因为我比你们年纪大一点，（你们）不要因此而拘束不敢说话。（省略句） ② 你们平时在家时就（经常）说："人家不了解我啊！"（否定句，代词宾语前置句。不吾知：不知吾） ③ 如果有人了解你们，那么你们将会做些什么呢？（疑问句，宾语前置句。何以：以何） ④ 一个拥有一千辆兵车的诸侯国，夹在大国之间，受到外国军队的侵略，接着又遭了饥荒。（介宾短语后置句。加之以师旅，因之以饥馑：以师旅加之，以饥馑因之） ⑤ 弹瑟的声音舒缓下来，铿的一声，停止了弹奏，（曾皙）放下瑟站了起来，对答道："我的想法与他们三位所讲的不同。"（省略句。介宾短语后置句，"异乎三子者之撰"即"同三位所讲的不同"） ⑥ 暮春三月，已经穿上了春装，与五六个青年、六七个少年，在沂水河里洗澡，在舞雩坛上吹风乘凉，然后一路唱着歌回去。（介宾短语后置句。浴乎沂，风乎舞雩：乎（于）沂浴，乎（于）舞雩风） ⑦ 要用礼仪来治理国家，可他说话却不知谦让，所以笑他。（介宾短语后置句。为国以礼：以礼为国）

8. D（"追求个人生活享受的人"错）

能力拓展

1. ① 渡口 ② 改革，改变 ③ 跟从 ④ 停止

2. ① 与，同"欤"，语气助词 ② 辟，同"避"，躲避

3. B（其余三项都是疑问句）

4. ①（天下混乱）好像滔滔洪水，到处都是这样，谁能改变这种情况呢？ ② 我们既然不能够与鸟

248

兽合群同居，如果不是跟天下这些人在一起，又跟谁在一起呢？

5. 长沮、桀溺是对当时社会现实采取逃避态度的隐士。孔子并不赞成这种逃避现实的人生态度，他认为天下无道，变革现实绝不可停止，体现了不屈不挠的执着精神。

参考译文

长沮、桀溺两人并排耕地。孔子经过他们那里，派子路去向他们打听渡口在哪里。长沮问子路道："那个手拉缰绳的人是谁？"子路说："是孔丘。"长沮问："这是鲁国的孔丘吗？"子路回答："正是。"长沮便说："这个人是知道渡口在哪里的。"子路又去问桀溺，桀溺问："你是谁？"子路说："是仲由。"桀溺问："这是鲁国孔丘的学生吗？"子路回答："是。"桀溺便说："就像滔滔的洪水一样，天下到处都是动荡不安，你同谁在一起来改变它呢？你与其跟着那避开坏人的人（指孔子），为什么不跟从我们这些躲避整个社会（隐居）的人呢？"说完便继续埋头耕作不停止。子路回到孔子身边，把他们二人的话告诉了孔子。孔子怅惘地感叹说："既然不可以和飞禽走兽同群共处，我不和世上的人相处又和谁相处呢？如果天下太平，我孔丘也就不会与你们一道来改变它了。"

齐桓晋文之事

一课一练

1. C（A."悌"应读为"tì"；B."畜"应读为"xù"；D."衣"应读为"yì"）

2. ① 以，同"已"，止 ② 刑，同"型"，做榜样 ③ 盖，同"盍"，相当于"何不" ④ 涂，同"途"，道路 ⑤ 罔，同"网"，张开网罗捕捉 ⑥ 颁，同"斑"，头发花白

3. ① 王：称王，名词用作动词 御：抵御 ② 宜：应该的，适合 爱：吝啬 ③ 易：交换 诸：之乎 ④ 伤：妨害 仁术：仁道 ⑤ 戚戚：感动心动，意思是有所领悟 焉：……的样子，形容词词尾 ⑥ 名词作动词，用秤称重 ⑦ 抑：表反问，难道 危：使……受危害 ⑧ 若：这样 缘：攀登、爬 ⑨ 度：用尺量 ⑩ 畜：养活

4. A（"固"：副词，相当于"本来"。 B."以"：① 介词，表方式，相当于"拿""用"；② 连词，同"而"，不译。 C."于"：① 介词，引出动作的对象，对；② 介词，相当于"跟""同"。 D."而"：① 连词，相当于"却"，表转折；② 连词，连接并列关系的词组，不译。）

5. B（A."无道"：古，没有讲述；今，暴虐，没有德政。 C."无异"：古，不要对……感到奇怪；今，没有不同。 D."无伤"：古，没有关系；今，没有受到伤害。 E. 于是：古，在这件事上；今，连词，表承接。 F. 然则：古，这样看来，那么；今，连词，表转折。）

6. D（名词用作动词／使动用法／形容词用作名词／形容词用作动词／意动用法）

7. C（宾语前置／介宾短语后置／判断句／被动句／省略句／谓语前置句）

8. ① 孔子这些人中没有讲述齐桓公、晋文公事情的人，因此后世没有流传。我没有听说过这事。（是以：宾语前置，因此。未之闻：否定句宾语前置，未闻之。）

② 放了它！我不忍看到它那恐惧战栗的样子，这样没有罪过却走向死地。

③ 这究竟是一种什么想法呢！我（的确）不是（因为）吝惜钱财才以羊换掉牛的，老百姓说我吝啬是理所应当的了。（主谓倒装句，"百姓之谓我爱也"是"宜乎"的主语）

④ 敬爱自己的老人，进而推广到敬爱别人家的老人；爱护自己的孩子，进而推广到爱护别人家的孩子；那么，要统一天下就会如同在手掌上转动东西（那么容易）。

249

⑤ 既然这样，那么，小国本来不可以与大国为敌，人少的国家本来不可以与人多的国家为敌，弱国本来不可以与强国为敌。

⑥ 看不见整车的柴草，是不用目力的缘故；老百姓没有受到爱护，是不肯布施恩德的缘故。（"舆薪之不见"：宾语前置，不见舆薪。见保：被动句，受到保护或安抚。见，被。两个"为"表判断，译作"是"，判断句。）

⑦ 五亩的住宅地，种上桑树，（那么）五十岁的人就可以穿上丝织的衣服了。（树之以桑：以桑树之，介宾短语后置）

⑧ 重视学校的教育，用孝顺父母、尊重兄长的道理反复教导他们，头发斑白的老人便不会再在路上背着、顶着东西走了。（申之以孝悌之义：以孝悌之义申之，介宾短语后置）

9. 轲　子舆　战国　邹　孔子　儒　孟子　梁惠王上　如：明察秋毫　缘木求鱼

10.《子路、曾皙、冉有、公西华侍坐》中通过曾子述志，描绘了一幅老少同乐的春游图景，以富有诗意的情景描写，曲折地表现了自己的政治理想：希望社会安定，天下太平，人人过着美好的生活。这个境界正好是儒家所倡导的理想社会。

《齐桓晋文之事》中孟子提出的仁政主张是"制民之产"和"谨庠序之教"。使百姓有恒产，足以饱身养家，然后再对他们施以礼义道德的教育。最后以一幅王道乐土的美好画卷作结。

前篇以景寄情，表达浪漫主义情怀；后者持现实主义态度，列出了具体措施，展现了未来美景。前者给人提供了丰富的想象空间，后者提供了切实可行的途径。

两篇文章都体现了儒家的仁政理想。前者以美好春景来体现人民所处的太平盛世美景，仅是理想而已。而孟子的仁政理想则有具体的经济社会构想，他提出了一套土地和经济制度，以保证"制民之产"的实现："五亩之宅，树之以桑，五十者可以衣帛矣；鸡、豚、狗、彘之畜，无失其时，七十者可以食肉矣；百亩之田，勿夺其时，八口之家可以无饥矣。"孟子还继承了孔子"富之教之"的理念，即在解决生存问题之后，不忘人伦教化工作，"谨庠序之教，申之以孝悌之义"。这些思想具备朴素的唯物史观：人们首先必须解决吃、喝、住、穿等物质需求，然后才能从事精神追求和形成道德行为。在两千多年前，具有这种思想是难能可贵的。

能力拓展

1. ① 之乎，兼词　② 做……老师，名词用作动词　③ 即使　④ 带着，领着

2. C（名词用作状语，其余三项皆是名词用作动词）

3. ① 即使每天鞭打并且强迫他说楚国话，也是无法做到的。　② 假如无论年龄大小、地位尊卑的人都是薛居州这样的好人，那么，君王跟谁干出不好的事呢？　③ 一个薛居州，又能对君王有怎样的影响呢？

4. ① 类比论证。作者以楚大夫让他的儿子学习齐语的情况，用来类比国君向善的道理。② 对比论证。将"虽日挞而求其齐也，不可得矣"与"虽日挞而求其楚，亦不可得矣"对比；将"长幼卑尊皆薛居州也，王谁与为不善"与"长幼卑尊皆非薛居州也，王谁与为善"对比。有力地论证了想使国君向善，必须使他身边的人都是向善、做好事的人这一道理。

5. 要想使国君向善，做好事，就必须使他身边的人都是向善、做好事的人。说明环境对改造人的重要性。本文可提炼成一个成语"一傅众咻"，与此类似的成语如"近墨者黑，近朱者赤"。

参考译文

孟子对戴不胜说："你希望你的君王贤明吗？我明白告诉你。这里有位楚国的官员，希望他的儿子会说齐国话，那么，找齐国人来教呢，还是找楚国人来教呢？"戴不胜回答道："找齐国人来教。"孟子说："一个齐国人来教他，很多楚国人说话干扰他，即使每天鞭打他要他说齐国话，也是不可能的。假如带他在齐国的繁华区住上几年，即使每天鞭打他要他说楚国话，也是不可能的。你说薛居州是个很好的人，让他住在王宫中。如果在王宫里，年龄大的、年龄小的、地位低的、地位高的都是如

薛居州那样的好人，那么君王和谁做不好的事呢？如果在王宫里，年龄大的、年龄小的、地位低的、地位高的都不是像薛居州那样的好人，那么君王和谁去做好事呢？一个薛居州，又能把宋王怎么样呢？"

庖丁解牛

一课一练

1. 周　战国　道　老子　老庄　庄子　养生主
2. D（A. 更：gēng，更换　B. 踦：yǐ　C. 硎：xíng，磨刀石）
3. A. 空隙　B. 劈、击　C. 卸落、坠下　D. 盖，同"盍"，何，怎么
4. B（"以"介词，凭、用。　A. ① 介词，替、给；② 介词，因为。　C. ① 表转折，然而；② 表修饰，不译。　D. ① 介词，比；② 形容词词尾，……的样子。）
5. D（A. 虽然如此　B. 本来的样子　C. 没有不是）
6. A. 目无全牛　B. 切中肯綮　C. 官止神行　D. 游刃有余
7. ① 现在，我凭精神和牛接触，而不用眼睛去看，感官停止了而全凭精神在活动。　② 顺着牛体天然的肌理结构，劈开筋肉间大的空隙，沿着骨节间的空穴使刀，都是依顺着牛体本来的结构，宰牛的刀从来没有碰过经络相连和筋骨相结合的地方，更何况股部的大骨呢？　③ 用这样薄的刀刃刺入有空隙的骨节，那么在运转刀刃时一定宽绰而有余地了！因此用了十九年而刀刃仍像刚从磨刀石上磨出来的一样。
8. D（只有两种对比，将庖丁解牛与文惠君治国对比错。）　E（③ "强调对技术的追求"错。"进乎技矣"意谓"道"超过"技"。庄子不停留在掌握具体的"技"上，而是将探求"道"作为实践的目标。）
9. 臣之所好者道也，进乎技矣　所见无非牛者　未尝见全牛也　臣以神遇而不以目视，官知止而神欲行
10. ①《庖丁解牛》用完整的、能够独立成篇的寓言故事做比喻材料；《齐桓晋文之事》取用现实生活的事例，如"为长者折枝""缘木求鱼""举百钧""举一羽"等做比喻材料。
    ② 寓言《庖丁解牛》篇幅较长，通篇以庖丁解牛的故事来说"养生"之理；《齐桓晋文之事》比喻多数简短，如以"明足以察秋毫之末，而不见舆薪"喻"能而不为"。
    ③ 庄子的寓言多用想象、夸张手法，《庖丁解牛》在动作、神态描写上极具艺术性，对解牛动作的描绘十分精彩，庖丁神乎其技的解牛技术令人惊叹；而《孟子》比喻多取材社会现实，有血有肉，贴切易懂，明白晓畅。
    ④ 寓言《庖丁解牛》主要是为了阐明养生的道理，深寓哲理；《齐桓晋文之事》运用比喻是为了向梁惠王游说王道，增强说服力。

能力拓展

1. ① 停留　② 成材，名词用作动词　③ 留宿，投宿，住。名词用作动词　④ 志，同"记"　乡，同"向"，归向
2. B（① 它的，人称代词／其中的，指示代词　② 在，介词）

3. ① 宾语前置句:"奚杀",杀哪一只。
   ② 介宾短语后置句,"问于庄子",向庄子问。
   ③ 固定句式:"无所",没有什么。
   ④ 宾语前置句:"唯……之……","唯道德之乡"即"唯乡(归向)道德"。

4. ① 有一只雁能鸣叫,有一只不能鸣叫,请问杀哪一只呢?(宾语前置句,"奚杀"即"杀奚"。其:其中的。)
   ② 弟子们记住了,恐怕还只有归向于自然法则吧!(宾语前置句,"唯……之……"。志:记住。其……乎:表推测语气,恐怕……吧。)

5. 庄子此文与《庖丁解牛》中说明的道理有一致之处。庄子本意同样是:① 处在这样纷纭复杂的黑暗社会里,不能太有才,也不能太无才,而应处在有才与无才之间,做到游刃有余,才能躲避社会矛盾,得以安守常处。② 人生的最高境界是顺应自然。
   而今给我们得到的启发是:① 要灵活、辩证地看待事物,不可胶着于一点。② 顺应自然,不为名缰利锁束缚,建立和谐社会。(言之成理即可)

6. 寓言的一般特点:① 篇幅简短。如,本则寓言不过200字。② 故事性强。如,本文有情节,有开头结尾,对话生动,形象鲜明。③ 寓理于事,富有哲理。如,本文将深刻的人生哲理蕴含于风趣的故事情节中。④ 带有讽喻特点。如,本文表达了作者愤世嫉俗之情,对社会人情有讽喻之意。

参考译文

庄子在山中行走,看见一棵大树,枝叶十分茂盛,伐木的人停留在树旁却不去动手砍伐。问他们是什么原因,他们说:"这树没有什么用处。"庄子说:"这棵树就是因为不成材而能够终享它的自然寿命啊!"

庄子走出山来,投宿在老朋友家中。老朋友很高兴,叫童仆杀雁款待他们。童仆问主人:"有一只雁能鸣叫,有一只不能鸣叫,请问杀哪一只呢?"主人说:"杀那只不能叫的。"

第二天,弟子问庄子:"昨日看见山中的大树,因为不成材而能终享其自然寿命;如今主人的雁,因为没有才干而被杀掉,先生你将在这二者之间如何立身自处呢?"庄子笑着说:"我将处于有才与没有才之间。……可悲啊,弟子们记住了,恐怕只能归向于自然法则吧!"

烛之武退秦师

一课一练

1. 1. 记事详备　编年　替经书作注的著作　宋　司马光　编年　通　鉴于往事,有资于治道

2. ① 若亡郑而有益于君　敢以烦执事　② 越国以鄙远　君知其难也　焉用亡郑以陪邻　③ 若舍郑以为东道主　行李之往来　共其乏困　君亦无所害　④ 且君尝为晋君赐矣　许君焦、瑕　朝济而夕设版焉　君之所知也　⑤ 既东封郑　又欲肆其西封　若不阙秦　将焉取之　⑥ 阙秦以利晋　唯君图之

3. C. [秦伯说(yuè)]

4. ① 陪,同"倍",增加　② 共,同"供",供给　③ 厌,同"餍",满足　④ 说,同"悦",高兴　⑤ 知,同"智",明智

5. ① 动词,从属二主(依附于晋的同时又亲附于楚)　② 办事人员。此处为委婉说法,表示对对方

敬称，指秦穆公　③ 出使的人　④ 边邑。此处用作意动，把……当作边邑　⑤ "封"，边界。此处用作使动，使……为边界　"肆"，扩张

6. A（名词用作动词／数词用作动词／使动用法／形容词用作名词／意动用法／名词用作状语／形容词用作动词）

7. C（都是结构助词，取消句子独立性　A. ① 有利，形容词；② 使……有利，使动用法。B. ① 发语词，不译；② 指示代词，那。D. ① 灭亡，动词；② 使……灭亡，使动用法。）

8. ① 如果灭掉郑国对您有好处，那么就敢冒昧地拿这件事来麻烦您。② （不过）越过晋国把远方的郑国作为边界，您知道这是很难的。③ （您）何必要灭掉郑国来增加邻国的土地？邻国的国力雄厚了，您的国力也就相对削弱了。④ 晋国哪里有满足的时候，等到灭掉郑国，使郑国成为他东方的边界后，他又想扩张西方的边界。⑤ 如果不使秦国受损害，他们将从哪里去夺取土地呢？使秦国受损，却让晋国受益，希望您好好考虑其中的利害得失。

9. ① 不计个人恩怨，以国事为重的高尚品格。他虽怀才不遇，满腹牢骚，但是国难当头，并未纠缠于个人恩怨，而是毅然受命奔赴敌营。② 能言善辩，有智有谋。他面见秦伯，侃侃而谈，不卑不亢。从四个不同角度，逐步深入，将利害得失剖析得淋漓尽致。他紧紧抓住秦穆公对晋的戒备心理，始终围绕秦、晋间的利害关系展开攻心战，在"退秦师"的"退"字上大做文章。一位勇赴国难，知己知彼，善于辞令的外交家的形象跃然纸上。

10. 烛之武游说成功，除了辞令巧妙外，还有其深层次的原因：
① "以其无礼于晋，且贰于楚也"，战争起因与秦国并没有多大的利害关系。秦、晋两国都有向外扩张的强烈愿望。一旦扩张愿望不能实现，联盟解体，继而撤兵就成为可能。这是烛之武游说成功的客观原因，也是他说秦而非说郑的原因。
② "晋军函陵，秦军氾南"，两国的军队并没有驻扎在一起，也就为烛之武的分化瓦解工作提供了可能，使烛之武有机可乘。
③ 三国的地理位置，晋国在秦与郑之间，即使拿下了郑国，秦国所获土地无法越过晋国去管理。"越国以鄙远，君知其难也。焉用亡郑以陪邻？"烛之武分析的是实情。
④ 晋文公具有霸主风采，对盟友秦君的风云突变没有感情冲动，而表现出清醒的头脑和理智的判断，毅然决定撤军。这也是郑国之围最终能解的原因之一。
⑤ 苍蝇不叮无缝的鸡蛋，随着晋国逐渐强大，因为争夺霸主地位，秦晋之间的矛盾也越来越大，双方对对方都存有戒备之心。"且君尝为晋君赐矣，许君焦、瑕，朝济而夕设版焉"，即是矛盾萌生的表现。紧接本文之后的秦晋"殽之战"就是矛盾公开化的表现。秦晋之间潜在的矛盾是烛之武游说成功的主要原因。

能力拓展

1. C（其：还是……吧，表祈使语气）
2. C（代词，这　A. 形容词，"正确"　B. 助词，前置宾语　D. 同现代汉语，表肯定判断的动词）
3. B（宾语前置句，余者均为介宾短语后置句）
4. 敬词：①⑤　谦词：②③④⑥
5. ① 难道是为了我？（只是）为了继承先君的友好关系（罢了）。（动词宾语前置句。不谷是为：为不谷。是继：继先君之好。）② 楚国拿方城山当作城墙，把汉水作为护城河，即使（你们）部队很多，也没有使用的地方！（介词宾语前置句。方城以为城：以方城为城。汉水以为池：以汉水为池。）
6. 对桓公的"以此众战，谁能御之？以此攻城，何城不克？"的狂言，用"以德""以力"两层分说，① 如果您用仁德来安抚诸侯，哪个敢不顺服？② "如果您用武力的话，那么楚国就把方城山当作城墙，把汉水当作护城河，您的兵马虽然众多，恐怕也没有用处！"抑扬起伏，态度鲜明，先礼后兵，有礼有节，终于结盟退齐兵。

参考译文

鲁僖公四年的春天,齐桓公率领诸侯国的军队攻打蔡国。蔡国溃败,接着又去攻打楚国。楚成王派使节对齐桓公说:"您住在北方,我住在南方,双方相距遥远,即使是马牛牝牡相诱也不相及;没想到您进入了我们的国土,这是什么缘故?"管仲回答说:"从前召康公命令我们先君姜太公说:'五等诸侯和九州长官,你都有权征讨他们,从而共同辅佐周王室。'召康公还给了我们先君征讨的范围:东到海边,西到黄河,南到穆陵,北到无棣。你们应当进贡的包茅没有交纳,周王室的祭祀供不上,没有用来渗滤酒渣的东西,我特来征收贡物;周昭王南巡没有返回,我特来查问这件事!"楚国使臣回答说:"贡品没有交纳,是我们国君的过错,我们怎么敢不供给呢?昭王南巡没有返回,还是请您到水边去问一问吧!"

于是齐军继续前进,临时驻扎在陉。

这年夏天,楚成王派使臣屈完到齐军中去交涉,齐军后撤,临时驻扎在召陵。

齐桓公让诸侯国的军队摆开阵势,与屈完同乘一辆战车观看军容。齐桓公说:"诸侯们难道是为我而来吗?他们不过是为了继承我们先君的友好关系罢了。你们也同我们建立友好关系,怎么样?"屈完回答说:"承蒙您惠临敝国并为我们的国家求福,忍辱接纳我们国君,这正是我们国君的心愿。"齐桓公说:"我率领这些诸侯军队作战,谁能够抵挡他们?我让这些军队攻打城池,什么样的城攻不下?"屈完回答说:"如果您用仁德来安抚诸侯,哪个敢不顺服?如果您用武力的话,那么楚国就把方城山当作城墙,把汉水当作护城河,您的兵马虽然众多,恐怕也没有用处!"

后来,屈完代表楚国与诸侯国订立了盟约。

鸿门宴

一课一练

1. 子长 太史令 历史学 文学 太史公书 纪传 通 黄帝 汉武帝 本纪 世家 列传 史家之绝唱 无韵之离骚

2. ① 项庄舞剑,意在沛公 ② 秋毫无犯 ③ 劳苦功高 ④ 人为刀俎,我为鱼肉

3. A D〔B. 说(shuì) C. 戮(lù,联合,一同) 瞋(chēn) E. 俎(切肉用的砧板) F. 胜(shēng)〕

4. ① 距,同"拒",拒守;内,同"纳",让……进来 ② 要,同"邀",邀请 ③ 具,同"俱",全;倍,同"背",违背 ④ 蚤,同"早",早一些 ⑤ 郤,同"隙",矛盾,隔阂

5. B(名词活用为动词/使动用法/形容词活用为动词/名词用作状语)

6. ① 古义:儿女亲家,女方之父为婚,男方之父为姻。今义:结婚的事,因结婚而产生的夫妻关系。 ② 古义:意外的变故。今义:副词,很。 ③ 古义:现在别人(指沛公)。今义:现在的人,与古人相对。 ④ 古义:小人的谗言。今义:详细说来。 ⑤ 古义:崤山以东,也就是函谷关以东地区。今义:指山东省。

7. (1)① 动词,驻扎 ② 名词,军队 ③ 名词,驻扎军队的地方,军营 ④ 将军,名词,带兵的人,将领

(2)① 副词,相互 ② 名词,辅助君主掌管国事的最高官吏 ③ 副词作代词使用,你

(3)① 介词,替,给 ② 动词,是,成为,此处可引申为"呈现" ③ 动词,出,拟定

(4)① 动词，结交，交好　② 副词，好好地

(5)① 名词，旧交情　② 连词，所以，因此

8. C．（介词，把，将　A．① 介词，引出动作的对象，向，对；② 介词，引出动作的范围，"在……方面"　B．① 动词，到；② 助词，主谓之间，取消句子的独立性　D．① 动词，封建君主对妇女的宠爱叫"幸"；② 副词，幸亏，幸而）

9. （1）为（之，我）　（2）左右的人）则与（之，他）　（3）（沛公）旦日　（4）与（之，自己）从（之，沛公）　（5）为（之，项伯）　（6）战（于）战（于）

10. ① 现在（刘邦）进了函谷关，财物没有什么掠取，妇女没有什么宠爱的，这说明他的志向不在小处。② （刘邦）说："一个浅陋无知的小人劝我说：'守住函谷关，不要放诸侯进来，秦国的土地可以全部占领而称王。'所以就听了他的话。"　③ 君王为人（心肠太软）不忍下手。你进去上前敬酒祝福健康，祝福完，请求舞剑，趁机把沛公杀死在座位上。④ 项王握着剑挺直身子问："客人是干什么的？"　⑤ 秦王有虎狼一样的心肠，杀人唯恐不能杀尽，惩罚人唯恐不能用尽酷刑，所以天下人都背叛他。⑥ 现在人家正好比是菜刀和砧板，我们则好比是（砧板上的）鱼肉，何必告辞呢？　⑦ 刘邦就留下车辆和随从人马，独自骑马脱身，和樊哙、夏侯婴、靳强、纪信等四人拿着剑和盾牌徒步逃跑，从郦山脚下，取道芷阳，秘密地走。⑧ 唉！这小子不值得和他共谋大事！夺项王天下的人一定是沛公。我们都要被他俘虏了！

11. 司马公在《鸿门宴》中叙述刘邦金蝉脱壳的情节，确实存在不合情理的地方。

其一，"从此道至吾军，不过二十里耳。度我至军中，公乃入"，从鸿门到霸上，距离近二十里。"沛公则置车骑，脱身独骑，与樊哙、夏侯婴、靳强、纪信等四人持剑盾步走，从郦山下，道芷阳间行。"二十里的山路，沛公一人骑马，樊哙等四人徒步，至少得一个多小时吧？这段时间项羽、范增都眼巴巴地坐在大帐中等刘邦去上厕所？他们不起疑心？张良又躲哪儿去了，他们找不到？

其二，刘邦是在项羽四十万军队的军营中，居然没有令牌就能出营门？樊哙进来时，尚且"交戟之卫士欲止不内"，刘邦岂能说逃就逃走了？居然没人向项羽报告？而项羽方面竟然没人知道！

我们再看看《汉书·高帝纪》中关于这段情节的记载："有顷，沛公起如厕，招樊哙出，置车官属，独骑，樊哙、靳强、滕公、纪成步，从间道走军，使张良留谢羽。"班固是取用《史记·项羽本纪》中这段史料的，但他删去了"从此道至吾军，不过二十里耳。度我至军中，公乃入"这句话。大约班固也发现太史公这段话不尽合情理。

《史记》为了叙事生动，往往采用民间传说，或是付诸想象，这正是"无韵之《离骚》"文学性的表现。即使行文中偶有少数不合理的现象，也是白璧微瑕，毋庸非议。

12. ①《左传》相传是春秋末年鲁国的左丘明为《春秋》做注解的一部史书，也是中国第一部叙事详细的编年体史书。《史记》是西汉著名史学家司马迁撰写的一部纪传体史书，是中国历史上第一部纪传体通史。

②《左传》以叙事为主，文字优美，记事详细，长于描写战争。如《烛之武退秦师》描写了郑国的一场起死回生的外交战争。主要塑造了烛之武的形象，人物形象比较单一。《史记》主要是通过人物传记来反映历史社会的面貌，叙事中更重人物形象的描写。这些人物除了帝王将相、贵族官僚以外，还有其他社会阶层的人物。《鸿门宴》就塑造了众多血肉丰满的人物形象。

③《左传》多为客观叙事，以第三人称全知的角度叙史，难以灵活生动。如烛之武的形象仅在"退秦师"一件事中表现，难免单调。《史记》叙事保持开阔的时空视野，灵活主动，能展现人物的性格变化、心理历程以及众多人物之间的关系，如《鸿门宴》中四组人物，各具鲜明个性，饱含作者对历史人物的情感。

255

能力拓展

1. ① 得到宠爱　② 没有人，无定代词　③ 跟从　④ 卒：最终　亡：使……灭亡　⑤ 倒退　⑥ 同"服"，认同，佩服　⑦ 骑：名词，一人乘一马为"骑"　期：约定　⑧ 欺骗

2. A（名词活用作动词，安扎营垒。其余三项都是名词用作状语：B. 在夜中，C. 从南边，D. 在夜中。）

3. E（皆为名词，一人乘一马为"骑"。A. ① 名词，一人骑一马；② 动词，骑着，坐。B. ① 名词用作动词，向东进军；② 名词用作状语，向东，往东。C. ① 使动用法，使……灭亡；② 一般动词，丢失，失去。D. ① 使动用法，使……为王；② 名词用作一般动词，称王。F. ① 难道；② 独自，独自一人。）

4. ①"何……之"，怎么这么　②"奈……何"，对……怎么办　③"无以"，没有什么（船只）　④"何……为"，要……干什么（为什么）

5. ① 力气能拔起大山啊，豪气超过全世；时运不利啊，乌骓马也不奔驰。乌骓马啊，你不奔驰，我对你怎么办？虞姬啊虞姬，我对你怎么办？（奈……何，固定句式）　② 项王就在夜中起床，在营帐中饮酒。["饮（于）帐中"，省略句，省略介词]　③ 项王渡过淮河，能够跟随的骑兵只有一百多人罢了。（"骑能属者"，定语后置句）　④ 使各位知道是老天要使我灭亡，不是我作战的过错呀。（判断句）　⑤ 江东地方虽然小，土地纵横上千里，有几十万民众，也足可以称王了。（判断句）　⑥ 我听说汉王用一千金、万户侯来悬赏我的头颅，我就给你这个好处吧！（"购我头"后省略"以"字，构成介宾短语后置句）

6. 提示：本文由霸王别姬、东城快战、乌江自刎三个场面组成。三个场面又是从不同角度来刻画悲剧英雄个性的。

    从表达内容看："霸王别姬"中悲歌慷慨，表现了英雄末路多情而又无奈的心境；"东城快战"中连斩数将，展露了勇猛善战的英姿；"乌江自刎"中宁死不辱，揭示了知耻重义的精神。

    从表达方式看：第一场重在抒情。节奏舒徐，感情呜咽深沉。第二场重在叙事。语言简短，节奏急促，铁马金戈，声情激越。第三场叙事中夹有议论、抒情。江畔陈辞，慷慨悲凉，"纵江东父兄怜而王我，我何面目见之？纵彼不言，籍独不愧于心乎？"连用两个反诘句，生动传神地刻画了项羽复杂的内心世界。多角度的个性描写，增强了人物形象的立体感。

7. 提示：文中多有细节描写，例如"霸王别姬"中有夜闻楚歌、项王悲歌、虞姬和歌、左右皆泣、莫能仰视等细节描写；"东城快战"中有阴陵失道、田父绐王、身陷大泽、溃围、斩将、刈旗等细节描写；"乌江自刎"中有拒渡、赠马、赐头等细节描写。这些细节中多有对历史事实合理的艺术加工，如"虞兮虞兮"的慷慨悲歌，"天之亡我"的反复呼喊，斩将刈旗的凛凛威风，愧对江东父老的深沉长叹等等。这些有血有肉的细节加工，令人如闻其声，如见其形，塑造了可歌可泣的悲剧英雄形象。

参考译文

项羽的军队在垓下安营扎寨，士兵越来越少，粮食也吃没了，刘邦的汉军和韩信、彭越的军队又层层包围上来。夜晚，听到汉军的四周都在唱着楚地的歌谣，项羽大惊失色地说："汉军把楚地都占领了吗？不然，为什么汉军中楚人这么多呢？"项羽连夜起来，到军帐中喝酒。有美丽的虞姬，受宠爱，常陪在身边，有宝马骓，常骑在胯下。于是项羽就慷慨悲歌，自己作诗道："力拔山兮气盖世，时不利兮骓不逝。骓马不驰啊怎么办，虞姬啊虞姬你怎么办！"唱了一遍又一遍，虞姬也同他一起唱。项羽泪流数行，身边侍卫也都哭了，谁也不能抬头看项羽了。

于是项羽跨上战马，部下壮士八百多人骑马跟随，当晚从南面突出重围，纵马奔逃。天亮的时候，汉军才察觉，就命令骑兵将领灌婴率领五千骑兵追击项羽。项羽渡过淮河，能跟上项羽的骑兵只有一百多人了。

项羽走到阴陵时，迷路了，向一农夫问路，老农骗他说："往左拐。"项羽往左走，就陷入了一片

256

低洼地里,所以又被汉军追上了。项羽又率兵向东走,到了东城的时候,只剩下二十八个骑兵了,而追击的汉军骑兵有几千人。项羽自己估计这回不能逃脱了,对手下骑兵说:"我从起兵打仗到现在已经八年了,亲身经历七十余次战斗,所抵挡的敌人都被打垮,所攻击的敌人都被降服,从没有失败过,所以才称霸天下。但是今天却终于被困在这里,这是上天要我灭亡,不是我用兵打仗的错误啊。我今天当然是要决一死战,愿为大家痛快地打一仗,定要打胜三次,为各位突出重围,斩杀汉将,砍倒帅旗,让各位知道这是上天要亡我,不是我用兵打仗的错误。"于是就把他的随从分为四队,朝着四个方向。汉军层层包围他们,项羽对他的骑兵说:"我再为你们斩他一将。"命令四队骑兵一起向下冲击,约定在山的东面分三处集合。于是项羽大声呼喝向下直冲,汉军都溃败逃散,果然斩杀了汉军一员大将。这时赤泉侯杨喜担任骑兵将领,负责追击项羽,项羽瞪眼对他大喝,赤泉侯杨喜连人带马惊慌失措,倒退了好几里。项羽同他的骑兵在约定的三处会合。汉军不知道项羽在哪一处,便把军队分成三部分,重新包围上来。项羽就冲出来,又斩了汉军的一个都尉,杀死百余人。再一次集合他的骑兵,发现只不过损失了两个人,便问他的随骑道:"怎么样?"骑兵们都佩服地说:"真像您说的那样。"

　　于是项羽就想东渡乌江。乌江的亭长撑船靠岸等待项羽,他对项羽说:"江东虽小,也还有方圆千里的土地,几十万的民众,也足够称王的了,请大王急速过江。现在只有我有船,汉军即使追到这,也没有船只可渡。"项羽笑道:"上天要亡我,我还渡江干什么?况且我项羽当初带领江东的子弟八千人渡过乌江向西挺进,现在无一人生还,即使江东的父老兄弟怜爱我而拥我为王,我又有什么脸见他们呢?或者即使他们不说,我项羽难道不感到内心有愧吗?"接着对亭长说:"我知道您是忠厚的长者,我骑这匹马五年了,所向无敌,曾日行千里,我不忍心杀掉它,把它赏给你吧!"于是命令骑马的都下马步行,手拿短小轻便的刀剑交战。仅项羽一人就杀死汉军几百人。项羽自己也负伤十多处。忽然回头看见了汉军骑兵司马吕马童,说:"你不是我的老朋友吗?"吕马童对面细看项羽,指项羽给王翳看,说道:"这个人就是项羽。"项羽便说道:"我听说汉王悬赏千两黄金征求我的脑袋,并封为万户侯,我就送你这点好处吧!"说完就自刎身亡了。王翳拿下项王的头,其他骑兵互相践踏争抢项王的躯体,由于相争而被杀死的有几十人。

窦娥冤

> 一课一练

1. 金院本　诸宫调　感天动地窦娥冤　关汉卿　马致远　白朴　郑光祖
2. 血溅白练　六月飞雪　亢旱三年　苌弘化碧　望帝啼鹃　六月飞霜　东海孝妇　苌弘　杜宇　邹衍　孝妇
3. C（A项"愆"应读"qiān"。B项"偃"应读"yǎn"。D项"行"应读"háng"。）
4. D（与京剧不一样,角色分末、旦、净、杂等,男主角称正末,女主角称正旦）
5. ① 走快些　② 深、甚　③ 元曲中常用的衬词,无义,常用于句尾,表示感叹的语气　④ 那边,表示处所　⑤ 这个,这　⑥ 元曲中常用于句尾,语气助词,表示祈使。读 zá　⑦ 糊里糊涂,当时的口语　⑧ 有什么要紧　⑨ 送死人下葬,发送　⑩ 们,表示复数
6. ① 应该　② 判断,审问　③ 束缚,同"扭"　④ 泼,倒　⑤ 罪过　⑥ 白色的丝绸　⑦ 炎热　⑧ 极

257

7. 天地　为善的受贫穷更命短，造恶的享富贵又寿延　对不辨清浊、善恶、好坏、贤愚的社会现状强烈不满和极端愤怒　对偶、对比、反复、借代、呼告

能力拓展

1. 套数　宫调　曲牌　曲题　第一　自述
2. 均指出入妓院的放荡生活。（元代很长时间停止科举，读书人社会地位低下，没有前途，沦入勾栏妓院，混迹于妓女优伶间。关汉卿亦如此。）这里是他实际生活经历的写照，也反映了元代知识分子的特殊境遇。
3. 此曲中作者宣称自己是"普天下郎君领袖，盖世界浪子班头"。表面看来，他是那样津津乐道于翠红乡里陪花伴柳，深深地迷恋那一切，最反感别人说他老了："你道我老也，暂休。占排场风月功名首，更玲珑又剔透！"对仕途他是那样不求上进，自暴自弃，而在风月场中却是那么争强好胜。
他历数自己的诸般风流嗜好，倾述自己老死风流、终生不悔的情趣与追求，表现了作者顽强乐观的思想性格及愤世嫉俗、玩世不恭的人生态度，既是作者的自嘲，又是对社会的挑战，也反映了元代特定历史状态下的知识分子的思想情绪及处境遭遇。
4. B、D
5. 此曲真实地反映了元曲大家关汉卿的思想性格和精神风貌。他肆无忌惮地"自夸"道："我是个蒸不烂、煮不熟、捶不匾、响珰珰一粒铜豌豆。"又称说"你便是落了我牙，歪了我嘴，瘸了我腿、折了我手，天赐与我这几般儿歹症候，尚兀自不肯休。则除是阎王亲自唤，神鬼自来勾，三魂归地府，七魄丧冥幽，天哪，那其间才不向烟花路儿上走！"
他以自贱自辱的方式表示对社会的蔑视与亵渎，他在以一个冥顽不化的道德败坏者的姿态向封建道德挑衅，这正是关汉卿坚韧、顽强性格的写照。他是一粒不伏老的铜豌豆，保持着自己坚强的本质。他是一位多才多艺的艺术家，是一位对生活有独特感触、深刻认识的知识分子。
6. 曲中一系列短促有力的排句，节奏铿锵，具有精神抖擞、斩钉截铁的意味。
全曲把衬字运用的技巧发挥到了极致。如首两句，作者在本格七、七句式之外，增加了39个衬字，使之成为散曲中少见的长句。把"我是一粒铜豌豆"七字，增衬成"我是个蒸不烂、煮不熟、捶不匾、炒不爆、响珰珰一粒铜豌豆"，这一来，显得豪放泼辣，把"铜豌豆"的性格表现得淋漓尽致。而这些长句，实际上又以排列有序的一连串三字短句组成，从而给人以长短结合舒卷自如的感觉。这种浪漫不羁的表现形式，恰能表达浪漫不羁的内容，以及风流浪子无所顾忌的品性。增加衬字，突破了词的字数限制，使得曲调的字数可以随着旋律的往复而自由伸缩增减，较好地解决了诗的字数整齐单调与音乐的节奏、旋律繁复变化之间的矛盾。同时，在艺术上，衬字还明显具有让语言口语化、通俗化，并使曲意诙谐活泼、穷形尽相的作用。

谏逐客书

一课一练

1. 战国　政治　韩非　儒　荀子　规劝君王或尊长采纳意见或改正错误的用语　客卿，指客籍官员　上书，是古代臣子向君王陈述意见的一种文体
2. ① 无论，不分　② 四季　③ 百姓　④ 使……完成功业　⑤ 藉，同"借"；赍，赠送　⑥ 当作宝物，名词用作意动

3. B（拒绝　A. ① 拒绝，放弃；② 责备　C. ① 成就，完成；② 靠近　D. ① 用来……的；② ……的原因）

4. D（名词用作状语／名词用作动词／使动用法）

5. ① 秦孝公采用商鞅的新法，移风易俗，人民因此殷实，国家因此富强，百姓乐意为国效力，诸侯亲附归服。　② 倘若四位君主拒绝远客而不予接纳，疏远贤士而不加任用，这就会使国家没有丰厚的实力，而让秦国没有强大的名声了。　③ 这些宝贵之物，没有一种是秦国产的，而陛下却很喜欢它们，这是为什么呢？　④ 既然这样，那么，陛下所看重的，只在声色珠玉方面，而所轻视的，却是人民百姓。这不是能用来驾驭天下，制服诸侯的方法啊！　⑤ 因此，泰山不拒绝泥土，所以能成就它的高大；江河湖海不舍弃细流，所以能成就它的深邃；有志建立王业的人不推却民众，所以能彰明他的德行。　⑥ 如今却抛弃百姓使他们去帮助敌国，拒绝宾客让他们使诸侯成就霸业，使天下的贤士退却而不敢向西前进，裹足止步不入秦国，这就叫作"借武器给敌寇，送粮食给盗贼"啊。　⑦ 如今驱逐客卿来资助敌国，损害本国百姓来增加敌国的力量，在国内造成自己空虚，外部在诸侯中构筑怨恨，那要谋求国家没有危难，是不可能办到的啊。

6.（1）① 泰山对土石不存在喜好和厌恶之心（都能容纳），所以能够成就它的高大；江海对细小的支流不加选择（都能包容），所以能够成就它的富有和浩瀚。　② 海不拒绝任何水流，所以能够成就它的博大；山不拒绝任何土石，所以能够成就它的高峻；贤明的君主不嫌弃百姓，所以能够聚集众多的臣民；读书人不厌倦学习，所以能达到那种圣人的境界。

（2）文中语句："是以太山不让土壤，故能成其大；河海不择细流，故能就其深；王者不却众庶，故能明其德。"运用了比喻、排比修辞手法。泰山、河海两个比喻是陪衬，"王者不却众庶"才是本意。由于运用比喻、排比，语势强烈，形象地表述了这一道理：只有胸襟博大开阔，才能包举贤士，广罗人才。

7. 提示：历史上对李斯的评价不一，但是总体上来说主要有两个方面。肯定李斯为秦朝的建立和发展做出了卓越的贡献。① 在政治上李斯建议废除分封制，实行郡县制，从根本上改变了西周以来诸侯割据的局面，实现了国家的稳定。对中国和世界产生了深远的影响，奠定了中国两千多年封建专制的基本格局。② 李斯建议离间六国，最终实现了天下的统一，推动了历史向前的车轮。③ 在经济上，李斯建议统一货币，统一度量衡，实现了整个国家货币的统一，为经济的发展奠定了良好的基础，同时改变了一直以来货币混乱的局面。④ 实行"车同轨，书同文"，创造易于文化交流的小篆，这些都促进了历史的发展，时代的进步。李斯贡献巨大，但是品德恶劣，亦犯下了不少罪行：① 在始皇死后，与赵高合谋，伪造遗诏，迫令本该继承皇位的公子扶苏自杀，拥立胡亥为二世皇帝。这是造成秦国迅速灭亡的原因之一。② 主张焚烧民间收藏的《诗》《书》等诸子学说，禁止私学，以加强思想统治。秦始皇焚书坑儒也与李斯有一定的关系。③ 李斯嫉妒韩非子在文学及法治理论方面的成就，害怕他会取代自己，所以想尽方法在始皇帝面前说韩非子的坏话，致使韩非子被囚禁，据传最终李斯到监狱中用毒酒杀害了韩非子。秦二世二年（前208），因被赵高所忌，李斯父子被腰斩于咸阳，夷灭三族。

《史记·李斯列传》中"太史公曰"部分参考译文

太史公说：李斯以一个里巷平民的身份，游历诸侯，入关奉事秦国，抓住机会，辅佐秦始皇，终于完成统一大业。李斯位居三公之职，可以称得上是很受重用了。李斯知道儒家《六经》的要旨，却不致力于政治清明，用以弥补皇帝的过失，而是凭仗他显贵的地位，阿谀奉承，随意附合，推行酷刑峻法，听信赵高的邪说，废掉嫡子扶苏而立庶子胡亥。等到各地已经群起反叛，李斯这才想直言劝谏，这不是太晚了吗！人们都认为李斯忠心耿耿，反受五刑而死，但我仔细察事情的真相，就和世俗的看法有所不同。否则的话，李斯的功绩真的要和周公、召公相提并论了。

能力拓展

1. ① 从小路，名词用作状语 ② 认为……贤，意动用法 ③ 让……吃，使动用法 ④ 觉得甜，意动用法

2. A（被动句／谓语前置句／介宾短语后置句／判断句）

3. D（① 连词，同"而"／介词，把 ② 介词，在／介词，被）

4. ① 所以说，被君主宠爱时，才智就显得恰当而更受亲近；被君主憎恶时，才智就显得不恰当，会遭到谴责惩罚而更被疏远。（解析：被动句。两个"于"和一个"见"标志被动，都译成"被"。） ② 君主也有倒鳞，游说的人能不触犯君主的倒鳞，就差不多算得上善于游说的了。（解析：省略句。"几"后省略了"算得上善于游说的"。）

5. 本文说明封建君王喜怒变化无常，作为游说之士应当明察君主爱憎的变化，然后再进谏，万万不可触犯君主的避讳。文中运用了弥子瑕侍奉卫君的历史故事做例证，论证了"故谏说谈论之士，不可不察爱憎之主而后说焉"这一论点。以龙有逆鳞作比喻论证，指出为了游说的成功，一定要研究人主对于宣传游说的种种逆反心理，断不可触犯人主的"逆鳞"。

参考译文

从前弥子瑕被卫国君主宠爱。按照卫国的法律，私下偷驾君主车马的人要判砍掉脚的刑罚。弥子瑕的母亲病了，有人从小路前往连夜通知他，弥子瑕就假称君主的命令驾着君主的车子出去了。君主听到这件事反而赞美他说："多孝顺啊，为了母亲病的缘故，竟然忘了会犯下被断足的罪。"又有一天，弥子瑕和卫君到果园去游玩，弥子瑕吃到一个桃子觉得很甜，没吃完，就把剩下的一半献给卫君吃。卫君说："真爱我啊，忘了自己口味的享受，却把桃子给我吃！"等到弥子瑕容貌衰老，卫君对他的宠爱也疏淡了，后来在卫君面前获罪了。卫君说："这个人曾经假称我的命令驾我的车，还曾经把咬剩下的桃子给我吃。"所以，弥子瑕的德行和当初一样没有改变，以前被赞美而后来被治罪的原因，是由于卫君对他的爱憎感情有了变化。所以说，被君主宠爱时，才智就显得恰当而更受亲近；被君主憎恶时，才智就显得不恰当，会遭到谴责惩罚而更被疏远。因此，劝谏游说的读书人，不能不调查了解君主的爱憎态度之后再游说他。

龙属于虫类，温柔得可以亲昵、游戏和骑着它。然而它喉咙下端有一尺长的倒鳞，假如有人要触动它的倒鳞，那么一定会被它伤害。君主也有倒鳞，游说的人能不触犯君主的倒鳞，就差不多算得上善于游说的了。

与妻书

一课一练

1. 书信 奏疏 爱妻 君王 与妻子诀别，表达对妻子的至爱，吐露革命的心声 针对秦王驱逐客卿的政令发表意见，意在劝说君王收回成命（意思正确即可）

2. B（A项"称"读 chèn；C项"旁"读 bàng；D项"栖"读 qī）

3. ① 第一个"老"，是形容词活用作动词，尊敬；后两个"老"是形容词活用为名词，老人。 ② 快，形容词的使动用法，使……愉快。 ③ 乐，形容词的意动用法，以……为乐。 ④ 瓜，名词作状语，像切瓜一样。 ⑤ 远行，动词活用为名词，远行的事情。 ⑥ 语，名词活用为动词，告诉。 ⑦ 数，名词作状语，用数字。 ⑧ 偶，名词用作动词，嫁给……为配

偶。 ⑨ 善，形容词的使动用法，使……完善、好。 ⑩ 尽，形容词活用为动词，写尽；万千，数词作名词，指很多的话。

4. D（①⑤判断句／②③⑥省略句，省略介词"于"／④主谓倒装句／⑦⑨定语后置句／⑧⑩固定句式。奈之何；与其……不如……）

5. ① 意映爱妻，见字如面，我现在用这封信跟你永远分别了！ ② 我自从结识你以来，常希望天下的有情人都能结为夫妇；然而遍地血腥阴云，满街凶狼恶犬，有几家能称心满意呢？ ③ 古语说：仁爱的人"尊敬自己的老人，从而推及尊敬别人的老人，爱护自己的儿女，从而推及爱护别人的儿女"。 ④ 你能体谅我这种心情，在哭泣之后，也把天下的人作为自己思念的人，应该也乐意牺牲我一生和你一生的福利，替天下人谋求永久的幸福了。你可不要悲伤！ ⑤ 刚结婚三四个月，正赶上冬月十五日前后，窗外稀疏的梅枝筛下月影，遮掩映衬；我和你并肩携手，低声私语，什么事不说？什么感情不倾诉呢？ ⑥ 唉！当时我内心的悲痛，是不能用笔墨来形容的。 ⑦ 即使能不死，但是夫妻离别分散不能相见，白白地使我们两地双眼望穿，尸骨化为石头，试问自古以来什么时候曾见过破镜能重圆的？ ⑧ 唉！方巾短小情义深长，没有写完的心里话，还有成千上万，你可以凭此书揣摩、领会没写完的心意。

能力拓展

1. 三民　中山　中国同盟会
2. 书序　既痛逝者，并以为国人之读兹编者勖
3. ① 但是　② 隐藏，压抑　③ 精华。菁，同"精"　④ 为……作传　⑤ 求，请求　⑥ 益，更加
4. ① 然而这次战役，（英雄们）为正义事业而流的鲜血四处飞溅，浩然正气充满四面八方，草木因为他们满怀悲痛，风云也因为他们牺牲而改变了颜色。 ② 那么，这次战役的价值，简直能使天地（为之）震惊，使鬼神（为之）哭泣，同武昌革命的战役一样永垂不朽。 ③ 向国内各方面看看，敌人的气焰正盛，（国家）倾危不安的迹象比清朝末年还厉害。 ④ 我写这篇书序，既是沉痛悼念牺牲了的烈士，又（希望）用（它来）作为凡是能够阅读这部书的国民们的（一种）勉励。
5. C
6. 本文以"痛逝者"之情和"勖国人"之理贯穿全篇，把记叙、抒情、议论融为一体。无论是记述辛亥广州起义，烈士墓碣的修建和烈士事略的编纂，还是评论辛亥广州起义的历史价值、论述撰序的目的，都包含着"痛逝者"的深情；无论叙事、抒情还是议论，又都以"勖国人"为目的。文章思路清晰，内容连贯，表达得宜。作者在文中恰当地运用了比喻、对偶、拟人、夸张等修辞手法和比较烘托的艺术手段，增强了文章的表现力和感染力，语言也富有浓烈的感情色彩。

参考译文

　　清朝末年，（我们）革命党经历了（各种各样的）艰难危险，凭着坚毅不屈的精神，同残害民众的敌人相搏斗，遭受的挫折不止一次，（然而）牺牲状况的惨重，要以辛亥年三月二十九日围攻两广总督衙门这场战役为最（厉害了）。我们党的精华，（几乎）全部牺牲，那个损失可以说太大了。然而这次战役，（英雄们）为正义事业而流的鲜血四处飞溅，浩然正气充满四面八方，草木因为他们满怀悲痛，风云也因为他们牺牲而改变了颜色，全国长期受压抑的人心，才大大地振奋（起来）。（人民）长期积聚的怨恨和愤怒，像汹涌的洪水冲击山沟一样，（气势浩大）不可阻挡，不到半年武昌的大革命因此而成功了。那么，这次战役的价值，简直能使天地（为之）震惊，使鬼神（为之）哭泣，同武昌革命的战役一样永垂不朽。

　　但是从民国开始建立（以来），事变战乱连续不断，（致使）黄花岗上（烈士）的坟墓，还（一直）埋没在迷乱的烟雾和杂乱的草丛之中。拖延到七年（之后），才有墓碑的建立，（到了）十年，才有（烈士）事略的编纂。可是（这）七十二（位）烈士，又有的记载却说得不详细，有的仅有姓名而没有事迹，甚至有的连姓名都无法考证了，（正）像史书上记载的田横的事迹，即使凭司马迁善于

261

传写游侠（的手笔），也不能给（田横所带领的）五百人（都）写下传记，（这就）越发能（使人）悲痛啊。

邹海滨先生，把他所编辑的《黄花岗烈士事略》（拿来）向我请求作序。那时我正为了讨伐敌人，（在）桂林统帅军队。向国内各方面看看，敌人的气焰正盛，（国家）倾危不安的迹象比清朝末年还厉害，可是我三十年前所主张、倡导的三民主义、五权宪法，（就是）被诸位先烈所不惜牺牲生命去争取的革命主张，它们照旧没有得到实行。那么我这次行动所担负的责任，更比三十年前加倍重大了。假如全国人民都（能）本着诸位先烈的牺牲精神去为国家奋斗，协助我完成这一重大责任，实现我们理想中的真正中华民国，那么这一部开创国家的流血斗争史，就可以流传后世而且永不磨灭。不然的话，（我们）不能继承先烈的遗志并且将它发扬光大，而只是对他们的遗事徒发感慨，这实在是我们（这些）后死的人的耻辱啊。我写这篇书序，既是沉痛悼念牺牲了的烈士，又（希望）用（它来）作为凡是能够阅读这部书的国民们的（一种）勉励。

林教头风雪山神庙

一课一练

1. 农民起义　施耐庵　元　明　小说　人物　环境　地点
2. ① 古义：冒犯，触怒。今义：讨厌，厌恶。② 古义：拿，端。今义：将要。③ 古义：明白，了解。今义：反省，省悟。④ 古义：胜过。今义：好像。⑤ 古义：菜肴。今义：就着菜把饭吃下。⑥ 古义：不要。今义：休息。
3. B（古、今同义：设宴接待远方的来客。A. 今义曲折连绵，文中指一路走去，绕来绕去的意思。 C. 今义处境窘困，不易处理，文中指鬼鬼祟祟，不正派。D. 今义指长出果实或事物发展到最后状态，文中指结束，了结，杀。）
4. ① 乐善好施，安分守己　② 燃起复仇怒火，显示英雄本色　③ 苟且偷安，故态复萌　④ 随遇而安，但已有戒备　⑤ 怒火中烧，忍无可忍　⑥ 奋起反抗，杀敌复仇
5. D
6. ABC

能力拓展

1. ① 妻　② 发生争吵　③ 泼皮　④ 一时之间　⑤ 冲撞而入　⑥ 不该
2. 林冲是东京八十万禁军教头，满身武艺，喜欢结交英雄好汉。其性格具有两个相互矛盾的对立面：尚武好义、正直忠厚、豪侠、耿直，但满足于安康的小家庭生活，安于现状，软弱怕事、委曲求全。这与课文中林冲性格发展是一脉相承的。
高衙内觊觎其妻，明目张胆地调戏他的妻子，他感到耻辱，拳头举起却不敢下手。可见他在"忍辱退让"的性格中，也蕴藏着能"忍"也能"退"的因素。后来，他误入白虎堂，被刺配沧州。发配途中，遇险野猪林，幸而有鲁智深拔刀相助，才幸免遇害。但他还是怯于反抗，直到课文中火烧草料场，他才转变了立场，抛弃了幻想，手刃仇人，同前所依附的封建统治集团彻底决裂，从而塑造出一个被"逼"造反的英雄形象。
3. 鲁智深也尚武好义，但没有弱软退让的一面，是位嫉恶如仇、好打抱不平、义无反顾，具有强烈反抗精神的英雄好汉。

促 织

一课一练

1. B（A."觇"读 chān，窥视；寘，止 C.惙，气息微弱的样子；"蹻"读 qiāo D."荫"读 yìn；"庠"读 xiáng）

2. ① 从事……行业 原意是卖物出手，这里指考取 ② 符合 款式，规格 ③ 差错 ④ 深 止 ⑤ 碰撞 墙角 ⑥ 同"才" 形容跳得轻快而高 ⑦ 同"值"，价值 买，反训词 ⑧ 到 养 ⑨ 提督学政，专管教育和考试的官 使，让 ⑩ 献 分条陈述

3. B（①②④⑨均为名词作状语，③⑤⑩名词作动词，⑥意动用法，⑦⑧使动用法。）

4. A（动词，以为……对。B、D、C项都是形容词词尾"……的样子"。）

5. ①"以"后省略"之"，指代呈交蟋蟀的事 ②"以"后省略"之"，指代那张求来的画 ③"以"后省略"之"，指代蟋蟀 ④"置"后省略"之于"。"之"，指代成名之子；"于"，在，到 ⑤"献"后省略"之"，指代蟋蟀

6. ① 一会儿 ② 吃一顿饭的工夫 ③ 一刻工夫，一会儿 ④ 不多一会儿 ⑤ 表很短的时间 ⑥ 同"翌日"，第二天 ⑦ 没多久，相对以上词语，时间稍长一些

7. ① 街市上那些游手好闲的人，捉到好的蟋蟀，就用笼子装着喂养它，抬高它的价钱，当作稀奇的货物储存起来。 ② 乡里的差役狡猾奸诈，借这个名义按人头向百姓摊派费用，每次责令供应一只蟋蟀，往往使好几户人家破产。 ③ 正好又碰上征收蟋蟀，成名不敢按人头向百姓摊派，可是自己又没有什么钱来赔偿，忧愁苦闷，想要寻死。 ④ 一早就出去，很晚才回家，提着竹筒、铜丝笼，在倒塌的墙脚下、荒草堆里，掏挖石头，打开土洞，什么办法都用上了，最终还是没有用。 ⑤ 成名反复思索，这莫非是指点我捉蟋蟀的地方吗？ ⑥（成名）用尖草撩拨，蟋蟀不出来，又用竹筒取水灌进洞里，蟋蟀才出来，形状极其俊美健壮。 ⑦ 但是（成名）心想，养着这样低劣的东西终究没有什么用处，还不如拼一场，换得一笑了事，因此把两只蟋蟀合放在比斗的盆里。 ⑧ 不到几年，（他）就有了一百多顷田，很多楼房，还有成百上千的牛羊；一出门，身穿的裘皮衣，驾着的高头骏马，都超过了世代官宦人家。 ⑨ 天要报答忠厚的人，就连巡抚、县官也受到蟋蟀的恩惠了。

8. 蒲松龄 清 康熙 小说 书斋名 记载的是奇闻异事 太史公曰

9. 刻印者为了避免文字狱之祸，特意删去"异史氏曰"中指斥天子的那几句话，就可见它明显地触犯了统治者的大忌。作者将矛头直指最高的封建统治者，"天子偶用一物……加以官贪吏虐，民日贴妇卖儿，更无休止"，揭露封建统治的罪恶和当时政治的腐败黑暗。"故天子一跬步，皆关民命，不可忽也。"劝告统治阶级关心民命。"以蠹贫，以促织富"，具有强烈的讽刺效果。百姓的生死祸福，竟然系之于区区小虫，封建统治的腐败已到何种程度！"异史氏曰"直截了当地揭示出作者的创作意图，具有重要的思想意义。

10. 本文人物心理活动刻画得细致入微。成名捕得小虫，起初惴惴不安，担心"不中于款"，交不了差。当回家听到儿子扑死促织时，先是"惊"——"如被冰雪"；接着"怒"——"怒索儿"；等到发现儿子投井而死，又"悲"——"化怒为悲""抢呼欲绝""夫妻向隅""相对默然"；后来，儿子苏醒，"慰"——"夫妻心稍慰"；但是"蟋蟀笼虚"，则又"愁"——"气断声吞""自昏达曙，目不交睫""僵卧长愁"。故事发展到山穷水尽，难以进展之际，不料门外一声虫鸣，又出现了新的转机。转而又"喜"——"意似良，喜而收之"。将献公堂，又"恐"——"惴惴恐不当意"。这些细节描写，把成名从悲到喜，从喜到悲的内心活动，刻画得活灵活现。

此段成名情感的起落,始终徘徊在儿子的生死与促织的得失之间。成名的心情变化,全因为一头促织关系着自家性命。统治者爱好"促织之戏",使成名这样的老实人精神上受尽折腾,对当时统治者具有强烈的讽刺作用。

能力拓展

1. 清 文 短 蒲松龄 留仙 剑臣 柳泉居士 聊斋先生 记 左丘明 司马迁 左丘明著《左传》,司马迁生于龙门,著《史记》,两人文笔向为世人称道
2. ① 简练 ② 准备 ③ 陈设 ④ 拉着
3. D(加工、修饰,无贬义;现代汉语有贬义。)
4. C(省略句,"置"后省略"于"字。其余三项是介宾短语后置句。)
5. ① 大约是从先秦诸子的文章模仿学习得来,不只是同《左传》《史记》相比美。 ② 渴了就把茶给他吃,有时把烟给他抽,一定要让他畅谈才完。
6. ① 搜集奇闻异事,兼收并蓄,博采众长。② 蒲松龄是一个满腹才华,却落魄穷困的封建文人,是一个孤傲、自尊而又坚韧、顽强、矢志不渝的知识分子。

参考译文

蒲松龄先生的《聊斋志异》,用笔精确简约,寓意所在的地方不着痕迹,他的笔法脱胎于诸子百家的文章,不止和左丘明、司马迁的文章抗衡。传说蒲松龄先生住在乡下,境遇落魄没有伴偶,性格特别怪僻,当村中孩子的老师(就是私塾老师),家中贫穷,自给自足,不求于人。创作这本书时,每到清晨就拿一个罐子,里面装着苦茶,而且还准备一包烟草,放到行人大道旁,下面垫着芦衬,坐在上面,烟和茶放到身边。见行人经过,一定强留他们和自己谈话,搜罗奇妙的故事和一些奇异的传说,和人聊天的时候知道了这些奇妙的故事;渴了就给行人喝茶,有时奉上烟,一定让(那些行人)畅谈才可以。每听说一件有趣的事,回去用文笔修饰而记录下来。就这样二十多年,这本书才完成。所以他的笔法非常绝妙。

谏太宗十思疏

一课一练

1. B(A. ② 监督 C. ② 能够 D. ② 如果确实)
2. C(能够。 A. ① 生长、长成,动词;② 长远,形容词。 B. ① 危难,名词;② 高,形容词。 D. ① 好的人或事,名词;② 做好,动词。)
3. A. ①④⑤⑦⑧ B. ②③⑥
4. ① 如果不考虑处在安逸的环境中要想到可能发生的危险,用节俭来戒除奢侈……这也就像是砍断树根来要求树木繁茂,堵塞源头而想要河水流得长远一样。 ② 开头做得好的的确很多,但能够保持到底的大概很少。 ③ 怨恨不在于有多大,可怕的只是民众(的力量);水可以载舟也可以覆舟,这是应当深切戒慎的。 ④ 考虑到(自己的君位)高而险就要想到不忘谦虚,加强自身的道德修养,害怕骄傲自满就要想到江海(之所以大)是居于百川之下的。 ⑤ 那么聪明的人就会竭尽他们的智谋,勇敢的人就会用尽他们的力气,仁爱的人就会传播他们的恩惠,诚信的人就会奉献他们的忠心。
5. 魏征 郑国公 奏疏

6.

层次	方法、角度	内容	观点
一	概括史实	善始者繁，克终者寡	为人君者，要积德行义，居安思危
二	对比分析	"竭诚"与"傲物"的不同表现	
三	假设论证	"竭诚"与"傲物"的不同结果	
四	比喻警示	统治者要赢得人民拥护	

7.（1）在魏征看来，君王是否积德行义、居安思危、戒奢以俭，直接关系到国家安危、存亡。

（2）省游畋——乐盘游　罢不急——忧懈怠　慎偏听——虑壅蔽　远便佞——想谗邪

8. ① 多用排偶句。② 多用比喻。（参考"技法探究"）

能力拓展

1. ① 认为……对　② 抑制　③ 拿着，带着　④ 在朝廷上

2. D（① 因为，表原因的连词　② 来，表目的关系的连词　③④ 比）

3. ① 如今给公主准备嫁妆，比长公主要加倍，恐怕和汉明帝的想法不一样吧！　② 我与陛下结发为夫妇，多承陛下给予恩惠礼遇，但每次有所建议都得先察看脸色，不敢轻易冒犯威严。　③ 听说您为人正直，今天真见到了，所以拿这些东西赏赐你。您应当经常本着这样的心意，切勿有所转移。

4. 长孙皇后的形象更为鲜明。写魏征仅有第一段中一句进谏的话；写长孙皇后重在第二、三段，写了两件事：① 接第一段魏征劝谏的话，长孙皇后先是赞叹魏征真是社稷之臣，接以现身说法劝说皇上"乃能抗言如是，陛下不可不从"。于是皇上听从魏征意见并重赏了他。② 皇上有一次罢朝回宫，生气地说："总有一天要杀掉（魏征）这个田舍翁！"皇后退下，穿戴好朝服立在庭堂上，皇上惊奇地问干什么。皇后说："妾听说君主贤明，臣下才会正直。如今魏征正直，正是由于陛下贤明的缘故，妾怎敢不贺！"皇上这才高兴起来。以上两事有语言、有动作神情的描写，一位是非分明、深明大义的贤淑皇后的形象已跃然纸上。

参考译文

长乐公主将要出嫁长孙仲，太宗因为公主是皇后亲生，所以特别疼爱，敕令有关部门所给陪嫁比永嘉长公主多一倍。魏征劝谏说："过去汉明帝想要分封皇子采邑，说：'我的儿子怎么能和先帝的儿子相比呢？'均令分给相当于楚王、淮阳王封地的一半。如今公主的陪送，比长公主多一倍，怕和汉明帝的意思不一样吧！"太宗觉得说得对，进宫中告皇后。

皇后感慨地说："我总是听得陛下称赞魏征，不知是什么缘故，如今见其引征礼义来抑制君王的私情，这才知道他真是辅佐陛下的栋梁大臣呀！我与陛下是多年的结发夫妻，多蒙恩宠礼遇，每次讲话还都察言观色，不敢轻易冒犯您的威严；何况大臣与陛下较为疏远，还能如此直言强谏，陛下不能不听从他意见。"于是皇后请求太宗派宦官去魏征家中，赏赐他四百缗钱、四百匹绢。并且对他说："听说您十分正直，今日得以亲见，所以赏赐这些。希望您经常秉持此忠心，不要有所迁移。"

有一次太宗曾罢朝回到宫中，怒气冲冲地说："以后找机会一定杀了这个乡巴佬。"皇后问是谁惹怒陛下，太宗说："魏征常在朝堂上羞辱我。"皇后退下，穿上朝服站在庭堂上，太宗惊奇地问这是何故。皇后说："我听说君主开明则臣下正直，如今魏征正直敢言，是因为陛下的开明，我怎能不祝贺呢！"太宗才转怒为喜。

265

答司马谏议书

一课一练

1. B（② 推行）
2. D（非议，指责。A. ① 被；② 副词作代词使用，相当于"我"，"见恕"即原谅我。 B. ① 缘故，名词；② 所以，连词。 C. ① 计划，名词；② 考虑，读 duó，动词。）
3. ① 盘庚并不因为有人埋怨的缘故而改变计划，（这是因为他）考虑此举是正确的之后而行动的，认为是正确的就看不到有什么值得后悔的缘故。 ② 如果说（我）现在应当不做一切的事，只要墨守以前所做的罢了，那就不是我所敢领教的了。
4. 名实已明，而天下之理得矣 "侵官、生事、征利、拒谏、怨谤"
5. 人习于苟且非一日，士大夫多以不恤国事、同俗自媚于众为善 盘庚之迁 度义而后动，是而不见可悔故也
6. 提示：王安石的"三不足"精神是指对天象的变化不必畏惧，对祖宗的规矩不一定效法，对人们的议论也不需要担心。这"三不足"精神出自《宋史·王安石列传》。课文主要体现出"人言不足恤"的精神，结合课文，重点阅读课文第三段，联系历史和当今现实谈看法。可赞扬，亦可否定，或是肯定中指出不足，言之成理即可。

能力拓展

1. 介甫 半山 北宋 唐宋八大家 临川先生文集
2. ① 交朋友，名词用作动词 ② 拜访 ③ 考查，观察 ④ 赠送
3. D（我，副词当代词使用，偏指一方。其余三项都是副词"互相"）
4. B（① 恰好 ② 女子出嫁 A. 礼物 C. 认为 D. 到）
5. ① 对孙正之称赞曾子固，孙正之不怀疑我的说法。（否定句宾语前置句） ② 曾子固写了《怀友》这篇文章赠送给我，其中意思大略是想同我相互携手共进，一直达到"中庸"的境界以后才结束。
6. 本文题为"同学"，意思是同学于圣人，相互切磋勉励。本文主题即在于此，第一段中，"学圣人而已矣。学圣人，则其师若友，必学圣人者。圣人之言行，岂有二哉？其相似也适然。"阐述曾巩与孙正之同学于圣人，因此言行相似。第三段中，"夫安驱徐行，辅中庸之庭，而造于其室，舍二贤人者而谁哉？"阐述作者和曾巩、孙正之同学于圣人，将要达到"中庸"的境界。以上两段都表达了"同学"这一主旨。
7. 本文虽是写给曾巩的赠别文章，却不单从曾巩与自己的关系着笔，而是引出一位各方面情况与曾巩神合的孙正之作为映衬，分别从自己与曾、孙两人的关系着笔，形成平行的双线结构。第一段写曾巩与孙正之同学于圣人，因此言行相似，第二段从"相似"进一步引出了"相信"，第三段从两位贤人的共同志向，引出自己追随他们达到"中庸"境界的愿望。这样来体现"同学"的主题，是比较新颖独特的。

参考译文

　　江南有一位贤人，字子固，他不是现在一般人所说的那种贤人，我敬慕他，并和他交朋友。淮南有一位贤人，字正之，他也不是现在一般人所说的那种贤人，我敬慕他，也和他交朋友。这两位贤人，不曾互相往来，不曾互相交谈，也没有互相赠送过礼品。他们的老师和朋友，难道都是相同的吗？我注意考察他们的言行，他们之间的不同之处该是多么少呀！应该说，这是他们学习圣人的结果。学习圣人，那么他们的老师和朋友，也必定是学习圣人的人。圣人的言行难道会有两样的吗？他们的相似就是必然的了。

我在淮南，向正之称赞子固，正之不怀疑我的话。回到江南，向子固称赞正之，子固也很相信我的话。于是我知道被人们认为是贤人的人，他们的言行既相似，又互相信任而不猜疑。

子固写了一篇《怀友》赠给我，其大意是希望互相帮助，以便达到中庸的标准才肯罢休。正之也经常这样说过。驾着车子稳步前进，辗过中庸的门庭而进入内室，除了这两位贤人还能有谁呢？我过去不敢肯定自己有可能达到中庸的境地，但也愿意跟在他们左右奔走。在他们的帮助下前进，大概能够达到目的。

唉！做官的各有自己的职守，由于个人私事的牵挂，我们之间不能经常相聚，作《同学》一首别子固，用来互相告诫，并且互相慰勉。

阿房宫赋

一课一练

1. ① 覆压三百余里　隔离天日　② 歌台暖响　春光融融　舞殿冷袖　风雨凄凄　③ 明星荧荧　开妆镜也　鼎铛玉石　金块珠砾　④ 秦爱纷奢　人亦念其家　奈何取之尽锱铢　用之如泥沙　⑤ 管弦呕哑　多于市人之言语　⑥ 呜呼　灭六国者六国也　非秦也　族秦者秦也　非天下也　⑦ 秦人不暇自哀　而后人哀之　后人哀之而不鉴之　亦使后人而复哀后人也　⑧ 戍卒叫　函谷举　楚人一炬　可怜焦土

2. B ［A. 霁（jì）　C. 铛（chēng）　D. 椽（chuán）］

3. ① 光秃　② 构：架木做屋，译为"建筑"　走：趋向，通达　③ 缦：萦绕　回：曲折　④ 钩心：指各种建筑物都与中心区相近　斗角：指屋角相互对峙，好像兵戈相斗　⑤ 抢劫、掠夺　⑥ 独夫：失去人心而极端孤立的统治者，这里指秦始皇　固：顽固　⑦ 被攻占　⑧ 使……灭族

4. B（①数词用作动词，②③⑦名词用作状语，④⑤⑧名词用作动词，⑥动词用作名词，⑨使动用法，⑩意动用法）

5. A、C（B. 判断句　D. 介宾短语后置句）

6. C（①③④⑥助词，的　②⑦⑧代词　⑤动词，到）

7. ① 隔五步有一座楼台，隔十步有一座亭阁；走廊漫长而蜿蜒曲折，（突起的）屋檐翘着像鸟嘴向上啄物；楼阁各随地势的高低向背而建筑，有的屋角如钩，归向屋心，有的屋相向，好像兵戈相斗。　② 人们在歌台上唱歌，歌乐声响起来，好像充满暖意，又如同春光那样暖和；人们在殿中舞蹈，舞袖飘拂，好像带来寒气，如同风雨交加那样凄冷。　③ 光如明星闪亮，原来是宫人们打开了梳妆台的镜子；绿云缭绕，原来是早晨宫人们在梳理环形的发结；渭水涨起了一层油腻，原来是宫人们泼掉的洗脸的脂粉残水；烟雾弥漫，原来是宫人们点燃了椒兰这类香料。　④（于是，）秦人把宝鼎看作铁锅，把美玉看作石头，把黄金看作土块，把珍珠看作石子，随地丢弃，秦人看见了这些，也不觉得可惜。　⑤ 待到陈涉、吴广率领起义的戍卒一声呐喊，函谷关被刘邦攻下了，项羽放了一把大火，可惜阿房宫化成了一片焦土！　⑥ 秦国的统治者来不及为自己的灭亡哀叹，但是后代人哀叹他们；后代人哀叹他们却不能引以为鉴，就会使更后的人再哀叹那后人了。

8. 樊川文集　杜牧　牧之　樊川　七绝　李商隐　小李杜

9. 参考"技法探究"3。

能力拓展

1. D（莞尔：微笑的样子　A. 颜色：脸色　形容：形体和容貌　枯槁：清癯瘦瘠　B. 进退转移　C. 深思：忧思深远，指忧国忧民　高举：行为高出世俗，即志行高洁）

2. ① 洗头　② 洗身体　③ 受，蒙受　④ 洗涤

3. ① 整个世上都混浊不堪，只有我独自保持清高的情操；众人都沉醉不醒，只有我独自清醒，因此（我）被放逐。　② 怎么能用洁净的身子来蒙受浑浊的外物玷污呢？

4. 本文以渔父和屈原的对话构成两种人生态度的强烈对比。一个是黑白不分，随波逐流，一个是深思高举，坚贞不渝；一个是从个人出发，意图在保全生命，一个是从社会着眼，目的在挽救国家；一个是避世隐身，自求安乐，一个是宁赴湘流，以身殉国。显然，屈原是主，渔父是宾，通过对比反衬，屈原的高尚品格和坚定态度就更为突出。

5. 在对话中，作者多用对偶、比喻两种修辞手法。这些对偶句，不仅凝练集中，概括力强，充满哲理意味，而且节律匀称，音韵铿锵，读来琅琅上口。所用清浊醒醉、扬波歠醨、弹冠振衣、濯缨涤足等比喻，生动贴切，意蕴深永。

参考译文

屈原遭到了放逐，在沅江边上游荡。他沿着江边走边唱，面容憔悴，模样枯瘦。渔父见了向他问道："您不是三闾大夫吗？为什么落到这步田地？"屈原说："天下都是浑浊不堪，只有我清澈透明（不同流合污），世人都迷醉了唯独我清醒，因此被放逐。"

渔父说："圣人不死板地对待事物，而能随着世道一起变化。世上的人都肮脏，何不搅浑泥水扬起浊波？大家都迷醉了，何不既吃酒糟又大喝其酒？为什么想得过深又自命清高，以至让自己落了个被放逐的下场？"

屈原说："我听说：刚洗过头一定要弹弹帽子，刚洗过澡一定要抖抖衣服。怎能让清白的身体去接触世俗尘埃的污染呢？我宁愿跳到湘江里，葬身在鱼腹中。怎么能让晶莹剔透的纯洁，蒙上世俗的尘埃呢？"

渔父听了，微微一笑，摇起船桨动身离去。唱道："沧浪之水清又清啊，可以用来洗我的帽缨；沧浪之水浊又浊啊，可以用来洗我的脚。"便远去了，不再同屈原说话。

六国论

一课一练

1. 明允　老泉　眉山　唐宋八大家　苏轼　苏辙　三苏　嘉祐集笺注

2. ① 六国破灭，非兵不利，战不善，弊在赂秦　② 思厥先祖父，暴霜露，斩荆棘，以有尺寸之地　③ 与嬴而不助五国也　至丹以荆卿为计，始速祸焉　④ 为国者无使为积威之所劫哉　⑤ 苟以天下之大，下而从六国破亡之故事，是又在六国下矣　⑥ 以地事秦，犹抱薪救火，薪不尽，火不灭　⑦ 三国各爱其地，齐人勿附于秦，刺客不行，良将犹在

3. ① 全都，一概　② 同"餍"，满足　③ 确定、断定　④ 亲附，结交　⑤ 招致　⑥ 天数，命运　⑦ 胁迫，挟制

4. ① 古义：那实际情况。今义：实际上。　② 古义：祖辈、父辈。今义：父亲的父亲。　③ 古义：终究，达到……结局。今义：表示另提一事的连词。　④ 古义：智谋和力量。今义：理解事物的

能力。 ⑤ 古义：先例，旧事。今义：真实的或虚构的有人物有情节的事情。

5. B（失掉，丢失，动词。 A. ① 给与，动词；② 同，介词。 C. ① 互相，副词；② 您，副词当作代词使用，偏指一方。 D. ① 礼遇，以礼相待，名词用作动词；② 仪式，名词。）

6. C（介宾短语后置句，其余三项为被动句。）

7. ① 六国被灭亡，不是武器不锋利，仗打得不好，它的弊病在于贿赂秦国。 ② 想他们去世的祖辈父辈，冒着风霜雨露，披荆斩棘，才得到很少的土地。 ③ 古人说："用土地来侍奉秦国，就如同抱着柴禾去救火，柴禾不断，火就不灭。"这话说对了。 ④ 唉！（如果）六国用贿赂秦国的土地封赏给天下的谋臣，用侍奉秦国的诚心来礼遇天下的奇才，合力向西抗秦，那么我想恐怕秦国人吃饭也吞不下咽喉了。 ⑤ 治理国家的人不要让自己被别人积久的威势所挟制啊！ ⑥ 如果凭着这么大的一个国家，降低身份反而跟着走破亡的老路，这就又在六国之下了。

8. ① 写作目的相同，都是为了借古喻今，借古讽今。在评述史实时都针对当时的社会现实提出了明确的观点，具有明显的讽喻意义。晚唐时期，唐王朝内忧外患严重，国势衰微，可是最高统治者仍大造宫殿，沉迷声色，杜牧故作《阿房宫赋》。苏洵面对北宋统治者向辽、西夏一味割地、纳贡的社会现实，借总结六国因赂秦为秦灭亡的历史教训，来讽谏最高统治者，强调人君不应赂敌以求苟安，不要被敌人的积威所劫。

② 文章的结构基本相似，都是在叙述史实的基础上生发议论。《阿房宫赋》先详细铺陈阿房宫的宏伟壮丽、宫中生活的极度奢华，然后议论这种奢华带来的危害，指出后人应以此为鉴。《六国论》在提出观点后也是从不同侧面引述史实，以证明观点，最后展开议论，强调要以六国破亡故事为鉴。这种先叙后议、叙议结合的结构安排，使文章史料充分，论据确凿，说服力强，具有极强的艺术感染力。

③ 引述史料的原则相同，都是在基本准确的前提下带有夸张。如《阿房宫赋》夸张地写出了阿房宫楼阁的繁多，突出了阿房宫规模的宏大。又如《六国论》中用两个"百倍"夸张地写出秦从贿赂中得地之多和诸侯赂秦失地之多，这种夸张引述史料的写法，既增加了文章的气势和说服力，又使文章语句生动，富有文采。

9. 这两篇文章语言风格各有特色：《阿房宫赋》为赋体，句式整饬，辞采华丽，多用铺陈、夸张、排偶、对比、比喻等手法，气势充沛，感情强烈，具有赋的语言特点。《六国论》是一篇典范的议论文，论述语言简洁明快、逻辑严密、准确恰当。句式上看，《六国论》语言整散结合，以散句为主，间用对偶句、排比句；句式多变，丰富多彩，交相辉映。有正面说，有反面说，有直接说，有隐含说，相映成趣，具有战国策士雄辩的气势。修辞上看，本文运用对比、夸张、比喻、引用等手法，具有叙事简明、形象生动的特点。

《阿房宫赋》是"赋"而非"史论"，因此不拘泥于历史事实，大胆想象和虚构，极尽夸张渲染，铺张扬厉地展现统治者的荒淫骄奢，使观者触目惊心。《六国论》是史论，在运用史料时更忠于历史事实，给人以事实胜于雄辩之感。

能力拓展

1. ① 遮蔽、掩护 ② 忌惮、害怕 ③ 委弃、听任 ④ 挫折、服从

2. ① B（同，介词 A. 亲附、亲近，动词 C. 给予，动词 D. 同"欤"，语气词） ② D（被，介词，表被动 A、C. 在，介词 B. 到，介词）

3. ① 微不足道，与现代汉语同 ② 挺身而出，今指个人早期经历或由家庭情况决定的身份 ③ 战国时称崤山或华山以东为"山东"，以西为"山西"，今指山东省 ④ 休养生息，今指暂停工作，消除疲劳

4. B（介宾短语后置句，其余三项为被动句。）

5. ① 韩、魏两国既已屈服而归附了秦国，然后秦国就能让它的军队畅通无阻地去进攻东方各诸侯国，

从而使天下各国普遍地受它的祸害了。　②用韩、魏两国来对付秦国，而其余四国在后方休养生息，并且暗中资助韩、魏急需的物资和人力。

6. 提示：苏洵认为六国破灭原因是贿赂秦国导致的，借此批评宋王朝屈辱求安的外交路线，具有鲜明的现实针对性。苏辙评论六国破灭原因是不能团结一致，联合抗秦，借此劝告北宋王朝团结一致，抗击外侮。其立意的针对性比其父亲稍逊一筹。

其他说法，言之成理即可。

参考译文

秦国要和诸侯争夺天下的目标，不是放在齐、楚、燕、赵等国，而是放在韩、魏的边境上；诸侯要和秦国争夺天下的目标，也不是放在齐、楚、燕、赵等国，而是放在韩、魏的边境上。对秦国来说，韩、魏的存在，就好比人有心腹的疾病一样。韩、魏两国阻碍了秦国出入的要道，却掩护着崤山东边的所有国家，所以全天下特别看重的地区，再也没有比得上韩、魏两国了。从前范雎被秦国重用，就征服了韩国，商鞅被秦国重用，就征服了魏国。秦昭王在还没获得韩、魏的归心以前，却出兵去攻打齐国的刚、寿一带，范雎就认为是可忧的，既然这样那么秦国忌惮的事情，就可以看得出来了。

秦国要对燕、赵两国动用兵力，这对秦国来说是危险的事情。越过韩、魏两国去攻打人家的国都，燕、赵在前面抵挡它，韩、魏就从后面偷袭他，这是危险的途径啊。可是当秦国去攻打燕、赵时，却不曾有韩、魏的顾虑，就是因为韩、魏归附了秦国的缘故啊。韩、魏是诸侯各国的屏障，却让秦国人能够在他们的国境内进出自如，这难道算得上是了解天下的情势吗？任由小小的韩、魏两国，去抵挡像虎狼一般强横的秦国，他们怎能不屈服而归向秦国呢？韩、魏一屈服而归向秦国，从此以后秦国人就可以出动军队直达东边各国，从而让全天下到处都遭受到他的祸害。

韩、魏是不能单独抵挡秦国的，可是全天下的诸侯，却必须靠着他们去隔开西边的秦国，所以不如亲近韩、魏来抵御秦国。秦国人就不敢跨越韩、魏来图谋齐、楚、燕、赵四国，然后齐、楚、燕、赵四国，也就因此可以在他们的领域内安定自己的国家了。凭着四个没有战事的国家，协助面临敌寇威胁的韩、魏两国，让韩、魏没有防备东边各国的忧虑，替全天下挺身而出来抵挡秦国军队。用韩、魏两国对付秦国，其余四国在后方休生养息，来暗中援助他们的急难，像这样就可以源源不绝地应付一切状况了，那秦国还能有什么作为呢？诸侯们不知道要采行这种策略，却只贪图边境上那些微小土地的利益，违背盟誓、毁弃约定，来互相残杀同阵营的人，秦国的军队还没出动，天下的诸侯各国就已经困住自己了。直到让秦国人能够乘虚而来并吞了他们的国家，怎不令人悲哀啊！